[特集] **臨床心理アセスメント**──プロフェッショナルの極意と技法

新刊案内

Ψ金剛出版　〒112-0005　東京都文京区水道1-5-16　Tel. 03-3815-6661　Fax. 03-3818-6848
e-mail eigyo@kongoshuppan.co.jp
URL http://kongoshuppan.co.jp/

新訂増補 子どもの心に出会うとき
心理臨床の背景と技法
［著］村瀬嘉代子

「心理臨床で一番大切なこととは？」厳しいプロフェッショナリズム的視点をもつ，村瀬嘉代子という稀有な臨床家の思想の秘密を探る──。村瀬嘉代子の「心理臨床」は，我が国の臨床心理学において他に比較しがたい重さを持っている。本書には，心理臨床の技術的側面を考える優れた論考を収録した。卓抜な着想，迸るような臨床センスの煌めきが溢れ，このうえもなく現実的な臨床的治験が全編に亘ってちりばめられており，本書の各論考からは，仕事を通してよく生きることと学ぶこととは不可分であることが伝わってくる。　　　　　　　　　　　　　　　　　　　　　　　本体3,400円＋税

思春期の心の臨床 第三版
日常診療における精神療法
［著］青木省三

著者は，時代とともに変容する家族，学校，社会のなかで，時を経ても変わらざる子どもや若者の心性に寄り添ってきた。本書には「思春期臨床は，クライエントの現実の〈人生の質・生活の質〉を向上させるものでなければならない」との思いが貫かれ，児童・思春期臨床四十余年の臨床経験が凝縮されている。第三版では，発達障害やトラウマ，チーム・アプローチや薬物療法などの10章を新たに追加，大幅な改訂増補となった。クライエント一人ひとりの個別性を尊重し，次につなげる道筋が見えてくる，心理療法面接に関する臨床的知見の宝庫といえよう。　　　　　　　　　　本体4,200円＋税

統合失調症患者の行動特性 第三版
その支援とICF
［著］昼田源四郎

統合失調症は，決して珍しい病気ではない（生涯罹患率は0.30〜2.0パーセントである）。統合失調症者とは，どのような人たちであるのか？　彼らの人格上の特徴を統一的に把握することはできないものであろうか。統合失調症でみられる行動特性の背景には何があるのか？　本書は，初版刊行以来「統合失調症」の行動特性・症状論の名著としてロングセラーを続けている。今回（第三版）では，「（統合失調症）告知に関する私の考え」を新たに収録した。　　　　　　　　　　　　　　　　　　　　　　　本体3,600円＋税

［特集］臨床心理アセスメント──プロフェッショナルの極意と技法

［インタビュー］ アセスメントを再起動する

岩壁 茂 Shigeru Iwakabe
お茶の水女子大学

Ⅰ　変わりゆくアセスメント
──限定性から包括性へ

——臨床心理学の生命線とも言えるアセスメント
は，これまでにも数多く論じられてきました。今回
編まれた特集では，いわゆる主要5領域における特
徴的なトピックスを掲げ，問題を査定してケース
フォーミュレーションを実施するまでのプロセスを
広義のアセスメントと位置づけています。このよう
な視点取りにどのような印象をおもちでしょうか。

今回の特集の特異点は，アセスメントの必須要
素をまず5つのテーマ（力動的アセスメント，心
理検査，ケースフォーミュレーション，ケースレ
ポート＋ケースカンファレンス，フィードバック）
に凝縮したうえで，さまざまな分野を象徴する問
題に特化したアセスメントの知見を一望できると
ころにあると言えます。単にアセスメントの基本
知識や一般的理解を示すだけでなく，各分野のア
セスメントの特徴を学ぶことができるということ
ですね。ひとつ例を挙げるなら，暴力被害への介
入というテーマは，おそらく一般的な心理検査だ
けではカバーできない領域で，支援に関与してい
るからこそ体得できるアセスメントの手触りを知
ることができるでしょう。また，アセスメントは

臨床のエントリーポイントであるというのが入門
的理解ですが，実際には支援の開始から終結，そ
してフォローアップに至るまで一貫して重要な構
成要素です。特集全体で，アセスメントがこれら
を含み持つひとつのサイクルと位置づけられてい
るところも特徴的です。クライエントの問題を理
解して援助方針を定めていくケースフォーミュ
レーションの側面だけでなく，ケースカンファレ
ンスでの発表，クライエントへのフィードバック，
介入の効果検証など，おそらく支援のすべての側
面に関わる広域のアセスメントを学べる特集号と
して編まれています。

——アセスメントは臨床心理実践のエントリーポ
イントであると同時に，介入プロセスを含む全体を
包摂しているということですが，たとえば北米の専
門教育で，アセスメントは実際そのように理論化さ
れ，またトレーニングされているのでしょうか。

私自身，これまでプロセス研究[注1]や効果研究
を専攻してきて，一度の面接でクライエントのど
こがどのように変わったのかということに関心が
あり，心理面接の介入過程すべてを効果測定する

ことを大切にしてきました。ただ，おそらく北米の専門教育が全体的にそのような視点を取り込んでいたわけではないようです。では何がターニングポイントだったのか。

　第一に指摘できるのは，EBPP（Evidence-Based Practice in Psychology）の影響です。アセスメントはエントリーポイントであるというイメージが根強かったのですが，毎回の面接でクライエントが予想・期待される変化を見せているのかを測定することが注目されるようになったのは，EBPP の登場が大きなきっかけです。そして第二に，自殺を含むさまざまなリスクや衝動的な物質使用のリスクなど，リスクマネジメントが注目されるようになってきました。治療の「失敗」を含めたこれらのリスクを前提として，カウンセリングをモニタリングする傾向が強くなっているのは最近 20 年ほどの傾向で，「プログレス・モニタリング」「アウトカム・モニタリング」と呼ばれています。

　臨床家のみならず人には確証バイアス（confirmation bias）があって，そもそも自己を肯定する傾向が備わっていると言われます。他人の間違いは指摘できても自分の間違いに気づきにくいのもそのためです。ですから，たとえばクライエントがドロップアウトするか否かの予測は，臨床家の個人的判断より，簡易な尺度を使ったアウトカム・モニタリングのほうが，精度が高いという研究知見もある。それに関連して「クライエントがどのくらい良い方向に変わってきたか」だけでなく，「クライエントにネガティヴな変化が起こっているか」というモニタリングも重視されはじめています。

　　　──最近 20 年間に起こったアセスメントの質的変化は，いわゆる「制度的な要請」によるものだったのでしょうか。

　そうですね，アセスメントの変化は精神保健シ

ステムと密接に関係しています。まずイギリスを例に説明してみましょう。イギリスには政府が運営する国民保険サービス NHS（National Health Service）があり，公的機関を通して国民にカウンセリングが提供されるシステムです。政府主導のプログラムとして公費が投入されるわけですから，当然，カウンセリングの費用対効果を効率的かつ正確にモニタリングする必要も生じます。そこで作成されたのが CORE-OM（Clinical Outcomes in Routine Evaluation-Outcome Measure）[注2] という 34 問からなるチェックリストです。CORE-OM はクライエントによる自記式質問紙として，一般精神科病院の心理カウンセリングでも実施されています。

　続いてアメリカの状況も紹介しておきましょう。アメリカには独特の保険制度があり，国民各人が保険会社とプライベート契約を結ぶシステムになっています。そのため民間の保険会社はいずれもコスト管理を徹底しており，自殺などクライエントに起こりうる最悪の事態をつねにリスクヘッジするため，カウンセリングのモニタリングの比重も大きくなっています。効果研究の権威であるマイケル・ランバート[注3] は，45 問からなるクライエントによる自記式質問紙 The Outcome Questionnaire-45[注4] を開発しています。この質問紙は単にクライエントの状況を把握するためだけのツールではありません。携帯端末などを使って質問紙に回答すると，集積回路に送信されて即座に計算結果が通知され，前回のカウンセリングとの状態比較，自殺リスクのチェック，セラピスト−クライエント関係のモニタリング結果が，具体的な指標として明確に把握できる。

　イギリスとアメリカで実装されている 2 つの代表的なチェックシステムは，クライエントの健康状態，社会機能，セラピストとの対人機能を測ることができるものですが，これ以外にも，いくつかのツールが開発され，実用化が進んでいます。このようなツールを活用してフィードバックを受けた結果，ドロップアウト率が低下したり，セラ

ピストの実践の質が向上したというメタアナリシス[注5]も報告されています。

II　治癒するアセスメント
——エビデンスと経験則

——英米で実装されているチェックシステムは，そのフィードバック機能によって，クライエントのセルフモニタリングだけでなく，セラピストのモニタリングにも貢献しているわけですね。アセスメント結果のフィードバックは，今後さらに重視されるテーマになりそうです。

特に注目されるのは，最近10年ほどの間に日本でも紹介されはじめた治療的アセスメント[注6]という理論アプローチです。治療的アセスメントが投じたのは「アセスメントは誰／何のためにあるのか？」「アセスメントは客観的情報をできるだけ多く集めて臨床家が正確な判断を下すことに終始するのか？」という問いです。心理検査を受けて，臨床家と接して，フィードバックを受けるという一連の作業が，クライエントにとって治療的に機能しているだろうか——それが治療的アセスメントの問題提起でした。クライエントにとって心理検査を受けることは，自分の欠点や悪しき部分がさらされる，恐ろしい経験にもなりかねません。また，膨大な質問項目がある複雑な心理検査を受けて疲れ果て，結局それによって自分の何が明らかになったのか，クライエントにはわからないことも稀ではない。しかしそうではなく，検査を受けることがひとつの治療のステップとなって，エンパワメントや自己理解に結びつくべきだとして，アセスメントの位置づけを大きく転換させたのが，治療的アセスメントの功績と革新性でした。

実際，有用な検査であってもクライエントに役立つ形でフィードバックすることは難しく，たとえばロールシャッハ・テストのように複雑になればなるほどさらに難しくなるでしょう。臨床家の経験でカバーできる部分はもちろんありますが，逆に言えば，いくら精密な検査であっても経験が

なければフィードバックの精度が担保されない可能性もあります。理論アプローチによる差も大きいでしょう。たとえばロールシャッハ・テストの解釈システムは百家争鳴で，各システムの解釈の実証性には差異もあり，いずれのシステムがより臨床的示唆に富んでいるのかは決着を見ていません。基本症状の観察を重視するアプローチもあり，クライエントの適応を重視するアプローチもあるなど，アセスメントの方法論も多様で，指導者がいずれのシステムに立脚しているかによって訓練を受けたセラピストの解釈の力点が移る可能性もあります。

コーディングや推論が複雑化すると臨床家の負担が増えるというデメリットもありますが，その分クライエントの深い部分まで知ることができるという，コストに見合った有用性も期待できます。だからこそ問われているのはデータを見極める専門家としての推論能力であり，それを効果的に伝えるコミュニケーション能力，そしてそれを介入へと活かす応用力です。アセスメントツール自体の有用性以上に，これらのコンピテンシーが重要になってくるということです。

——アセスメントの世界に革新をもたらした治療的アセスメントは，情報を客観的かつ正確に推論する能力と，その推論結果をクライエントの利益になる形で還元する能力，その両輪を前提にしているとも考えられそうです。これはつまり，エビデンスと経験則の並走が重要になるということでしょうか。

先ほど紹介した，英米で実装されているチェックリストを例にご説明してみましょう。いずれも30〜45の質問項目からなるチェックリストですが，最近ではわずか10問程度の簡易版チェックリストも開発されていて，ものの2〜3分もあれば回答ができます。もちろん深いところまで読み解くことは難しいのですが，セラピストが見落としやすい盲点を拾い上げることができます。読み

取った結果が実際に役立つかどうかはセラピスト次第ですが，クライエントに関する膨大なデータが集積されていけば，特定の症状をもったクライエントの傾向と対策を予測するデータバンクが生成される可能性があります。現在，こうしたマシーン・ラーニングの応用分野はインターネット・マーケティングが代表的で，ビッグデータを分析して最適解を導くものです。ですが，先ほどの簡易版チェックリストのデータバンクをマシーン・ラーニングと組み合わせれば，クライエントのビッグデータから臨床的判断への示唆を導くシステムを組み上げることも夢ではないでしょう。

　　──あくまで思考実験ではありますが，するとビッグデータから弾き出した解が，臨床家が経験則から編み出した解と拮抗する可能性もあるということでしょうか。

　たしかにその可能性は完全には否定できないでしょう。ただし，現状のデータバンクから導かれるのは，クライエントとの治療関係が悪化している，または，クライエントの状態が悪化していることに気づいていないセラピストに，それを示唆するケースがほとんどです。つまり「Aをしてはならない」と，セラピストの経験則にもとづく臨床的判断を否定するのではなく，治療関係やクライエントの状態を向上させるためには「Bが不足している」と示唆するわけです。期待されているのは，セラピストの経験則に特有のブラインド・スポットを補う効果です。

　ここからは希望的観測となりますが，今後，データバンクの情報量が増加してビッグデータが形成され，それにもとづく研究の精度も高まっていけば，特定の傾向をもったクライエントに最適のアプローチを示唆したり，特定の症状の改善に必要なカウンセリング回数を予測するといったことも期待できます。そのときビッグデータから導かれるエビデンスと経験則とは，拮抗関係ではなく相補関係になっていくのかもしれませんね。このようなデータは，訓練中の臨床家や初心者にとって，特に頼れる味方になるはずです。

III　変化を引き寄せるアセスメント ──治療原理とトレーニング

　　──簡易版チェックリストはビッグデータの活用にまで及ぶことで，さらなる応用可能性が期待できそうです。この簡易版チェックリストは意図して「浅さ」に狙いを定める一方で，アセスメントには「深さ」も求められます。たとえばEFTで重視されている「プロセス診断」という観点や，AEDPの可能性を追求するトラッキングという技法は「深さ」を求めるアセスメントの条件を充たしうるのでしょうか。

　この質問に正確に応えるには，きっと論文を2～3本くらい書かなくてはならないでしょうね（笑）。AEDP[注7] がその理論システムの構築にあたって前提とする大きな問題意識は，「これまでアセスメントではクライエントの強みをキャッチすべきだと主張されてきたが，果たして本当に実現できていたのか？」というものです。たとえば知能検査のWAISやWISCを実施すると，どうしてもウィークポイントに着目することになります。その一方で，比較的高度な認知能力とパーソナリティ特性同士を組み合わせたらクライエントにどのような強みが生まれるのか，実際にそれをプロフィールのなかでうまく捉えることは容易ではありません。このように心理検査が病理性（pathology）に偏っていることには，ある種の必然性もありますが，変化への可能性やポジティブな側面を果たして本当に捉えてきたのか，わたしたちは自問する必要があるはずです。

　これまでのアセスメントはスタティックな世界を描くこと，つまりパーソナリティや防衛機制など構造の探求と指摘に終始してきたところがあります。ただ，心理療法の目的が個人の成長と変化，クライエントのポテンシャルを活かした自己実現にあるとすれば，アセスメントでもクライエントの変容，学習，柔軟性，吸収力に注目する必要が

あるはずです。スタティックな世界構造を描いてみせるだけではなく，今まさに進行中のカウンセリング，そこにおけるセラピストとの対人関係において，どうすれば次の一歩が踏み出せるのか，そして一回のカウンセリング時間枠でどのような変化を導けるのか——こういった瞬間的で動きのある変化のポテンシャルを見極め，クライエントのストロングポイントを見定められれば，クライエントの変化を促進するアセスメントが可能になるはずです。

　ここで鍵になってくるのが，EFT[注8] の「プロセス診断（process diagnosis）」という視点です。プロセス診断では，クライエントの「今ここ（here and now）」での状態，その後の変化の可能性を査定していきます。たとえば境界性パーソナリティ障害のクライエントにおいて，不安定な傷つきやすさ・脆弱性（vulnerability）という特性は，敏感かつ繊細に対人関係を見抜く力にもなりうるし，防衛を下げた変容を受け入れる状態とも言えます。自己愛が強いクライエントにおいても，大切な人や偶然出会った他者に温かく接することができる共感的な瞬間はあるはずです。持続的なパーソナリティ傾向を把握することは重要ですが，それと同時に，このような変化の瞬間を捉えることも重視されるべきです。クライエントの瞬時の変化に注目して，少しだけ先に進めるようなアプローチを実施する，いわば成長促進的であり変化志向的なアセスメントは，AEDP や EFT に代表されるプロセス志向アプローチに共通する大きな特徴だと言えるでしょう。

　——プロセス志向アプローチに共通する変化志向的なアセスメントは，その習得方法にも特徴がありそうです。実際，トレーニングはどのように実施されているのでしょうか。

　プロセス志向アプローチでは，独自のアセスメント理論が精緻に構造化されているというより，スタティックなアセスメントに対する「抵抗」が原動力になっていて，カウンセリングをダイナミックに捉える治療原則が特徴的です。また，さまざまなアプローチを通じてクライエントの変化や成長を促進するのですが，それをカウンセリングの「目的」とは捉えておらず，あらかじめ目標を設定する予定調和的な発想がないことも特徴でしょう。クライエントがみずからの体験や感情にオープンになって，身体内部で起こっている現象に接近して，それらを理性的判断と折り合わせていくこと，なおかつそれを瞬間ごとに（moment by moment）実施しながら結果的に成長を促進していくこと——まさにそのプロセス自体にアクセスしていくわけです。

　2つのアプローチのトレーニングでは，カウンセリングのビデオ映像を必須要素としていて，スーパーヴィジョンもビデオ映像がなければ実施できないとされています。トレーニングではセラピスト本人が何度もビデオ映像を見直すなかで，カウンセリングの現場に起こっている「現象」を捉えていきます。クライエントの身体の変化，表情，息遣い，クライエントが自分を主体として語っているのか，みずからの感情に対して受け身になっているのか，クライエントの言葉が自分の体験を克明に描いているのか，あるいはみずからの体験から外れてしまっているのか，同時にセラピスト自身にどのような体験が起こっているのか——映像を見ながらこれらの「現象」をモニターします。このようなトレーニングを経て，クライエントの体験と理性が噛み合っていく場を設えることを学んでいく。厳密にはアセスメントのトレーニングではなく，介入のトレーニングと言うべきかもしれませんが，それはアセスメントと介入は不可分であるという発想に根差しているためでもあります。言い換えれば，カウンセリングにおいてクライエントが今どこに在るのかという「現在地」を見定め，そこからほんのちょっとだけ先に行くことを狙ううえで，アセスメントと介入は切り離せないという発想です。

——プロセス志向アプローチでは，アセスメントから介入へと順を追って段階的に進むのではなく，両者が分かちがたく進んでいく……ということでしょうか。

　そうですね。ただ同じプロセス志向とはいえ，AEDPとEFTは起源や成立過程も異なりますから，アセスメントの形式にも当然違いがあります。両者のインテーク面接を例に，それぞれのアセスメントの特徴を整理しておきましょう。

　まずAEDPでは，おおむね2～3時間くらいかけてインテーク面接を実施します。クライエントの個人史（ナラティヴ）を徹底的に聞いて系統的に情報を収集するよりも，セラピストとうまく対人関係をつくれるか，防衛を解除して自分の体験へと入っていけるか，セラピストからの共感に対して傷つきが癒されるような反応を示すか，それとも共感を跳ね返してしまうのか，あるいは示された共感に気づかずに話しつづけるのかなど，セラピストはクライエントの反応をトラッキングしながら，変化へつながるクライエントの動きを把握していきます。

　一方，EFTではインテーク面接に2～3回をかけて，個人史を収集しながらクライエントの全体像を捉えることをAEDP以上に重視しています。もちろん両者には共通するスタンスもあります。セラピストの共感的反応をクライエントがどれくらい「使える」のか，それを手がかりにより深い体験へと入っていけるのか，体験のブロックはどこにあるのか，どのような感情ならうまく入っていけるのか（あるいは入っていけないのか）を探索することです。おそらくクライエントの認知様式をアセスメントすることは他の多くのアプローチにも共通しますが，瞬間ごとの変容可能性をキャッチしていくことは，プロセス志向アプローチに固有の大きな特徴でしょう。

IV　セラピストの変化の瞬間(とき)——限界学習

　——ここまでプロセス志向アプローチを例に，ク

ライエントの変化と成長にフォーカスすることの重要性をご説明いただきました。ここからは，セラピストの成長についてもうかがってみたいと思います。トレーニングを受ける過程でアセスメントにおける「目の付け所」が変わるなど，トレーニー（訓練生）＝セラピストの変化の瞬間は，いつどのような形で訪れるのでしょうか。

　セラピストの変化において特徴的なことは，それが対人的な学びによって引き起こされるという点でしょう。その意味で，アセスメントのトレーニングにおける，対人プロセスとしてのスーパーヴィジョンの役割は大きい。たとえばスーパーヴィジョンで，セラピストがみずからのカウンセリングをビデオ映像で振り返る場面を想定してみましょう。当然，自分ひとりでは気づけないところが多くあるけれど，知識と経験のあるスーパーヴァイザーといっしょに映像を見ることで，どこに注目すべきか，何に気づくべきかなど，いわば「ものの見方」が徐々に変わってくる。そしてこの経験は，その後ひとりで映像を見ているときにも般化され，「スーパーヴァイザーならここに注目するかもしれない」「スーパーヴィジョンではきっとこんなことを指摘されるだろう」といった具合に，スーパーヴァイザーの視点が少しずつ内在化されていく。グループ・スーパーヴィジョンも基本構造は同様です。自分のビデオ映像を仲間に見せることで他者の視点が入り，自分のブラインド・スポットに気づけるようになり，限定されていた自分の視点が広がっていく。このようにトレーニングでビデオ映像を利用することは，ただ自分を客観視するだけでなく，コメントをしてくれる他者にオープンになるという効果も期待できるわけです。

　スーパーヴィジョンでアセスメント結果だけを見てコメントをすることは，もちろん不可能ではありません。ただ，情報をどのように集めたのか，クライエントとの間にどのようなコミュニケーションがあったのかということまではわかりませ

んよね。アセスメントにおける情報収集の「プロセス」に着目することで, セラピストの「伸び代」も変わっていく。

　もちろんビデオ映像の使用には守秘義務の観点からの配慮が必要不可欠ですし, カウンセリング場面の録音に関する厳しい規定があることも事実です。そのためもあって, ビデオ映像を使用したトレーニングを受けたことがある人は, おそらく少数派でしょう。しかし達意の臨床家は別として, 自分のカウンセリング実践を一度もビデオ映像で見たことがないとしたら, 貴重な機会を損失している可能性もあります。

　これに関連して近年, アンダース・エリクソンが提唱した「限界学習（deliberate practice）」注9という概念が注目されています。彼は, 音楽, スポーツ, 芸術など, あらゆる分野のトッププレイヤーを研究して, 成長に必要な要素とそのプロセスを研究しています。たとえば, 画家を目指している人が高名な師の指導を受けるとして, 自分で描いた絵を見せずに言葉でいくら花瓶の絵の説明をしても, それでは実益のある指導にはならないですし, ダンスのトレーニングでも, 踊っている自分の姿をコーチに一度も見せず, また踊っている自分の姿を鏡で一切見ずに指導を受けても意味がないでしょう。同様に, 自分の楽器演奏を聴き返さず, また有名な演奏家の演奏を視聴せずに, 「1947年のモスクワで演奏された名演」の語りをいくら聞いても, 演奏は上達しないですよね。アンダース・エリクソンは, 「居心地の良い領域（comfort zone）」から飛び出して現在の能力をわずかに上回る課題に挑戦しつづけることや, 無数の選択肢を吟味して最適解を導く心的イメージを養うこと, 高度な訓練法がすでに確立していることなどを, 限界学習の成立条件としています。先ほどのビデオ映像を用いたトレーニングは, その条件のひとつを充たしていると言えます。

　では臨床家はどうでしょうか。心という目に見えないものを相手にしているから記憶や言葉だけに頼ればいいのか, それは描いた絵を見せずに指

導を受けることに等しくないだろうか——わたしたちはそう自分に問う必要があるでしょう。ビデオ撮影と守秘義務の関係は十分に考慮されるべきですが, 最適なトレーニング方法とその先にあるクライエントのベネフィットも考えたうえで, バランスよく倫理問題を議論して判断しなければならない。カウンセリング・プロセスを重視するためにも, それはいつか乗り越えるべきハードルのひとつだと私は考えていますし, ビデオ映像を使用した指導に対するオープンな姿勢, そしてビデオ映像を使ったトレーナーの育成が, 今後, 少しでも前進することを期待しています。

Ⅴ　公認心理師時代のアセスメント

　——スタティックではなく動きのあるアセスメントはいかにして可能かという大きな問題提起が, 今回のインタビューでは印象的でした。最後に, 公認心理師時代におけるアセスメントのあるべき姿についてもうかがいたいと思います。

　現在進行中ということもあって非常に難しいテーマではありますが, 仮説的に答えてみましょう。まずは, 専門職として心理職は何をアセスメントするのか, という問いが重要になってくると考えています。クライエントが「うつ」なのか「パーソナリティ障害」なのかを知っておくことは大切ですが, 心理職によるアセスメントは医療的診断とは異なります。アセスメントの対象は「人」であり, 「人それ自体」について知ることがますます重要になるでしょう。それも, 今後クライエントが社会適応をしていくなかで, みずからの可能性を発揮させていくこと, そのための選択肢を少しでも広げていくこと, そして選択肢をただ増やすだけでなく, その人が生きやすい将来, 目指すことができる将来が見えてくるように働きかけることが, 心理職のアセスメントにおいて重視されていくでしょう。

　公認心理師にはその性質上, ある種の社会的役割が期待されますから, 深層心理などクライエントの内的要素にアクセスするだけではなく, 適応

の可能性と存在意義をクライエントがみずから見つけることをサポートしていかなくてはならない。クライエントの変容可能性と潜在性を，当人がそれを有効に活用できるようにしながら，そして本人にも家族にもわかりやすいコメントとそれを伝えるトーンを磨いていくこと──これまでにも重視されてきたこれらの要素が，より一層大切になっていくはずです。短期的にも長期的にも通用する「その人らしさ」を引き出すための工夫，そして時間的にも空間的にも広がりのあるクライエントの世界を提供することが，これからのアセスメントの要となるでしょう。

［収録＝2020年10月26日／聞き手＝編集部］
（Zoomによるインタビュー）

▶注

1───プロセス研究については，岩壁（2008）を参照。

2───CORE-OMは，カウンセリング前後に施行され，前回のカウンセリングの感想をめぐる34問に回答する5件法の自記式質問紙で，クライエントの「ウェルビーイング」「問題／症状」「生活機能」「リスク」を測定する。回答から現在のクライエントの心理状態水準が点数化され，セッションごとに施行された結果の前後比較により治療成果（outcome）が測定される（参照：http://www.coreims.co.uk/About_Core_System_Outcome_Measure.html［2020年10月28日閲覧］）。

3───マイケル・ランバート（Michael Lambert）はアメリカの心理学者。標準化された自記式尺度を用いて治療過程におけるクライエントの変容をモニタリングするROM（Routine Outcome Monitoring）の開発に携わっている。主著──Lambert MJ（2013）Bergin and Garfield's Handbook of Psychotherapy and Behavior Change 6th Edition. Wiley；Ogles BM, Lambert MJ & Fields SA（2002）Essentials of Outcome Assessment. Wiley；Norcross JC & Lambert MJ（2019）Psychotherapy Relationships that Work Volume 1：Evidence-Based Therapist Contributions 3rd Edition. Oxford University Press.

4───The Outcome Questionnaire-45は，広域の成人精神障害に共通する兆候にアクセスできるように設計され，自記式質問紙への回答によりクライエントの変容をリアルタイムで測定する系統的フィードバックシステムとして開発された（Lambert, Gregersen & Burlingame, 2004）（参照：https://psycnet.apa.org/record/2004-149

41-006［2020年10月28日閲覧］）。なお，現行の改訂版にThe Outcome Questionnaire-45.2 Systemがある。

5───CORE-OMおよびThe Outcome Questionnaire-45のメタアナリシスについては，Shimokawa, Lambert & Smart（2010）を参照。また，クライエント・フィードバック論文をレビューした高野（2020）も参考になる。

6───治療的アセスメントは，ロールシャッハ・テストとMMPIのテストバッテリー，カップルが共同参加するコンセンサス・ロールシャッハを活用して，法則定立的な心理検査結果にクライエントの個性記述的な意味（idiographic meaning）を発見し，査定が治療と並走することを目指す方法論として，スティーブン・E・フィン（Stephen E Finn）によって提唱された（Finn, 2007）。

7───AEDP（Accelerated Experiential Dynamic Psychotherapy／加速化体験力動療法）は，ダイアナ・フォーシャ（Diana Fosha）によって体系化された，感情理論・情動神経科学・アタッチメント理論などをコンポーネントとする統合的心理療法のひとつ。病理ではなく変容への着目，コア感情へのアプローチによるトランスフォーマンス（治癒のポテンシャル）を特徴とする（Fosha, 2000）。

8───EFT（Emotion-Focused Therapy／エモーション・フォーカスト・セラピー）は，神経科学，ゲシュタルト心理学，感情心理学，認知心理学などを基盤とする統合的心理療法として，レスリー・S・グリーンバーグ（Leslie S Greenberg）によって体系化された。「空の椅子の対話」「二つの椅子の対話」などの技法によって，セラピストは感情調整を試みる（Greenberg, 2010；Greenberg, Rice & Elliott, 1996）。

9───4つの条件（具体的目標，集中，フィードバック，コンフォートゾーンからの脱出）を充たした「限界学習（deliberate practice）」（Ericsson & Pool, 2016/2016 [pp.43-50]）は，先天的な才能を引き出そうとする従来型学習とは異なり，後天的に才能を創り出すことを目指す学習法。居心地の良い領域（comfort zone）から少し上に出て，脳・身体に適応を強いることで，スポーツ，演奏，臨床実践のパフォーマンスにおいて画期的な成果をもたらす（p.85）。限界学習が達成されるには，対象分野で洗練された訓練法がすでに確立していることや，コンフォートゾーンの外部で現在の能力をわずかに上回る課題に挑戦しつづけることなど，いくつかの条件が科される（pp.141-145）。なお，臨床実践については医療的診断が複数例示されており，高度な心的イメージをもつことによって，同時に大量の情報を検討しながら，複数の選択肢を想起・吟味して，高度で正確な判断が実現されるとしている（pp.108-113）。

▶文献

Ericsson A & Pool R（2016）Peak：Secrets from the New Science of Expertise. Eamon Dolan/Houghton

Mifflin Harcourt.（土方奈美 訳（2016）超一流になるのは才能か努力か？．文藝春秋）

Finn SE（2007）In Our Clients' Shoes : Theory and Techniques of Therapeutic Assessment. Lawrence Erlbaum Associates.（野田昌道，中村紀子 訳（2014）治療的アセスメントの理論と実践─クライアントの靴を履いて．金剛出版）

Fosha D（2000）The Transforming Power of Affect : A Model for Accelerated Change. Basic Books.（岩壁茂ほか 監訳（2017）人を育む愛着と感情の力─AEDP による感情変容の理論と実践．福村書店）

Greenberg LS（2010）Emotion-Focused Therapy. American Psychological Association.（岩壁茂ほか 監訳（2013）エモーション・フォーカスト・セラピー入門．金剛出版）

Greenberg LS, Rice LN & Elliott R.（1996）Facilitating Emotional Change : The Moment-by-Moment Process. Guilford Press.（岩壁茂 訳（2006）感情に働きかける面接技法─心理療法の統合的アプローチ．誠信書房）

岩壁茂（2008）プロセス研究の方法（臨床心理学研究法 第2巻）．新曜社.

Lambert MJ, Gregersen AT & Burlingame GM（2004）The Outcome Questionnaire-45. In : ME Maruish（Ed）The Use of Psychological Testing for Treatment Planning and Outcomes Assessment : Instruments for Adults. Lawrence Erlbaum Associates Publishers, pp.191-234.

Shimokawa K, Lambert MJ & Smart DW（2010）Enhancing treatment outcome of patients at risk of treatment failure : Meta-analytic and mega-analytic review of a psychotherapy quality assurance system. Journal of Consulting and Clinical Psychology 78-3 ; 298-311. doi:10.1037/a0019247

高野明（2020）日常の臨床活動においてクライエントからのフィードバックを活用する（臨床心理学・最新研究レポート シーズン3［第25回］）．臨床心理学 20-6 ; 773-777.

　[特集] 臨床心理アセスメント——プロフェッショナルの極意と技法

ケースを観察する

力動的アセスメント

上田勝久 Katsuhisa Ueda

兵庫教育大学

I　はじめに

　本稿の表題は「ケースを観察する——力動的ア
セスメント」というものだが，当然ながら私たち
が直接的に観察しうるのはユーザーの言動や態度
であり，精神力動そのものを直に観察できるわけ
ではない。

　そもそも精神力動というものは五感で捉えられ
るような実体をもたない。自我，エス，超自我の
ダイナミクスにせよ，防衛機制にせよ，内的対象
関係にせよ，それらはあくまで目視しうるユー
ザーの言動，態度，関係性のありようの背景的な
事柄として想定される動きや作用であり，当初は
セラピスト側の作業仮説にすぎない。

　だが，その仮説を音声言語へと実体化し，ユー
ザーに投げかけ，その刺激に対するユーザーの反
応を観察することで，仮説（力動的理解）はより
現実味を帯びたものとなる——あるいは単なる絵
空事であったことが明確になる。その反応はふた
たびセラピストの思考に何らかの影響を与え，仮
説は修正され，ときに新たな理解が生成される。
結局のところ，力動的アセスメントも仮説検証の
ための介入刺激とそれに対する反応との交互作用
のなかで成立するものであり，この点は行動学派

等の介入理論とも軌を一にしているところだろ
う。

　精神分析理論や力動論が提出する多くの概念
は，ケースの観察を促進していくための作業仮
説——調査を進めるうえでの暫定的な作業方法
（Dewey, 1938）——である。そして，その仮説
のなかでも今回私が特に紹介したいと思う理論
が，米国の分析家 Ogden T によるポジション論
（Ogden, 1986, 1989）である。

II　抑うつポジションと妄想－分裂ポジション
について

　Ogden は Klein M が提唱した「抑うつポジショ
ン」と「妄想－分裂ポジション」を「人がある出
来事をひとつの体験として組織化していく際に自
動的に作動する内的準拠枠（体験生成のモード）」
として捉え直した。

　たとえば，同じ災害被害を体験したとしても，
ある人は今後の生活に対する現実的な不安に留ま
る一方で，ある人はこの通常生活の破綻が自己の
破綻と結びつき，多大な混乱に陥るかもしれない。
Ogden はポジションをこの種の体験内容の差異
を規定する内的準拠枠として捉え，それぞれの様
式が強弱をもちながらシンクロニックに作動する

ことで人の体験が生成されていく様をえがきだした。

　上記２種のポジションは，それぞれに不安の性質，防衛方式，象徴機能，対象関係，主体性のありようといった点で違いをみせているが，そのもっとも本質的な相違は「主体性のありよう」である。

　抑うつポジションにおいては，自身が被った体験をかくいう自分こそがそのように体験し，意味づけ，理解したことを内省的に捉える「主体的な自己」が成立している。他方，妄想−分裂ポジションにおいては，こうした主体的な自己が成立しないゆえに，すべての体験は自分のあずかり知らぬ外的な力の作用として生成される。

　たとえば，「私は他者から非難されている」というとき，通常その体験は「私は自分を他者から非難されている存在として認識している」というように，体験に対する主体的な応答（解釈）によって媒介されている。だが，妄想−分裂ポジションにおいては，「他者の非難」はある種のモノとして（その体験を解釈する自己に媒介されることなく）ダイレクトにその身にふりかかる災厄となる。このモードには自身の思考，感情，知覚といったものの創始者，解釈者としての自己はない。

　そして，こうした「主体的な自己」の成立は，その個人に心的な時間軸をもたらすことになる。多くの動物は生物学的に規定された反応様式のなかで目前の刺激に反応するのみだが，人はこの内省力によって，もはやここにはない過去に想いをめぐらせ，まだ見ぬ未来を想像することができる。そこには環境の変化や体験の変化を超えて継続する「歴史性」に根付いた自己感覚がある。新たな体験は古い体験に付加される形で体験され，新たな体験が過去を帳消しにしたり，完全になかったものにすることはない。過去はその意味づけを変えることはできても，完全に書き換えることはできないひとつの事実として保存されている。

　このことは，物事を（自分をもふくめた）因果律のなかで考える力とも関係している。現在の自分の置かれた状況は，一方的に社会の責任でも，家族の責任でも，運命の責任でもなく，他ならぬ自分こそが確かに関与し，つくりあげてきたものであることを理解することができる──そうなって初めて「自分が関与したこと」と「自分には関与しえなかったこと」の論理的な区分が可能となる。

　それゆえに抑うつポジションにおける防衛方式は抑圧が中心となる。というのも，抑圧とは，何らかの心的体験を完全に打ち消したり（否認），切れ切れにしたり（分割，断片化），こころから万能的に排出してしまうことなく，無意識のなかに時間を超えて保存しておく機制だからである。

　また，こうした時間軸の成立により，この様式における不安は対象喪失（何かを失い，もはやそれを得ることはできない）にまつわる不安と罪悪感（自分が愛してきた人を同時に傷つけてもきたことによる罪意識）がベースとなる。そして，この罪悪感こそが他者への思いやりの萌芽となっている。

　一方，妄想−分裂ポジションにおける主な防衛方式は否認，分割，投影同一化であるが，この分割によって対象や世界は「良い」と「悪い」に切り分けられ，「中間的なものなどない」こころの状態をつくりだす。ひとりの母親のなかに自分を満足させる良い面と欲求不満に陥らせる悪い面があるとは思えず，良い母親と悪い母親はあたかも別人のように感じられる。このように，人との関係性が全体性を排した部分的なものになると，他者は単に金銭をくれる人であったり，単に性的対象にすぎなかったり，単に世話をしてくれる人であったり，とにかく自分を攻撃し，自分を無視するだけの存在となる。他者は自分にとって「良い」か「悪い」かのいずれかにすぎず，相手の良い面が見えているときには悪い面は感知されず，逆もまた然りとなる。

　そのため，たとえどれだけ良好な関係を築いてきても，相手のなかに自分を失望させる側面が見えた瞬間にその歴史は書き換えられ，いまある悪

い関係こそが絶対的な真実と化す。これまで献身的に世話してくれていた人物は「これまでも本当の意味では自分の想いに応えてこなかった人」となり、「自分を欺き続け、遂に本性を現した人」となる。そして、その相手がふたたび「良い」と感じられると、今度は相手を責め立てた歴史のほうがなかったことになる。

このように、妄想-分裂ポジションにおいては対象と自己はその時々の状況によって容易に書き換えられ、創造され、打ち消されていく。そして、そこには「自分こそがそうしている」という主体的な感覚もないゆえに、対象が自分とは異なる思考、感情、体験世界をもつひとりの独立した他者であるという認識も失われ、対象はある種の「モノ（物）」として体験される。物が深くこころを痛めたり、死んだりすることなどないように、このモードにおいては、対象は単に損なわれ、壊れるのみである。そのため、この体験様式では対象に対して罪悪感が抱かれることも、対象喪失の不安に駆られることもない（良い対象を失ったとしても、すぐさま別の対象によって補填される）。結果として、妄想-分裂ポジションにおける不安は、自身のあずかり知らぬところからふりかかる迫害的な不安と世界に対する猜疑心がベースとなっていく。

さらに、この両概念は象徴機能にも違いをみせている。

象徴機能とは物事や出来事を（思考を媒介として）別の観念や心的な表象へと変換する機能を意味しており、たとえば言葉は高度に組織化された象徴の一種である。

抑うつポジションにおいては象徴機能が働いていることで、無意識に保存された内容は自由連想や夢や神経症的症状を介して表現されるが、妄想-分裂ポジションにおいては象徴の機能不全ゆえに、体験はすべて具体物の総体となる。父親は「鬼のようだ」ではなく、まさに「鬼」として体験され（その「鬼の血」を自分から抜き取るために、ひたすらに自傷を繰り返す患者がいた）、「忌み嫌われている自分」は、実際に「悪臭を発する」（長期間入浴しないことで他者を遠ざけようとする患者がいた）ことで実現される。

結果、心的内容はこころに保持されず、妄想・幻覚上に排出されるか、投影同一化を介して対人関係上に排出される。後者は自身の恐怖や怒りや不安を相手のなかに投げこむ機制であるが、傍にいる人（投影同一化の受け手）は、その人の情緒体験を無意識裡に引き受けることで、なぜか多大な緊張や怒りや恐怖を体験したり、その人を責め立てたくなったり、過剰な優しさを供給せずにはおれなくなる。受け手は投影同一化によって実際的にコントロールされていく。

そして、妄想-分裂ポジションにおける最大の困難は、物事を因果律のなかで考えることができないゆえに（物事の成り行きはすべて外部の力に拠っているゆえに）「経験から学べない」ことにある。

III　自閉-隣接ポジションについて

最後に Ogden の独自的な概念である自閉-隣接ポジションについて紹介しておきたい。

このポジションは上記2種のポジションよりもさらに原始的な水準の体験生成に関わっており、前象徴的かつ感覚優勢的で、感覚的なリズム（律動性）や皮膚表面の接触体験によって打ち立てられたモードである。その原基は母親の腕のなかで授乳され、揺らされ、語りかけられ、唄いかけられる体験にある。乳児にとって「おなかが空いたのね」という声が、その内容以上に、その響きにおいて意味をもつように、この体験様式では言葉はその声がもたらす「効果」によって意義あるものとなる。

自閉-隣接ポジションにおいては、対象は主として「自閉的形態」と「自閉的対象」との関係（Tustin, 1980, 1984）という形で体験される。

前者は柔らかさの感覚と関連しており、それは母親との心理的な体験ではなく、乳児の肌が母親の身体に接したときにつくりだされる「ひとつの

場」としての体験であり（母親の心理状態云々ではなく，純粋に心地よさという感覚体験がそこにあるかどうかが問われる），後に安心感やくつろぎの感覚と結びついていく。

逆に後者の関係は硬い外皮や殻のような角張った感覚印象によって成り立っており，その個人を「無定形の感覚」や「包まれていない感覚」といった原初的不安から保護することに寄与している。

この様式がつくりだすものは予定調和的で不可侵の世界である。「変化のない世界」を醸成することで，現実にはびこる予測不能な変化からその個人を保護し，この原初的孤立のなかで人は自身の（こころの）「形」をつくりだし，心的な中身を入れるための準備を整える。

このような様式が優勢になっているのは，何も自閉的な特性をもつ人に限られない。終始ネットゲームに埋没し続ける人や自室にこもり続ける不登校の子どもたちにも，少なくとも部分的にはこの自閉−隣接ポジションの現れを認めることができるだろう。彼らは閉鎖的で，循環的で，自己充足的な世界を自ら準備することで，世界のなかでの「包まれなさ」を補完しているように思われる。

IV　おわりに

大切なことは，これらのポジションがその個人のなかで常に同時的に作動しているという点である。

妄想−分裂ポジションの優位性が明らかな精神病患者にも必ず抑うつポジションによって機能している部分があり，神経症水準の患者であっても，妄想−分裂的な不安に脅かされ，自閉−隣接ポジションを保護的に駆動させている部分が必ずある。

私からみると，多くの療法はユーザーが抑うつポジションで機能していることを前提として論を組み立てているようにみえるが，ここにあげたようなさまざまな体験様式に目を配ることで，それらの療法やそのアセスメントはさらに精緻化されていくのではなかろうか。

▶ 文献

Dewey J（1938）Logic : The Theory of Inquiry. Henry Holt and Company.

Ogden TH（1986）The Matrix of the Mind : Object Relations and the Psychoanalytic Dialogue. Jason Aronson.（狩野力八郎 監訳，藤山直樹 訳（1996）こころのマトリックス―対象関係論との対話．岩崎学術出版社）

Ogden TH（1989）The Primitive Edge of Experience. Jason Aronson.

Tustin F（1980）Autistic objects. International Review of Psychoanalysis 7 ; 27-40.

Tustin F（1984）Autistic shapes. International Review of Psychoanalysis 11 ; 279-290.

[特集] 臨床心理アセスメント──プロフェッショナルの極意と技法

ケースを査定する
心理検査

風間雅江 Masae Kazama

北翔大学

I　はじめに

　臨床心理アセスメント（以下，アセスメント）は，心理的支援を要する人（以下，ケース）に対して，ケースの心理的側面についての情報，および，ケースをとりまく環境要因についての情報を系統的に集め，それらの情報を総合的に分析して，ケースへの理解と有用な支援につなげるための査定を総合的に行う営みである。心理療法をはじめとした心理的支援を行ううえで，的確なアセスメントは欠かせない。アセスメントは心理臨床家の仕事すべての礎であるといえる（金沢, 1995）。アセスメントにおける情報収集は，面接法，観察法，検査法といったさまざまな方法を組み合わせて行われる。本稿のテーマである心理検査は，保健医療，福祉，教育，司法・犯罪，産業・労働の全ての分野で幅広くアセスメントに用いられている。心理検査には，知能検査，性格検査，発達検査，適性検査などのカテゴリーごとに，さまざまな特徴をもつ検査が数多くある。本稿では，分野や種類の違いを超えて共通する心理検査の役割と意義，心理検査を支援に活かすために何が求められるかについて考えたい。

II　臨床心理アセスメントにおける心理検査の役割

　心理検査は，ケースおよびケースのおかれている状況についての情報を得るひとつの手段に過ぎない。実際のアセスメントでは，面接や観察からも多くの情報を収集し，心理検査の結果をまとめる際にそれらを念頭において査定する。心理検査の結果のみから疾患や障害を予測できるわけではない。大切なことは，ひとつのデータだけにかかわらず，さまざまなソースからさまざまな形でデータを集めることである（金沢, 1995）。

　心理検査は，開発の過程において，妥当性および信頼性の検討がなされ，客観性が担保されているかどうかの確認がなされる。さらには，検査に要する時間に比して十分に有用な情報が得られるものであるかという，効率性（実用性）も心理検査の要件として重視されている（村上・村上, 2019）。こうした検討を経て，心理検査は，ケースを理解するうえで，客観的情報を得るための重要なツールとなる。

　数十年前に筆者は，勤務先の病院で脳血管障害に伴う半身麻痺，痙縮，顔面神経麻痺，構音障害などを呈する成人のケースを担当した際に，観察

や面接では把握できない重要な情報を，心理検査を通して得ることの意義を思い知る体験をした。筆談を併用した面接では，趣味や思い出話，好きな時代小説など，和やかに話題が展開しながらも，心理面の主訴が語られないケースであった。はからずも，院内での他部署からの調査研究の一環として，抑うつ性に関する心理検査であるSDS（Self-Rating Depression Scale）の依頼を受け実施した。その検査で本人はひとつひとつの問いに明確に答え，結果，予想をはるかに超えた重度のうつを示す得点が示され，希死念慮があることが示唆されたのである。複数回の脳卒中発作の後遺症として生じた顔面神経麻痺により，目は見開いたまま，口角からの流涎の量はおびただしく，痙性麻痺も重度で，面接中も頻繁に介助をしなければ車椅子からずり落ちそうになる。表情筋の動きが見られず，表情から感情を推測することが難しい。心理面の把握に努めようとしつつも，流涎をふいたり姿勢を安定させる身体介助に注意が向いていた。SDS実施前は，しだいに意思疎通が進み本人から話題が広げられていくかたちで変化していくコミュニケーションの展開に，筆者が自己満足的な安堵感を覚えてしまっていたことを恥ずかしく思い出す。ケースの主訴を把握せぬまま実施された，項目数が比較的少ない抑うつに限定した質問紙法の心理検査であったが，そこで得られた情報は心理面の支援に活かされることになった。想像力と洞察力に貧しく，目先の状況にとらわれていた筆者の浅はかさを，心理検査によって突き付けられた経験でもあった。

III　心理検査の理解と目的の明確化

　心理検査の実施に先立ち，その検査がどのような理論的背景のもと，どのような人を対象とし，どのような構造をもち，どのような方法で測ろうとしているのかといった，その検査の特徴を熟知している必要がある。

　たとえば，ウェクスラー式知能検査（Wechsler Intelligence Scale）は，1939年ウェクスラー・ベルビュー知能検査（Wechsler-Bellevue I）の作成以降，年齢範囲の異なる対象ごとに，WISC，WAIS，WPPSIが開発され，それぞれ改訂を重ねている。成人用のWAISの最新版であるWAIS-IVは，2018年に日本語版が刊行されたが，この改訂において言語性IQと動作性IQが廃止されている。WAIS-RからWAIS-IIIへの改訂時に，IQ以外に，4種類の群指数を求めることができるようになったが，WAIS-IVでは，全検査IQと，言語理解指標，知覚推理指標，ワーキングメモリー指標，処理速度指標の4つの指標得点を，10の基本検査によって算出できるかたちになり，適用年齢は16～90歳と幅広く，現代の超高齢社会のニーズに対応している。WAIS-IVは，適用年齢の上限の延長に伴い，図版の拡大，処理速度の測定を目的としない課題での運動要求の減少，教示の明確化，検査時間の短縮など，高齢者に配慮されている（松田，2020a）。WAISのマニュアルには，心理学における知能観や知能検査の歴史的変遷，Wechslerの知能観，Wechsler検査の変遷，検査の構成，標準化の経過，信頼性および妥当性にかかわる統計データなど，貴重な資料が豊富に掲載されている。マニュアルを丹念に読み込むことは，当該検査の正確な施行を可能にするだけではなく，心理学の基礎的な知識を確認し，歴史的理論的背景をふまえて当該検査を深く理解し，その検査を有効に用いることにつながる。

　先に述べたように，心理検査はそれぞれ独自の特徴をもつが，臨床実践においては，ケースの個別性を念頭におき，数多の心理検査のなかからなぜその検査を選ぶのか（特定の心理検査を指定して依頼を受けた場合は，なぜその検査が選ばれたのか）を考え，検査の目的を明確にする必要がある。

　ケースの全体像を多面的に理解するために，相補的な機能をもつ複数の心理検査を組み合わせ，テスト・バッテリーを組んで実施する。一方で心理検査を増やすことはケースの負担につながるため，心理検査の目的を改めて明確化したうえでど

の心理検査を用いるのかを精査する。

IV　心理検査を行う者に求められる能力

　松田（2020b）は，心理検査を実施する者に求められる能力を「検査者能」と呼び，これには「面接能」「測定能」「評価能」「報告能」という4つの技能が含まれるとしている。まず「面接能」とは，検査に伴う侵襲性に配慮しながら受検者の不安を取り除き，評価懸念を軽減し，自尊感情に配慮し，ラポールを形成しそれを維持する能力である。心理検査の実施に先立ち，ケースに事前の説明を丁寧に行い，心理検査を受けることの同意を得るという，インフォームド・コンセント（説明と同意）とアカウンタビリティ（説明責任）においても，「面接能」が発揮される必要があるだろう。次に「測定能」は正確な測定を行う能力であり，正しい方法で検査を行うという基本をふまえたうえで，状況に応じて受検者の疲労度や心身機能の制約や，受検者のどの情報を得る必要があるのかといった真の検査目的を考慮し，実施法を選択する判断力と実行力も含む。そして「評価能」は，測定した結果を冷静かつ総合的に判断する能力である。最後に，「報告能」とは，検査結果を報告する相手の専門性や立場に応じて報告書を作成したり，検査結果を受検者に適切に説明する力としている。

　妥当性や信頼性を十分にもつ心理検査を，ケースや目的に応じて的確に選択し，ラポールを形成してからマニュアルに沿った手続きで施行し，検査の結果を総合的に評価するだけでは十分ではない。報告書の記述が，読み手である他者に意図が伝わらなかったり，読み手が，そこに示された一部の情報のみを偏重したり，歪んで解釈したりすると，心理検査の結果は支援に活かされなくなってしまう。心理検査結果が多職種連携のなかで支援に活かされるには，検査結果の重要ポイントが他の職種に十分に伝わるよう熟慮しつつ表現を吟味する，心理職の「報告能」が求められる。

V　心理検査を実施したアセスメントにおけるEBAとNBA

　小林（2020）は，心理検査を実施するうえで，EBA（Evidence-Based Approach）とNBA（Narrativee-Based Approach）の両方の視座をもつことの重要性を指摘している。心理検査のもつ信頼性や妥当性からすると，心理検査を通したアセスメントはEBAを基盤とするといえる。しかし，心理検査の実施者と対象者との間にラポールによる信頼関係が構築されていなければ，検査結果に検査で測ろうとした人格や能力がケースの実態を示さないものになる。すなわち，心理検査の実施場面において，その検査で測ろうとする対象を当該検査の厳密な手続きに則って行いつつ，クライエントの不安を和らげ，安心して課題に取り組むことができるような環境を整備するために，言語と非言語の両方を吟味したコミュニケーションに努める必要がある。こうした側面から，心理検査はNBAの要素も合わせもつといえる。心理検査による情報収集と，クライエントと課題や問題についての話し合いを通した治療的介入を併行して行う治療的アセスメント（Therapeutic Assessment）（Finn, 2007）は，その効果が注目されている。構造の緩い協働的アセスメントのアプローチとして新しい観点に立つ治療的アセスメントは，EBAとNBAが融合した画期的なアプローチといえよう。

VI　心理検査を支援に活かすために

　アセスメントとは，ケースの心理的課題にかかわるところを把握するとともに，ケースのもつ潜在的可能性を見出すための取り組みでもある。アセスメントは，現在生じている問題や事象の原因を探るというような直線的因果律のもとで行うものではない。むしろ，客観的に把握することができない，あいまいさが伴う人間の心の問題について，収集した情報をもとに問題の構造や経緯を整理し，仮説を構築するプロセスである。アセスメ

ントで一度構築された仮説は，その後のかかわり
のなかで修正される。村瀬（2012）は，アセスメ
ントにおける仮説は，心理的支援の過程のなかで
精度が上がっていくものであり，常に仮説を変更
する余地を与え，先に想定した仮説の不備や不足
を率直に認めることの重要性を指摘している。確
かに，ケースに出会って最初から精度の高い仮説
を構築することを目指すあまりに，心理職が自身
に内在する要素や自身のオリエンテーションにと
らわれてしまう危険性をはらむことがあるように
思われる。

　観察法および面接法によるアセスメントでは，
収集した情報を報告する際，観察者および面接者
の主観が多分に入らざるをえない言語情報によっ
てのみ表現される。検査法の場合は，検査ごとに
理論的枠組みや検査の構造があり，背景となる客
観的情報が多く存在する。心理検査の報告におい
て，たとえば数字で表されるような，一見して客
観的情報とみなされるものが含まれるが，その説
明に用いられるのはやはり言語であり，報告者が
どの言葉を選択してどのように表現するかによっ
て，読み手が描くケース像が大きく変わる。的確

な言葉を吟味・精査する努力は，客観的情報を伴
う心理検査においても変わりなく，アセスメント
において領域横断的かつ普遍的に重要である。

▶ 文献

Finn SE（2007）In Our Client's Shoes : Theory and Techniques of Therapeutic Assessment. Lawrence Erlbaum Associates.（野田昌道，中村紀子 訳（2014）治療的アセスメントの理論と実践―クライアントの靴を履いて．金剛出版）

金沢吉展（1995）医療心理学入門―医療の場における心理臨床家の役割．誠信書房．

小林真理子（2020）公的機関の臨床実践での心理検査の有用性とその限界．コミュニケーション障害学 37-2 ; 146-151.

松田修（2020a）知能　ウェクスラー成人知能検査（WAIS-IV）．老年精神医学雑誌 31-6 ; 570-588.

松田修（2020b）WAIS-IV の高齢者への使用の可能性と課題―検査能と検査者能の観点から．日本版 WAIS-IV テクニカルレポート #2．日本文化科学社．

村上宣寛，村上千恵子（2019）［三訂］臨床心理アセスメントハンドブック．北大路書房．

村瀬嘉代子（2012）アセスメントと仮説．In：村瀬嘉代子，津川律子 編：事例で学ぶ臨床心理アセスメント入門（臨床心理学増刊第 4 号）．金剛出版，pp.49-55.

[特集] 臨床心理アセスメント──プロフェッショナルの極意と技法

ケースを組み立てる

協働作業としてのケースフォーミュレーション

三田村仰 Takashi Mitamura

立命館大学総合心理学部／個人開業

I　ケースフォーミュレーションとは何か

ケースフォーミュレーション（Case Formulation：CF）は，歴史的には行動療法にその起源をたどることができるが，現在，さまざまな心理療法のアプローチに広く受け入れられている臨床的な作業である（林・下山，2019；Johnstone & Dallos, 2014）。一般的に，CFとは「目の前のクライエントの抱える困難に関する原因，維持要因，支援計画について仮説生成をおこなうプロセス，およびそこで生成される仮説そのもののこと」（三田村，2017［p.422］）をいう。ここでも述べられているようにCFという言葉には，「作業プロセス」としてのCF，および「作業によって生成された仮説」としてのCFという2つの意味がある。CFの重要な特徴として，「何が真実か？」といった問いではなく，「何がこのクライエントにとって有用か？」という問いの下にCFが生成されるという点を挙げることができる。加えて，生成されたCFは常に変更や修正の可能性を残した暫定的なものであるという意味で，それは「作業仮説」であるといえる。言い換えると，CFとは「合目的的」（斎藤，2018）な作業であり，その作業は，程度の差こそあれ常に進行中のプロセスであると捉えることができる。

CFとその関連概念もしくは類似概念との関係についても整理しておきたい。CFと深く関連する作業には「アセスメント」（もしくは心理査定）がある。CFとアセスメントとの違いは，アセスメントがある特定の事柄について詳細に"調べ上げる"性質のものであるのに対し，CFは収集したデータを基に，種々の理論や実証知見を参照したり現実的な臨床判断やクライエントの意向を組み込みながら"作り上げる"性質のものである。場合によっては，どういったアセスメントを行うべきかをガイドすることもCFの機能のひとつといえる。

また，「診断」とCFとの違いについても触れたい。診断とは「医学的概念であって，『特定の疾患カテゴリの中に特定の個人を位置づける行為』」（斎藤，2018［pp.123-124］）である。さらに，疾患というものが実在し，かつ正しい診断が正しい治療を導くという仮定に基づいてなされるものでもある（斎藤，2018）。対するCFは，クライエントとの協働作業であり，何らかの一般的なカテゴリにクライエントを当てはめるものではなく，個々に合わせた介入を実施するための仮説生成の作業である（下山，2019）。なお，わが国

でいう「見立て」と CF とは，おおよそ同じような意味合いのものである。ただし，「見立ては専門家が患者に告げる病気についての意見の総体である」（土居，1977 [p.63]）とされ，支援者側からクライエント側へ告げる性質のものであるのに対し，CF においてはその生成過程においてクライエントの意向を積極的に取り込もうとする点に違いがあるとされる（林，2019）。

II　クライエントとの協働作業としての　　ケースフォーミュレーション

CF の作業においてクライエントと協働することの重要性は，CF についての議論が進んでいる英米それぞれのガイドラインにおいても強調されており，クライエントの志向性の尊重という観点からも，また CF 生成に伴う実践家側の種々のバイアスを回避するという観点からも重要だとされている（Eells, 2015 ; BPS Clinical Psychology, 2011）。

Eells（2015）による CF のモデルは，米国心理学会が掲げる「心理学におけるエビデンスに基づく実践（Evidence-Based Practice in Psychology : EBPP）」（APA, 2006）に基づいている。EBPP は「患者の特徴，文化，意向という文脈において，その時点で手に入る最良の研究成果を，臨床技能に統合すること」（APA, 2006（斎藤, 2018 [p.54]））と定義されている。この定義にもあるように，クライエントの意向を実践に取り込むことは，CF の作業においても重要とされる。

英国心理学協会（BPS Clinical Psychology, 2011）による CF のガイドラインでは，その全般においてクライエントとの協働性が強調されており，「12. CF の倫理」という項で特に詳しく言及されている。ガイドラインでは，生成された CF が，時にクライエントに対しネガティブな影響をもたらしうることを警告したうえで，(a) 日常的な言葉を使ってクライエントに CF の内容を伝えること，(b) 支援が必要な部分と併せてクライエントの強みも強調して伝えること，また(c)

スーパービジョンをうまく活用すること，を推奨している。また，クライエントが理解できなかったり，クライエントから受け入れられない CF は有用とはいえないとして，そうした場合，互いの視点を共有するためのさらなる話し合いが必要であるとしている。

III　協働的で多元的なアプローチにおける　　ケースフォーミュレーション

クライエントとの協働的な CF について考えるにあたり，ここでは Cooper & McLeod（2010）の心理療法の多元的アプローチを紹介したい。Cooper & McLeod（2010）は，協働的多元論（collaborative pluralism）という立場から，セラピーの過程を「目標」「課題」「方法」という，重なり合うゆるやかな 3 区分で捉えている。「目標」とはクライエントが望むこと，「課題」とはそこに到達するための道筋，「方法」とは課題を達成するための具体的な手段（さまざまな心理療法やセラピー的な会話など）のことである。クライエントと共にこの 3 つについて対話する作業はそれ自体がセラピーであり，CF の作業であるといえよう。

Cooper & McLeod（2010）はさらに「目標」を，クライエントにおける「人生の目標」と，それを達成するための目標である「セラピーの目標」とに分けている。人生の目標はセッション初期は明確ではなく，セッションを続ける過程で明確になってくるかもしれない。CF においてまず明確にすべきはセラピーの目標である。Cooper & McLeod（2010）は「目標フォーム」という質問紙に，「このカウンセリングで得たいこと」（つまり，セラピー目標）をクライエントに書いてもらう方法を提案している。このフォームでは，さらにクライエントが書いた個々の目標について，(a) それによってどの程度悩まされているか，(b) 人生における重要度，(c) カウンセリングでそれがどの程度進展してほしいか，という 3 点を評価してもらう。

目標が定まってきたら，それを達成するにあたりどのような「課題」があり，実際に面接のなかでどのような「方法」を用いるべきかについて，クライエントと共に話し合うことになる。多元的アプローチにおいては，セラピストはありうる選択肢として，種々の理論なども適宜参照しながら，考えうる課題についてクライエントと話し合っていく。たとえば，「友人を作りたい」という目標に対しては，「対人スキルの不足を補うこと」「思考パターンを柔軟にすること」もしくは「特定の思考から距離を置くこと」など，さまざま課題が考えられ，それらの複合もしくは，別の課題（例：ゼミに参加できるようになること）についてクライエントは取り上げるかもしれない。課題が定まってくれば，セラピストは提供できる選択肢を「セラピーのメニュー」として提示し，クライエントに意見を求めることができるだろう。

IV　まとめと展望

CF は，合目的的に生成される作業仮説であり，セッションの進行に沿って随時変更・修正が加えられるものである。CF は目の前の "そのクライエント" のための個別的な作業であり，クライエントの意向や枠組みを組み込みながら双方向的に生成されるべきものである。その意味で，全く同じ状況にある同じクライエントに対して，異なった CF が生成されることもありえる（三田村，近刊）。実践家においては常に複数の可能性に開かれ，そのクライエントにとって有用なことをクライエントと共に探究し続ける姿勢が重要である。文献として優れた理論やデータ（エビデンス）が存在することは確かである。実践家はそれらを積極的に参照しながらも，あくまで CF の作業は，実践がなされる現場と目の前のクライエントの現状と意向を個別的かつ総合的に勘案すべきである（三田村，近刊）。CF の生成においても，その起点は現場にあること（森岡，2020）を心に留めておくことが肝要であろう。

▶文献

American Psychological Association Presidential Task Force on Evidence-Based Practice（2006）Evidence-based practice in psychology. American Psychologist 61-4 ; 271-285.

BPS Clinical Psychology（2011）Good Practice Guidelines on the Use of Psychological Formulation. Leicester : The British Psychological Society.

Cooper M & McLeod J（2010）Pluralistic Counselling and Psychotherapy. New York : Sage.（末武康弘，清水幹夫 監訳（2015）心理臨床への多元的アプローチ．岩崎学術出版社）

土居健郎（1977）方法としての面接．医学書院．

Eells TD（2015）Psychotherapy Case Formulation（Theories of Psychotherapy Series）. Washington DC : APA.

林直樹（2019）ケースフォーミュレーションの概念と歴史．In：林直樹，下山晴彦，『精神療法』編集部 編（2019）ケースフォーミュレーションと精神療法の展開．精神療法 増刊第 6 号．金剛出版，pp.6-13.

林直樹，下山晴彦，『精神療法』編集部 編（2019）ケースフォーミュレーションと精神療法の展開．精神療法 増刊第 6 号．金剛出版．

Johnstone L & Dallos R（2014）Formulation in Psychology and Psychotherapy. 2nd Ed. New York : Routledge.

三田村仰（2017）ケースフォーミュレーション．臨床心理学 17-4 ; 422-423.

三田村仰（近刊）ケースフォーミュレーション─学派を超えたアプローチ．In：臨床心理学スタンダード・テキスト．金剛出版．

森岡正芳（2020）心と文化─治癒の源泉を探る．In：森岡正芳 編：治療は文化である─治癒と臨床の民族誌．臨床心理学 増刊第 12 号．金剛出版，pp.2-7.

Norcross JC & Lambert MJ（2018）Psychotherapy relationships that work III. Psychotherapy 55-4 ; 303-315.

斎藤清二（2018）総合臨床心理学原論─サイエンスとアートの融合のために．北大路書房．

下山晴彦（2019）心理療法（精神療法）におけるケースフォーミュレーションの役割．In：林直樹，下山晴彦，『精神療法』編集部 編（2019）ケースフォーミュレーションと精神療法の展開．精神療法 増刊第 6 号．金剛出版，pp.14-20.

[特集] 臨床心理アセスメント──プロフェッショナルの極意と技法

ケースの「見立て」を書く作業

山本 力 Tsutomu Yamamoto

就実大学大学院

心理アセスメントとは対象理解と介入方針を検討していくプロセスである。心理アセスメントの代わりに，土居健郎氏の提唱以来「見立て」と称されることも多い。2つの用語は完全には同義ではない。意味が重なる点もあれば，異なる点もある。ただ筆者は心理臨床家として「見立て」という言葉に馴染みがあるので，本稿でも見立てという用語も併用したい。筆者に与えられたテーマは，ケースの見立てを「文字にして書く」という臨床的な営みについて論じることである。

Ⅰ　見立ての「観点」を決め，
　　伝え手に合わせて書く

見立てや心理アセスメントの結果を「書く」こととは，聴いて，観察して，検査して集めた情報を「俯瞰的な視座から筋を通して（視点を定めて）文章にする」作業でもある。対象の訴えに耳を傾け，関わりながら観察し，必要な心理検査の結果を集約しながら，対象の本質的な理解を文字にして書くのは苦労する作業である。インテーク面接の記録を書いたり，心理検査の結果を記載したりすることは，慣れればルーチーンの作業である。しかし，ケースフォーミュレーションを行って，それを文章で整合的に書くとなると，経験を

積んでも苦労する。なぜならアセスメントの「目的」に沿って生の事例素材から必要な情報を選び出し，実際の対象や事態と照合しながら編集して，わかりやすく物語らなければならないからである。集中力と時間を要するヘッドワークである。

多角的に集めた素材から大切な情報を取捨選択し，対象の本質を浮かび上がらせるには，どの方向から対象を見て，どの範囲までを視野に入れ，どこに焦点を絞ろうとするのかをよく吟味しなければならない。筆者はこれらの3つの要点を「視座・視野・視点」という言葉で表そうとした（山本，2018）。「視座」とは観察者の立ち位置である。鳥の目で見るのか，虫の目で見るのか，外側から見るのか，内側から見るのか，表から見るのか，リフレームして裏から見るのか。「視野」は事例という事態の切り取り方と関連する。システムとしての事例の同定方法で，クライエントとセラピストの面接場面に絞るのか，クライエントが生活するコミュニティを含んだシステムとして同定するのか，クライエントの育った家系（歴史性）にまで視野を広げるのか。「視点」は対象認識の要で，アセスメントの目的・狙いと直結する。見立てはこの「視点」を基軸にして描き出されるはずである。筆者はこれら3つをまとめて表現するときに

は「観点」と呼んで使い分けている。この「観点」がなければ系統的な対象観察も編集作業もできないし，一貫した筋道で物語ることもできない。言い換えれば「観点」の数だけ見立てのバリエーションも生まれる。「観点」が違えば，つまり「目のつけ所」が違えば，対象理解のストーリも異なってくるのは必然であろう。

　次に，見立てた結果を別の誰かに伝える際に，心理臨床家は伝える相手を意識して書く内容を決めるであろう。伝える相手を抜きにした，見立ての伝達はない。相手に受け入れやすいように，相手にフィットするように書き方や内容を考える。主治医に返すアセスメント結果は，医師の依頼目的を踏まえながら「根拠」をきちんと記載し，忙しくても読めるように簡潔にまとめる。なかでもクライエントに伝えるアセスメント結果こそ「見立て」と呼ぶにふさわしい。クライエントへのフィードバックは文書にして渡すこともあるが，口頭で比喩を交えながら行うほうがクライエントの反応を確認しやすい。文書にする場合も，相手が読んでエンパワーされるような内容を入れ込んだ文章を渡すよう心掛けている。ケースカンファレンスで発表する事例報告書に記載する見立ては，関わり方や介入方針とより連動した内容となろう。そして心理療法や支援が進展するにつれ最初の見立ては修正され，変化するが，その都度見立て直したことを経過報告に書き込むことが大事である。

Ⅱ　Erikson EH による「サムの事例」

　何かについて観察したり，物語ったりする際には「観点」が大切であると述べたが，人間を見立てる「観点」として，生物・心理・社会モデル（bio-psycho-social model）がある。米国の精神科医 Engel が 1977 年に発表した論文 "The need for a new medical model : A challenge for biomedicine" で明らかにした枠組みである。読者の皆さんのなかで，公認心理師試験のための勉強で強く意識させられた人も少なくないであろ

う。実は 1940 年代に，この生物・心理・社会モデルと似たアイディアを先取りしていた精神分析家がいた。アイデンティ論やライフサイクル論で有名な Erik H Erikson である。Erikson は 1950 年に『幼児期と社会』を出版した。その第 1 章は「幼児の神経学的危機──サムの事例」から始まる。訳書で 18 ページにわたって記載されているが，Erikson のアセスメント過程は，時系列を追って多層的に「謎解き」を行っていく過程である。以下にその過程を要約してみよう。

　①クライエントはサム，ユダヤ系の 3 歳の男児である。ある日の朝，サムが自室で激しい発作を起こしたのを母親が見つけた。ちょうど 5 日前に（孫のところに来ていた）祖母が心臓発作で亡くなったばかりで，その心臓発作に似ていると母親は直感した。医師にみせたところ，神経学的検査では異常が見つからないが，てんかん性の発作と告げられた。

　②この出来事の 1 カ月後，サムは裏庭で死んだモグラを見つけてひどく動揺し，「死ぬとはどういうことか」と母親に執拗に尋ねた。その夜に 2 度目の発作が襲った。激しい痙攣も伴っていた。脳の障害に起因するてんかんであろうと診断された。

　③さらに 2 カ月後，捕まえた蝶をうっかり握りつぶし，その直後に 3 回目の発作を起こした。医師はてんかんの誘発因子は "死" と関連する「心的刺激」にあると付け加えた。

　④Erikson が引き金となった祖母の死をめぐる背景について尋ねたところ，次のようなことがわかった。サムが活発でいたずら好きな子どもだったので，母親は「おばあちゃんの前では大人しくしているように」と言い聞かせ，約束までさせたことである。そのためかサムは押さえつけられた気分でピリピリしていた。ある日，母親が 2 人を家に残して出掛けたすきに，サムはふざけて椅子から転倒し，それに驚いた祖母が心臓発作を起こした。祖母はそのまま数カ月後にサムの家で亡くなってしまった。

　⑤さらに Erikson は遊戯療法を行いながらサムを観察した。ドミノ遊びをした際に，意図的に続けてサムを負かしてみた。すると彼は怒って強く Erikson をひっぱたいた。その後，目がうつろにな

り，気を失いそうになった。正気を取り戻したサムは，ドミノを「棺」のように長方形の箱形に並べた。機が熟したと感じた Erikson は「私をひっぱたいたから罰として死ななければいけないと心配したのかな」「おばあちゃんが棺で運び出されたときも，自分のせいだと思った。だから自分も死ななければいけない，そう思って棺のような箱を作ったのかな」と解釈した。サムは小さな声で「そうだよ」と肯定した。

　⑥一連のアセスメントはこれで終わりではなかった。Erikson は母親との探索的な面接を通して，この秘められた怒りの問題が非ユダヤ人の町でつましく我慢しながら暮らす，ユダヤ人一家の宿命的な苦悩であることを解き明かした。サムに生じた発作は，からだの危機であり，自己の危機であり，家族の危機の反映でもあるとみなした。つまるところ迫害に耐えてきたユダヤ人家族の歴史のなかで捉えられるべき輻輳的な危機であると Erikson は定式化したのである。

　身体的なプロセス，自我の（心理的な）プロセス，社会的なプロセス，それら３つのプロセスがひとつに交わって，人間のいのち（human life）の営みが形作られる。逆に捉えるなら，人間のいのちの営みを，生物的・心理的・社会的，加えて歴史的なプロセスの交差点として重層的に解き明かす道筋を Erikson は示した。少年サムの発作を，てんかんという生物学的視点から出発し，彼の抑制された攻撃性という心理的視点を交えて探索し，ひいてはサム一家の背負うユダヤ人としての虐げられた宿命にまで掘り下げて（広い「視野」で）立体的な検討を試みた。今から 70 年以上も前に Erikson が伝統的精神分析の枠組みを越え出て，全人的な人間理解を目指そうと先駆的な挑戦をしていたことに，筆者は改めて気づかされた。

III　見立てを書くときの指針

　最後に，心理アセスメントや見立てを書くことに関して，一部繰り返しになるが実務的な留意点を述べてみよう。見立てと一口に言っても，多様な場合が想定される。例えば，医師に報告するための心理アセスメント，クライエントにフィードバックする見立て，虐待，いじめ，自殺未遂など危機対応における見立て，カンファランス資料に書く見立てなど，幾種類もの見立ての場面が思いつく。しかし，一番大切なことは，何の目的で，誰に向けて書くのかをしっかり念頭に置いて，形式と内容を選択，推敲していくことである。特に心理検査の依頼を受けた際には，事務的に対応するのではなく，依頼主にその意図や目的をきちんと確認する手間や努力を省かないようにしたい。

　サムの事例で示したように，心理アセスメントは，最初に試みたら終わるのではなく，治療的なプロセス全体が同時にアセスメントと発見のプロセスとなる。見立てはある観点からみた「仮説」であるので，支援の進展に応じて，仮説の見立て直しがしばしば行われる。後に新しい事実が発見されたり，「そういうことだったのか」と気づいたりもする。ことに力のあるクライエントとの心理療法は，気づきに伴って「謎解き」がなされていく発見的な旅路である。Erikson によるサムの発作にまつわる謎解きの道筋を追体験してほしい。

　次に述べることは，どのレポート作成の指針にも必ず書かれているが，できるだけ専門用語（ジャーゴン）を用いないで書くという配慮である。心理臨床家の職場はおおむねアウェイの現場である。スクールカウンセラーは教育の現場で，病院の心理職は医療の現場で，社会的養護に関わる心理職は福祉の現場である。これらアウェイの現場においては，「郷に入っては郷に従え」の精神で適応しながら連携・協働しようとしている。この多職種連携の現場での「共通言語」はわかりやすい日常語である。「根拠」という裏付けを持ちながら，日常用語で書くことは，抽象的な専門用語を並べるよりもはるかに難しい。伝える相手に合わせて，平易に書くためには，自分が伝える内容についてよくわかっていなければならない。専門用語で煙に巻いたり，ごまかしたりしないよ

うに注意したいものである。

　本稿を，筆者が心していることを記して終えたい。それは精神病理や脆弱性の同定と同時に，強み（strength）や資源，レジリアンスを探り出して見立てることである。問題点などの駄目出しの連続は，クライエントに無力感や閉塞感を生むだけである。心理臨床の見立ての原則は，病態水準や脆弱性に十二分に配慮しながらも，クライエントや当事者に希望と元気の種を処方することである。

▶ **文献**

Erikson EH（1950）Childhood and Society. New York : Norton & Company.（仁科弥生 訳（1977）幼児期と社会. みすず書房）

Lichitenberger EO et al.（2004）Essentials of Assessment Report Writing. New York : John Wiley & Sons.（上野和彦，染木史緒 監訳（2008）心理アセスメントレポートの書き方. 日本文化科学社）

山本力（2018）事例研究の考え方と戦略──心理臨床実践の省察的アプローチ. 創元社.

🗨 [特集] 臨床心理アセスメント──プロフェッショナルの極意と技法

ケースを語る
フィードバック

野田昌道 Masamichi Noda
北海道医療大学心理科学部

I フィードバックについて

心理アセスメントの結果, とりわけ心理検査を用いた心理アセスメントの結果をクライエントなどの当事者(本稿では, 以下, クライエントと呼ぶ)にフィードバックするのは, 心理職のなかでは今や当然とみなされていると言っていいだろう。心理検査はクライエントのために実施するものであり, その結果をフィードバックするのは当然というわけである。しかし, そのフィードバックを本当に役立つものにするためには, 広範にわたる臨床能力の裏打ちが必要である。単に心理検査結果の解釈ができればよいというものではない。少なくとも, クライエントとの関係の構築, ケースの見立て, クライエントの状態の把握などが適切にできていなければならない。

1 どのような関係のなかで行うのか

役に立つフィードバックを実現するには, クライエントと協働関係を築き, クライエントが安心できる安全な場を提供できていることが必須の前提条件となる。フィードバックの場面に身を置かれれば, いったいどんなことを伝えられるのかと不安になるのが通常だろう。このような不安は, フィードバックから得られる情報の理解を妨げ, そこから何かを見出し, 意思決定につなげようというクライエントの能動的な動きを阻害してしまう。アタッチメント理論の観点から言えば, 不安によってアタッチメント・システムが活性化すれば, 探索行動システムの活性化水準が低下するということである。裏を返せば, 探索行動システムの活性化のためには, アタッチメント・システムが活性化しないような安全な環境, 安心できるアタッチメント関係を築く必要があると言える。そこで, クライエントがフィードバックによって得た情報をもとに新しいことに挑んだり, 困難な課題に取り組んだりできるように, 心理支援に携わる者には安全基地の機能を果たすことが求められる。次のようなリサーチ結果もある。Poston & Hanson (2010) は, 治療的アセスメント (Finn, 2007) のような協働的な関係のなかでフィードバックを受けたクライエントは, 情報伝達型のフィードバックを受けたクライエントよりも, およそ .42 の効果量を有することを見出した。この結果も, クライエントが安心できる協働的な環境をつくることの重要性を示唆している。

協働的な関係が築けていなかった場合, フィードバックの内容がどんなに適切なものだったとし

ても，クライエントにはそれが十分伝わらないことがある。たとえば，次のような架空の事例を考えてみよう。妻は夫婦間のコミュニケーションがうまくいかないことや，夫に何かを相談しても気持ちを理解してくれず，むしろ心無い一言を返されてしまうことに不満を抱いていた。そして，夫は発達障害ではないかと疑うようになった。夫は妻の勧めにより来談し，アセスメントを受けた。さて，このときの体験について，後にこの夫が次のように振り返ったとしたらどうだろうか。「発達障害かどうか調べてもらったけれど，結果については，『平均以上の知的能力がある。能力のばらつきはあるが，発達障害を疑うほどではない』などと伝えられた。どういうことなのかよくわからなかったが，問題点を指摘されるのも嫌だったので，発達障害ではないのならそれでいいと思って何も言わないでおいた。その後，検査結果の報告書のようなものを渡され，『質問はありませんか』と尋ねられた。けれども，文書の言葉は難しくてよく理解できず，何を質問していいのかよくわからなかったので，特にありませんと答えた」。

この例のようにクライエントからの疑問，反論，意見が出されないときには，協働関係が十分築けていない可能性を疑ってみたほうがよい。フィードバックにおいては専門用語を避け，わかりやすい表現で行うようにとは言われるが，仮にその点が不十分であったとしても，質問してもらえればまだ挽回の余地はある。しかし，質問や反論をしにくい雰囲気をつくってしまうと，その機会も失われてしまう。わかりやすく伝えることはもちろん大切だが，それと同等あるいはそれ以上に，安心して質問できるような協働的関係を構築することが重要視されるべきだろう。

２　何を伝えるのか

スーパービジョンの機会やさまざまな研究会でときどき遭遇するのは，目立った特徴だけを伝えている（結果の統合ができていない），来歴などから得られた情報に合致した結果だけを伝えてい

る，伝える内容が紋切り型の解釈になっている，伝える仮説が主に検査時の印象から得られたものになっているなどのフィードバックである。これらは，心理検査結果の解釈に自信を持てていない初心者に多く見られる。とにかくフィードバックをしなければいけないという焦りや，間違っていたらどうしようという不安も影響しているようである。

しかし，心理検査にある程度習熟している臨床家でも，似たようなフィードバックをしてしまうことがある。こちらは，検査結果がクライエントの生活や問題とされていることとどう関連しているのか十分解明できていない場合に生じやすい。要するに，そのケースの「ツボ」が明確になっておらず，見立てにつなげられていない場合である。

たとえば，先ほどのケースでは，クライエントが発達障害かどうかということは中心的な問題ではなく，夫婦間の関係性こそが重要だったのかもしれない。もしそうであれば，仮に「耳からの情報処理は不得意のようだから，パートナーからは視覚的に伝えてもらうとか，自分でもその場でメモを取るなどの工夫をするとよい」といった助言をされたところで，クライエントの現在の問題の解決には結びつきにくい。むしろ，夫婦間で今起こっていることのからくりや力動の理解につながるようなフィードバックこそが望まれる。

フィードバックの際には，心理検査結果のなかから重要でケースの「ツボ」だと思われる事柄を臨床家が選択し，それらがもっとも伝わりやすく，効果的で役立つものとなるように加工し，組み立てて提示する。しかし，いくら臨床家が重要だと思っても，クライエントにはまだその話題を受け入れる準備ができていないこともある。その見極めのためには，クライエントの自己知覚，自己統制力，ストレス耐性などを総合的に検討する。そして，必要に応じて，クライエントがそのフィードバックを聞ける状態になれるよう，手助けをしなければならない。

3　どのように伝えるのか

　先述のように「わかりやすく伝える」というのは大原則である。しかし，どうするとわかりやすくなるのかは，クライエントによってさまざまである。単刀直入に重要な点を取り上げたほうがよい場合もあれば，外堀を埋めるように論理的に進めていったほうが効果的な場合もあるだろう。あるいは，視覚的な補助資料を使う，数字をもとに説明する，メタファーを用いるなど，いろいろな工夫がありうる。声の調子や間合い，ノンバーバルな表現なども含め，効果的に伝えるための「演出」も大切である。さらには，それをクライエントの様子を見ながら柔軟に変更していくことも必要になる。そして忘れてはならないのが，心理アセスメントの結果が絶対に正しいものであるかのような話し方はしないことである。結果はあくまでも仮説として提示し，クライエントからの質問や反論に対してオープンであることを心掛けたい。

II　なぜフィードバックなのか

　フィードバックには，以上に挙げたこと以外にも多くの要素が関係してくる。また，その場に応じた即座的対応も必要になる。フィードバックはかように高度な技術であり，行うのが当然とはいっても，実際のところ，おいそれと実施できるものではない。

　実は，フィードバックが当然視されるようになったのはさほど古いことではない。少なくとも，1980年代まではフィードバック慎重論（あるいは反対論）が主流だった。依拠する技法や理論的立場によって論調は異なるものの，たとえば，心理検査（特に投映法）にはクライエントが意識していないことを明らかにする性質があるのだから，安易にその結果を提示すれば，クライエントは見たくない自分に直面させられたり，見透かされているという不安を高めたりするのではないか，という主張はそのひとつである。残念ながら，このような慎重論に対して一つひとつ課題をクリアしていく形でフィードバック当然論が形成

された，というわけでは必ずしもない。

　1990年代は，洋の東西を問わず，インフォームド・コンセントのような当事者の自己決定重視の考えが広まっていった時代である。自己決定のためには情報が本人に開かれていなければならないという時代精神のなか，日本ではロールシャッハ・フィードバック・セッション（中村・中村，1999）が，アメリカでは治療的アセスメント（Finn，2007）が，1990年代初頭からそれぞれ独自の形で発展していった。これらは実践や研究の積み重ねにより体系化され，慎重派の主張を乗り越えていくものであった。しかし，それらは例外で（もしかすると異端視する向きさえあったかもしれないが），多くの臨床家はフィードバックの具体的な方法論や理論的指針などを持たぬまま，時代精神によってもたらされたフィードバック当然論という海原へ漕ぎ出すことになったのではないだろうか。もしそうだとすれば，フィードバックは難しいものだという認識になってしまうのは必然の成り行きである。私たちはそのことを自覚し，ロールシャッハ・フィードバック・セッションや治療的アセスメントなどの知見も参考にしながら，「当然」と「現実」のギャップを埋める努力をしていかなければならないだろう。

III　ケースを語る

　ところで，本稿のタイトルに違和感を覚えなかっただろうか——「ケースを語る」のは誰なのか。「ケースを語る」とは，専門家がケースを見立て，解説を加え，クライエントに言葉を届けることなのか。

　インフォームド・コンセントの原則に立ち返ると，専門家には説明義務があるのだから，専門家が語ることは当然と言える。しかし，当事者に自己決定権があるということを踏まえると，クライエントも語りの主体となるのではないか。心理支援の場であれば，クライエントがアセスメント結果などについて十分な情報を得たうえで，納得して今後の方針を決め，主体的にトリートメントに

取り組んでいくことが想定される。このようなプロセスにおいては，支援者とクライエントの対話が重要になる。その対話によってケースが進展していくのだとしたら，語りの主体は専門家とクライエントの両者であり，その比重はクライエントに置かれるとさえ言えるのではないか。すると，専門家として期待されるのは，ただアセスメント結果をわかりやすく伝えるだけではなく，クライエントと対話し，主体的な意思決定ができるように手助けすることである。

　もう一度，架空のクライエントたる夫に登場してもらおう。彼は対話のなかで次のように話していた。「妻から相談されると，つい，甘えるなよと思ってしまう。そのためにつっけんどんな態度になり，それが発達障害のように見えていたのだろう。どうしてそうなのか自分でもよくわからなかったが，心理検査の結果を聞いているうちに，本当は自分こそ誰かに頼りたい，助けてもらいたいという思いがあるのに，それを抑え込んできたことに気づいた。そのせいで，妻の愚痴や相談を受け入れる気持ちになれなかったのかもしれない。そもそも自分がそんなふうになったのは……」。

　専門家が解釈仮説を提示し，それをクライエントに受け入れてもらうのではない。クライエントが専門家の助けを得ながら自分について新たな理解をする，すなわち自分や自分と世界とのかかわりに関する新たなナラティブを紡ぎ出すこと，それがケースを語るということではないだろうか。これは，伝えるという狭い意味でのフィードバックよりもさらに難しい営みである。治療的アセスメントではフィードバックという言葉ではなく，話し合い（ディスカッション）という言葉が好んで用いられているが，本当に役に立つフィードバックとはフィードバックのその先にこそ見出すことができるものだろう。そういう意味では，本稿のタイトルは「ケースを語る——フィードバックを超えて」とするのが適当かもしれない。対話につながるフィードバック，あるいは対話としてのフィードバックを目指していきたい。

▶文献

Finn SE（2007）In Our Client's Shoes : Theory and Techniques of Therapeutic Assessment. Mahwah, NJ : Erlbaum.（野田昌道，中村紀子 訳（2014）治療的アセスメントの理論と実践—クライアントの靴を履いて．金剛出版）

中村紀子，中村伸一（1999）心理検査と精神療法—ロールシャッハ・フィードバック・セッション（Rorschach Feedback Session : RFBS）の方法と効用．精神療法 25-1 ; 31-38.

Poston JM & Hanson WM（2010）Meta-analysis of psychological assessment as a therapeutic intervention. Psychological Assessment 22 ; 203-212.

🐾 ［特集］臨床心理アセスメント──プロフェッショナルの極意と技法

［医療］"主訴"が語られなかったら？

情報収集と仮説生成

出﨑 躍 Yaku Desaki

淀川キリスト教病院

I　アセスメントについての覚書

時代背景やメンタルヘルス不調の多様化にともない，心理職の関与が望まれる対象分野の裾野は急速に広がりつつある。とくに医療の現場では，患者と呼ばれる人の病理性や問題となる現象が軽重・多岐にわたるため，心理職の役割も従来の個人療法を請け負うだけでは不十分である。治療および療養方針に関する意思決定支援，服薬をはじめとする保健行動の継続に向けた支援，入院環境や対人関係に問題がある場合の調整作業など，幅広いシーンに合わせてその都度の対応を工夫していかなければならない。このように，現実の要請に即した心理援助の方法を構成していくうえで，患者の心理状況やニーズをいかに捉えるかというアセスメントのスキルが本質的な課題として立ち現れる。

およそ，診断が前提にない治療行為が成立しないように，患者の悩みや苦しみを支える基盤をつくるには，揺れ動いているその人にとって何が切実かを理解しようとする努力が欠かせない。このとき，横断面的な状態像の理解はもとより，家族構成，経済状況，生活歴，現病歴など，ありとあらゆる情報が参考にされる。だが，アセスメントの局面で行うこれらの情報収集は，患者のいろいろな訴えに対して開かれた構えをとったうえで，適宜選択されたものであることが望ましい。つまり，患者がそのとき気になっていること，伝えたいことについて，自分のペースで話していくことのできる雰囲気の醸成を第一義としながら，患者との「いま，ここ」の関係のなかで，忖度するように問いかけを試みるべきだと考えるのである。何事も明晰な分析が重視される医療文化のなかでは，アルゴリズムに沿って病む人の症候を把握しようとする質問手法がとられがちだが，心理職の働きにおいてはそのような順接に流されないことが大切である。患者の心を可能な限り，深く受け止めようとすることなしに，その人を対象化し概念的枠組みのなかに入れ込むような姿勢に傾けば，それは援助目標に達しないどころか，ラポールの形成上の弊害ともなろう。アセスメントは客観的事実を知るためのものではなく，患者との二人称的交流を通じて，その人が豊かに感じ，逞しく物事を考えている姿を照らし出そうとする営みである。患者の生きる現実世界がどういったものであるかを協同して捉え直すなかで，おのずと背景事情が浮き彫りにされていく，そのような対話の進行が理想的といえるかもしれない。

　また，アセスメントと介入は別々のものではなく，不即不離の関係にあるということにも少し触れておきたい。いうなればアセスメントを，介入に先立って終えておく一段階と考えるべきではないということである。あらゆる心理援助は「人が人に関わって影響を与える営みである」とする限り，アセスメントの性質はきわめてダイナミックなものといえる。心理職は患者と関わり合うなかで，問題状況に関するさまざまな仮説や手立てを想像する。そして，これらの見立てに基づく介入が患者理解の精度を高め，そこから次の介入が導き出される。両者の交錯は，患者との出会いから，別れのときを迎えるまで続いていく。こういった観点に立つなら，援助実践のプロセスは，仮説設定−検証を循環的に繰り返してゆくなかで紡ぎ出されるものとして理解されるだろう。

　前置きが長くなったが，心理職の行うアセスメントが単なる情報収集や，文字通りの「査定」ではないという認識を前提として，本題に入っていきたい。

II　"主訴"が語られないときの患者心理

　一般的なアセスメントの進め方としては，自傷・他害の恐れや危険な身体状態など緊急性を要する事態がない限り，患者の来談理由について話を聞くところから始める。すなわち，「どういったことでいらしたのですか？」「今日ここで私と会うことについて，誰から，いつ，どのように説明を受けたのですか？」などと切り出すことから面接が展開していく。そこで，患者の側から何らかの目標や解決イメージが表明されれば，ある程度心の整理がついた状態で臨んでいるものと推察される。患者の差し迫ったニーズを知ることで，心理援助の目的や方針を定式化しやすくなり，またその内容について双方ですり合わせて確認できるようになる。

　しかしながら，兼本（2018）が指摘する通り，患者の心のなかに「言いたいこと（つまり"主訴"）」がきちんと言語的に整理された形で隠されている

というのは，多くの場合は誤りである。耐え切れないほどの困難を生き抜いている人は，自分の苦衷を言葉に出して言えるとも限らない。言語に絶した想いで胸が締めつけられることもある。また，相手の意図や質問の形式に則して語ろうと努めるとき，自分の真の経験から離れて言葉だけが疾走する危険性もある。それが内的世界の秩序を脅かすために沈黙を守るということもあるだろう。重篤な病理の持主ならば，自己を省察し説明するということが容易でないために，漠然とした不適応感覚にまつわる訴えがひたすら堂々巡りしたり，自分が何に困っているのか，どうなりたいのかをさっぱり語れなかったりする。いずれにしても，"主訴"の合意を含めた「治療同盟」を成り立たせるうえで，患者の心のなかに，多様な感情に飲み込まれがちな自分とは別に，そうした自分を客体として見つめることができる「もう一人の自分」が息づいていることが重要な鍵になるといえる。

　次いで，症状とか不適応行動などの「問題」は，自分の心的エネルギーが環境側に受け入れられないことによって，歪められた結果だとする精神分析的見方もある。患者はそのために合理的，理性的に現実世界と向き合うことが難しくなっている。自分に起こっている事柄の深刻さに気づいていない様子の患者でも，「問題」の出現はその人自身の心理的危機を知らせる危険信号であったり，周囲への抗議の意味合いなどを含んでいることが多い。ゆえに，「問題」を呈する形でしか真の自己を表現できないという追い詰められた状況に置かれている可能性に留意しなければならない。

　患者が以前に何らかの医学的治療や心理療法を受けていた場合には，前担当者との治療経験や内面の対象関係が持ち越されるため，もう少し違った心境の複雑さが想定される。たとえば，患者にとっては不本意な形でリファーが決定したのであれば，ある種の喪失感や見捨てられ感に裏打ちされ，困惑に彩られた情感が心の広い部分を占めていることもあろう。事によれば，「何をしても無駄」

「他人はあてにならないので，最初から期待しないほうが良い」などの先入観が出来上がってしまい，たらい回しにされたことへの反発，不信の念に陥っているかもしれない。筆者の経験では，患者本人は身体の病気と思っているのに，内科的には異常がないといわれ，心理療法を受けるように勧奨されたという身体化のケースで，このような心情に接することが多い。かくして，患者の動機づけに否定的影響をもたらすような，前担当者とのやりとりの「垢」が見つかることは珍しくない。当時の関わりをめぐる傷つきやわだかまり，逡巡のすえ来談に至った背景などを率直に話してもらうことは，患者の未分化な気持ちのなかから"主訴"を掬い上げるために必須の手続きとなる。

III　患者の不安を和らげるための初期対応

"主訴"が語られないときの患者側の事情について先に述べてきたが，面接中に得られる臨床情報は，常に二者間の相互作用を通じて練り上げられるものであることを踏まえると，聞き手側の心理職の態度や面接の進め方といった要因を無視することはできない。つまるところ，患者が何を語るか，どのように自己を表現するかは，心理職の関与のあり方に大きく規定される。仮に，"主訴"（当面の取り組むべき問題）を明確化する作業に時間が必要だとしても，実りある対話を生み出し，「共に場を作っていく」という患者の動機づけを高めるような，援助関係の土台を築きたいものである。

患者のなかには，心理職を訪ねたものの，いわゆる心理療法がどんな具合に進められるかを知らず，漠然と不安に思っている人も少なくない。話を聞いてもらったところで事態は何も解決しないと，懐疑的になっていることもあるだろう。それゆえ，患者がこれまで苦痛に耐えて日常生活を続けてきたことをねぎらうとともに，あらゆる疑問に誠意をもって答えるという対応を基本としたい。とくに，心理職の専門的役割，自由診療として対応する場合の費用や面接時間の長さ，適用す

べきと考えられる心理学的技法の内容については，早い段階で話しておくことが大事である。また，面接をいつまで続ける必要があるのかという，先の見通しがもてない不安から相談するのを躊躇している場合は，「ひとまず5回通ってみて，そこでその後のことを考えてみましょう」とセッション数を区切る形にしても良いだろう。期限を明確にすると，患者もそれまでに何とかしようという動機づけが高まることは事実であり，そうした提案が必要なときもある。

なお，受理面接を開始するにあたっては，インフォームド・コンセントの原則に沿わなければならない。すなわち，アセスメントの必要性と目的を患者あるいは家族に対して十分に説明し，その同意を得なければならない。同意を得るに際して，心理職には守秘義務が課せられており，職務上で知り得た患者に関する秘密を他に漏洩することがないことも伝える必要がある。自分の秘密が家族や医療関係者に広まるのを恐れ，表層的な話に留めたり，あえて口をつぐむ患者は意外にいるものである。

いうまでもなく，患者は見知らぬ人や場所，未知の状況との出会いに身体を硬くし，多少にかかわらず不安や恐れを抱いている。自分が弱者として援助を受けざるをえないことに心を痛めているということも考えられる。そう簡単に自分の困りごとを打ち明けてくれない患者に対し，あまりに性急な聞き方で迫るのは，かえって抵抗を強めるばかりである。ここはまず，患者に関係のあることだが，さして緊張もせず話せるような，住んでいる地域のことや家族構成，学校や職場での生活，趣味・嗜好などから拡げていくほうが負担は少ない。自分のことを話している間に，患者は次第に「この人ならば安心だ」という気持ちになってくることもある。ただし，患者に漫然と話をさせたり，話を脇道にそらせたまま対応をしないというのは間違いである。雑談めいた会話をしているだけのようでも，患者の心の内ではさまざまな連想が働いているため，隠された言葉が顕れる通路に

なるべく，適宜介入する必要がある。たとえば，話が抽象的な場合は，「具体的なエピソードをあげてくれませんか？」と求めたり，脈絡のない話題に移行して心理職のほうが置いてけぼりを食らう場合には，「話の途中ですみませんが，少し整理させてください」と話を戻してもらい，それに対する反応を観察したりする。そのようにして，問題の焦点をより的確に理解していくとともに，患者が本当に困っていることを一緒に考え，話し合っていこうとしているという心理職の基本的な構えを伝達するのである。

Ⅳ　ケース別の情報収集と仮説生成

1　患者が子どものケース

1．どう問いかけるか

　出会いの冒頭では，心理職の問いかけに毅然と答えられる子どもは少ないが，質問の仕方を工夫すればある程度応答を引き出すことが可能になる。オーソドックスな手法としては，"はい・いいえ"で答えられる形，回答の選択肢を提示する形，要約して伝え返す（子どもに成り代わって代弁する）形などがある。ちなみに筆者は，「あなたのなかにも，誰かに相談したいという気持ちがありましたか？」「ここに来る前のお母さんの説明には納得していますか？」と聞くようにしている。専門家に相談することに納得している気持ちや期待があるのか，それとも意に染まない行為なのかを確認することで，親子間の疎通性や子どもの問題意識に関する情報を得られる。

　ただし，言葉でもって自己の内面を語らせることを無理強いすべきではない。あくまでも子どもの体験文脈に添いつつ，ときに普遍性を欠くような言葉までも聴きとろうとする姿勢が基底に求められる。語りの内容そのものだけに注目するのではなく，語調や話し方，表情，何気ない仕草なども意味のある要素として受け止め，子どもの内奥にどのような情動が流れているのかを感じ取るようにしたい。

2．誰にとっての問題か

　患者が子どもの場合は，親の心配から来談に至っていることが大半である。一方，家族の動機づけは乏しいものの，園や学校から勧められたことが来談の契機となることもある。いずれにしても，子どもの面接の始まりにおいては，周りの大人の意向が色濃く影響するため，誰が，何を，どのように問題として捉えているのかを，まず確認することが必要となる。そして可能であれば，最初に問題を提起した人から，"主訴"とその事実関係についての情報を提供してもらうことが望ましい。たとえば，「一斉指示が通りにくい」「個別の声かけが逐一必要になる」という子どもの様子を学校から指摘されて，家族が訪れたとするなら，やはりその状況を詳しく把握している学校に，書面あるいは同席という形での情報提供の依頼を考慮すべきだろう。このように，子どもの環境側に協力を要請するのは，その子の生活を多側面から支えるための，関係者同士の連携を推進していく意味でも大切だと思われる。

3．「問題」に込められた意味を探る

　子どもが自らの症状や不適応行動などの「問題」について多くを語らずとも，その「問題」が現れていること自体に何らかのメッセージが隠されているものである。したがって，子どもの「問題」の背後にどのような苦悩や悲痛な叫びがあるかを想像しながら，現実的な事柄に関する話題を深めていく必要がある。紙幅の関係で詳しい説明は控えるが，Kanner（1972）の述べる，①入場券としての症状，②危険信号としての症状，③安全弁としての症状，④問題解決の手段としての症状，⑤厄介者としての症状，という視点は「問題」の意味を吟味するうえで参考になるだろう。

2　心身症のケース

　心身症は，基本的に身体疾患であるがその治療のためには心理社会的因子への介入が不可欠な病態，と捉えることができる。原則として身体科医

による診察を経たうえで心理職のもとに紹介されてくるが，身体を治療する目的で受診した患者にとっては，ストレスの存在を指摘されることがなかなか受け入れがたい。心理職を前にして何を話せば良いか分からず，場合によっては，過不足なく身体因の精査をしてもらえたのかという不安や怒りの気持ちを抱いていることもある。そのため，心理職がまず第一に行うべきは，その傷つきと患者がもっぱら関心を向けている身体的な不調について十分に話を聴くことである。心身症の患者においては，ストレスと身体症状との結びつきを意識していないことが普通であるため，自己の内面について話すのは骨が折れるし，過去のことをあれこれ詮索されると拒否感が強まる。

　心身の不調を呈しやすい人は，元来敏感で傷つきやすい性格傾向をもっている。自信のなさから周囲に対する要望や依存心の表出が乏しく，アンビバレントになりやすいため，身体症状が心理的葛藤を表現する場として作用するのである。よって，表面化した症状とそれに伴う苦痛の訴えを対話の緒としながら，ゆっくりと本能欲求が浮かび上がってくるのを待つことが大事になってくる。これが適切に行われている限り，患者の自由な自己表現が保証されることとなり，表向きは症状にまつわる訴えに見えても，象徴的にどこかでその人の真の"主訴"に結びついていくだろう。

3 PTSDのケース

　ここでは，事故，死別，家庭内虐待などの外傷的出来事を契機に発症したと思われるPTSDのケースで，身体科医による紹介理由と患者の病状認識が相違する場合を取り上げたい。紹介状の"主訴"がPTSD特有の症状（再体験，回避・麻痺，過覚醒）を明らかに疑わせる状況であっても，患者より提供される話題は，症状のつらさや生活上の支障に関することが中心で，過去の外傷体験には全く焦点が当てられないことがある。その背景として，患者がその出来事に触れたくないと思っている場合や，外傷体験の記憶が日常の覚醒意識

から解離されている場合，あるいは健忘状態までいかなくても，他人事のようにしか思い出せない場合などが想定される。いずれにせよ，PTSDとしての症状は，患者自身にとって大変受け入れがたいものといえる。したがって，心理職との信頼関係を十分に育めていない面接初期では無論のこと，基本的に外傷体験は語られにくいものとして心に留め，性急に掘り起こすことのないようにしたい。少なくとも，患者の日常生活を支えるリソース（友好な人間関係，頼れる社会資源，個人の能力や成功体験など）の確認と，感情的な小康状態を得るまでは待つという配慮が必要である。

　まずは，患者の過去を詮索するよりも，日常的な事柄から身体的な訴え，ひいては雑談まで，その人が語ることに真摯に耳を傾け，安全基盤を確保することが大切である。このことは，患者にとって，自分の存在を周囲が認め受け入れてくれているという感覚を回復させる。受容されているという安心感のなかで，はじめて，苛烈な苦痛をもたらした外傷の核心を語ることができるのである。

V 最後に

　初期面接で"主訴"の内容や方針について話し合うことは，患者にとっての切迫した問題を明らかにするだけでなく，心理職が自らの力量に照らして，「その人にいかに貢献しうるか」という点を吟味するうえでも重要といえる。しかし冒頭でも述べたように，問題を局地化・定式化することに比重を置きすぎて患者との情動レベルの交流が希薄になり，ラポールを樹立することが拙速に進められてしまうと，それは援助実践の成否に大きな影響を及ぼしかねない。言葉では容易に表現し得ないことを胸の内に抱えている患者の多くは，見えない涙を流し，笑顔の鎧をまといながら，仮初めの自分の姿を呈している。したがって，患者と共に"主訴"を形にしていく作業も大切な援助プロセスの一コマと理解し，心理職の人間性によって裏打ちされた営為でなければならない。

▶文献

飛鳥井望（2010）トラウマやPTSDで悩む人に「心の傷」のケアと治療ガイド．保健同人社．

兼本浩祐（2018）精神科医はそのときどう考えるか──ケースからひもとく診療のプロセス．医学書院．

Kanner L（1972）Child Psychiatry 4th Ed. Charles C Thomas Publisher.（黒丸正四郎，牧田清志 訳（1974）カナー児童精神医学．医学書院）

村瀬嘉代子（2003）統合的心理療法の考え方──心理療法の基礎となるもの．金剛出版．

成田善弘（2003）精神療法家の仕事──面接と面接者．金剛出版．

Peebles-Kleiger MJ（2002）Beginnings : The Art & Science of Planning Psychotherapy. The Analytic Press.（神谷栄治 監訳（2010）初回面接──出会いの見立てと組み立て方．金剛出版）

告知 ……… **2020年度 森田療法及び関連領域精神療法オンラインセミナー開講のお知らせ**

日時・内容・担当講師：2021年1月23日（土）16:00〜17:00｜日々の臨床に森田療法を活かす（黒木俊秀［九州大学］）／17:00〜18:00｜森田療法の思春期青年期臨床（山下 洋［九州大学病院］）／2月6日（土）16:00〜17:00｜精神療法の効果研究──森田療法の場合（松浦隆信［日本大学］）／17:00〜18:00｜森田療法における日記指導（久保田幹子［法政大学］）／2月20日（土）16:00〜17:00｜行動療法と森田療法（村山桂太郎［九州大学病院］）／17:00〜18:00｜精神分析療法と森田療法──治療関係への注目（加藤隆弘［九州大学病院］）　※後日オンデマンド視聴も可能。

参加費：医師：28,000円／医師以外：18,000円

申込方法：メールでのお申込み──お名前・参加ご希望の旨を明記の上，kmt-sem@npsych.med.kyushu-u.ac.jpまでお申し込みください／FAXでのお申込み──別紙「2020年度 森田療法及び関連領域精神療法セミナー受講申込書」をご利用の上，お申込みください。※お申し込み後，受講料の振込用紙を郵送致します（振込手数料は無料です／入金締切：2021年1月8日（金）まで）。

連絡先：〒812-8582 福岡市東区馬出3丁目1-1 九州大学大学院医学研究院 精神病態医学内 九州地区森田療法セミナー事務局 徳丸／TEL：092-642-5627／FAX：092-642-5644／Mail：kmt-sem@npsych.med.kyushu-u.ac.jp

主催：九州地区森田療法セミナー事務局

🔖 ［特集］臨床心理アセスメント──プロフェッショナルの極意と技法

［医療］属人的で断片的な情報をどうつなぐか？

チーム医療における情報共有

扇澤史子 Fumiko Ogisawa

東京都健康長寿医療センター

毎朝出勤後，なじみの医師や看護師と挨拶を交わしながら，スタッフステーションを抜け，精神科に入院している患者たちに，ラジオ体操に誘いながらそれとなく気分や体調を伺う。途中，すれ違った夜勤明けの看護師の目は充血し，昨夜ろくに仮眠できなかったことが見て取れる。声をかけると看護師は「Aさん……，夜中部屋から出てきたので，トイレかと思って案内しようと触れたらパニックになって……。朝方まで混乱して大変だったんです。食欲もないし，このままだと自宅退院は厳しい……。どうしたものですかねえ」と嘆息した。

これは筆者が勤務する高齢者総合病院の精神科病棟での朝のありふれた一場面である。近年の少子高齢化の急速な進展や経済状況の変化は，家族の構造と機能の縮小化，親族や地域の相互扶助機能の衰退，経済格差の拡大をもたらし，私たちが臨床現場で出会う人々の多くは，介護問題や貧困，依存，虐待など多次元にわたる複雑な問題を抱えるようになった（副田，2018）。特に増加の一途を辿る認知症は，介護を要する原因の1位であり（内閣府，2017），「脳の疾患−認知機能障害−生活障害」を中核として，行動・心理症状（以下，

BPSD）や身体合併症が相互に影響しあって臨床像が複雑化し（粟田，2015），住み慣れた地域での生活継続を脅かす大きな要因となっている。認知症を持つ高齢者にとって，入院治療はそれまでの生活継続を左右する岐路となりうる。

領域横断的ニーズを持つ人への支援において，一医療機関の一職種の専門知識や技能でできることは限られ，医療・介護が連携し地域全体を巻き込んださまざまな専門性を持つ多職種によるチーム医療が必須である。短い入院期間で彼らのニーズを把握し，真に資する支援を行うには，まずは院内の多職種が個別に持つ断片的な情報を効果的に共有する必要がある。本稿では，筆者の専門である高齢者領域の入院治療を例に，架空事例を用いてチーム医療における情報共有のあり方について考察する。

I　認知症に関わる多職種チームの類型と　アプローチの違い

認知症を含む精神疾患を持つ人が入院に至る理由は，大きく①BPSDや精神症状の治療，②身体合併症の急性期医療，③その両方に分類できる。一般に，精神科では精神疾患の治療やせん妄による不眠・不穏時への対応は得意だが，重い身体合

併症の治療・ケアは不得手で，身体科はその逆である。したがって入院治療を要する場合，①は精神科，②は身体科で受け入れ，③は精神症状と身体症状の重症度と緊急性に応じて診療科が選択される。筆者は精神科に属する心理士であり，①には科内の一員として，②は身体科からの依頼で認知症ケアチームの一員としてチーム医療に携わってきた。チーム医療と一口に言っても，①同じ科に属し，互いの専門性を理解しあった多職種による通常業務としての協働と，②他科に属し，互いの専門性も知らない多職種による一時的な協働では，情報共有やアプローチの方法は異なる。以下，①と②について紹介する。

1　精神科内多職種によるチーム医療

当センター精神科の代表的な対象疾患は，認知症やせん妄，器質性精神障害，老年期うつ病，妄想性障害である。認知症の場合，BPSD に起因した家族との関係悪化や介護負担感の増大，家族の介護力不足，服薬や食事・水分摂取などの健康管理困難，キーパーソンの不在や近所との関係悪化など領域横断的な理由で入院に至るケースが多い。認知症で自立生活が営めなくなった本人を支えてきた家族・支援者が在宅介護に限界を訴えて，本人の入院に至る場合，個人の保護や権利擁護の名のもとで，本人の希望する自宅退院が叶わないケースは少なくない。筆者らは，ケアの工夫で介護負担を軽減して在宅介護を継続する選択肢を残すために，数年前から科内の多職種で，認知症患者の効果的なケアの方法を案出し，「ケアの提案書」として家族・支援者につなぐ試みを行ってきた。仮に自宅退院が困難になっても，「提案書」で本人に配慮したケアが次の生活拠点で提供できると期待される。

「提案書」の作成において，心理士は検査法や面接法，観察法を駆使し，低下／保持している認知機能とそれによる生活障害，BPSD への影響を評価し，本人の強みや習慣，物理的・人的環境で補う生活の工夫を検討するうえで中心的役割を担

う（松田，2012）。さらに，生活史，元々の人格，家族関係などの社会的側面や身体状態などを含む奥行きある総合アセスメントは，本人や家族の意思が尊重された生活への支援にも資するものである（粟田，2015）。以下に，科内多職種間の通常の情報共有例として，冒頭で紹介した A への介入を紹介する。

事例①　71 歳男性 A

2 女が独立後，妻と二人暮らし。長女，次女は近居。X−5 年に 2 度転倒。その後，頭痛やふらつきを主訴に内科を受診し，内服薬も増えてぼんやりしがちとなった。X−4 年，何かをしきりにつまもうとする仕草から，幻視が疑われた。X−2 年，約束を忘れたり，待ち合わせ場所に辿り着けず，家族に促され物忘れ外来を受診。HDS-R 27/30 点，MMSE 20/30 点，FAB 9/18 点で，近時記憶障害より注意障害や視空間認知障害，視覚認知障害が目立つ結果であった。パーキンソン症状もあり画像所見と併せてレビー小体型認知症疑いと診断。X 年，徐々に食欲低下。夜間混乱しがちとなり，トイレの場所や使い方が分からず，交替で泊まっていた娘たちも疲弊する。BPSD 治療と家族のレスパイトを目的として精神科に入院となった。

毎日のカンファランスと並行して，主治医，担当看護師，ソーシャルワーカー（以下，SW），薬剤師，心理士で，入院中の様子や奏功した／しなかったケア，本人の生活史，こだわり，治療方針など，些細なことを含む患者の情報を随時院内のみのグループウェアのメールシステムで共有していくこととした。

入院翌日

宛先：主治医，師長，担当看護師，薬剤師，栄養士，SW，心理士

B 心理士：（前略）……A さんの入院中の様子や治療・ケアについて，このスレッドで共有をお願いします。

C 主治医：A さんは食欲がなく，体重も減少してきています。このままでは経管栄養も考えなくてはならず，経口摂取できるよう一緒に考えていただけたらありがたいです。

D 看護師：朝食は「気持ち悪い」と全く口をつけませんでした。便秘も気になります。

E 薬剤師：抗認知症薬の嘔気の副作用もひとつの原因かもしれません。

C 主治医：確かに……。嘔気と便秘の様子を見ながら薬剤調整してみます。

B 心理士：昼食のご様子で，アセスメントしてみます。食事の好みも A さんに聞いてみます。ご家族に会える方も聞いていただけるとありがたいです。

F SW：ご家族は自宅退院希望です。夜間の混乱で，家族が疲弊して入院になったので，介護サービスも見直したいところです。食事の好み，家族面談の際に伺ってみます。

数日後

D 看護師：面会にいらした娘さんから，A さんは魚より肉好きで，アイスクリームやバナナが好きな甘党と聞きました。

G 栄養士：それでは，補食にアイスクリーム，バナナ味の栄養ジュースもつけてみます。

B 心理士：昼食のとき，人の往来や他患の声，テレビに気を取られて，食事に十分に注意が向いていませんでした。もう少し静かで，壁に向かう席のほうがいいかもしれません。

　そのほか，夜間の混乱や情緒不安定についても，カンファランスや立ち話で随時情報共有し，治療・ケアの方法を模索した。緊急性の高かった食思不振は，抗認知症薬の中止や好みに配慮したメニューと補食の追加，食事環境の調整で劇的に改善した。看護師から，夜間の排泄介助において，人声で話しかけたり体を触ったりすると混乱が生じやすいと情報が得られた。視空間認知障害によって便座に身体がうまく定位できないとも推察され，小さく声をかけて注意を向けてもらった後に，トイレの電気をつけて誘導し，便座前の目印に立って，看護師の動作を模倣してもらう支援が奏功した。

　また，しきりに「寂しい，寂しい」と訴えていたため，心理士が面談したところ，世話をしてきた孫に会えないためと分かった。家族に持参してもらった孫の写真を手元に置き，話を伺うと，笑顔も見られるようになった。なお抗認知症薬中止の影響で，糸くずやごみの幻視が活発になり，取り払おうとしつづけていたが，（幻視の）ゴミを手渡してもらうことで行動を切り替えられた。1カ月間の入院期間中，情報を共有し，アセスメントとケアを試行錯誤し，ケアの工夫が蓄積していった。

　SW は，家族と話し合い，少規模多機能型居宅介護で通所と宿泊のサービスを併用し，家族も休みながら介護できる体制を検討した。ケアの工夫について，イラストを添えた「ケアの提案書」を用いて心理士が長女に説明すると，「夜間の対応も分かって安心。泊りのときに私たちも休めればやっていけそう」とのことであった。施設向けにも，要点を箇条書きにした「ケアの提案書」を作成し，自宅退院となった。

　心理士は種々の業務のなか，心理検査や集団療法以外に本人に直接関われる時間は限られ，夜間など最も支援を要する場面に立ち会えないことも多い。さまざまな時間帯に勤務する多職種の情報を随時共有し，対応法の仮説を立てて検証し，その反応を共有することは，奏効するケアを見出すうえで有用である。このときに提案するケアは，教科書的な一般論ではなく，上述の幻視への対応のように，本人に資する個別具体的かつ現実的で，家族や支援者がやってみようと思えるものとなるよう心掛けている。可能な限り本人の言葉に耳を傾け，すぐには理解しがたい断片的な言葉から思いを推察したり，人生で育んできた強みをチームで共有することも心理職の重要な役割である。

　看護師には，誤った対応で混乱を招きやすい排泄や入浴などの基本的な日常生活動作（以下，ADL）のケアに頼るところが大きい。SW は社会資源に精通し，転院先の状況にかんがみてどのような情報が有用かを把握しており，薬剤師は嚥下や認知機能に配慮した剤形や処方，道具の工夫に詳しい。断片的にすぎなかった情報が有機的に機能し，専門性の違いや各スタッフの個性から思わぬ知恵や工夫が生まれることもあり，生きたケアや相乗的な対応力の向上につながる。

2　院内身体科の依頼による認知症ケアチームの介入

　ここでは身体科と認知症ケアチームによるチーム医療を取り上げる。当センターでは，認知症看護認定看護師（以下，DCN）が全病棟の認知症ケアをサポート，牽引してきた長い歴史があり，心理士もアセスメントのためしばしば同行することがあった。DCN は現在も院内のハブとしての役割を担っている。その後，認知症ケアチームが発足した当初は DCN の存在でようやく認知症関連のチームと認識される程度で，身体科（主科）と認知症ケアチームは，互いの顔も職種もよく知らない状態であった。

　当センターの認知症ケアチームは精神科リエゾンの役割も兼ね，環境変化で生じやすいせん妄の予防と対応，抑うつや不穏・不眠時の薬物・非薬物療法のほか，食思不振などについて身体科からの介入依頼に応じている。特に平均在院日数の短い身体科にとって，入院の延長を招きやすい抑うつや認知症，せん妄のアセスメントのニーズは高い。アセスメントに必要な入院前の認知機能や生活機能の情報を効率的に把握するため，全入院患者に入院時，普段の認知機能と生活機能を総合的に評価する DASC（粟田，2015）を提出してもらい，主科と共有してきた。以下に，身体科からの依頼による認知症ケアチームの介入例を紹介する。

事例②　82 歳女性 B

　夫死去後，独居。近居の長女が毎日来訪。X−4 年アルツハイマー型認知症と診断。週 1 回のデイサービスの日以外は，シルバーカーで買い物に出かけ，重複買いはあるが安定した生活であった。時折，尿路感染症（以下，UTI）を繰り返し，近医に通院をしていた。

　X 年 2 月。1 週間前から，急に水様便失禁が始まり，徐々に傾眠傾向，起立困難となった。UTI 悪化に伴う敗血症疑いと腎機能低下で緊急入院。入院 3 日目，B はナースコール要請せず，30 分ごとにモニター類を外してトイレに行こうとした。この時点で主科では ADL 低下を理由に，UTI 改善後はリハビリ病院転院の方針を立てていた。

　その後も B の頻回のトイレ対応に困った主科が認知症ケアチームのラウンド時に介入依頼。不穏時・不眠時の推奨薬剤をチーム医師がカルテに記録を残し，別途 DCN と心理士が個別ラウンドすることになる。翌日，主科の師長の了承を得て，アセスメントのため主科看護師と共に B の排泄を介助。歩行は不安定だが，DASC から入院前はカート歩行自立であると分かり，主科看護師と話し合って入院前 ADL を目指すリハビリ導入を検討する方針とした。また，B の応答潜時が長くぼんやりし，せん妄の遷延が疑われたため，非薬物的な介入として，日中は太陽光を取り込み，街並みを眺められるようカーテンを開け，使い慣れた時計とカレンダーで見当識を補い生活リズムをつける提案をカルテにも残した。

　数日後，B は表情もすっきりし，声かけへの応答潜時も短くなり，せん妄が改善した様子であった。直前の話を繰り返す様子から，ナースコール要請を覚えることは困難と推察され，主科看護師と話し合い「移動のときはこのボタンを押してください」というイラスト付きのメッセージをベッド柵に貼った。併せてセンサーマットで行動を早めに把握して見守ることにした。また B が落語好きとわかり，尿意以外に気が紛れ楽しめるよう落語を流したり，主科看護師との自由会話をするよう進言した。念のため頻尿の器質的要因検討と UTI 再発予防のために，DCN が排泄ケアチームの介入も提案した。

　後日，主科から介入依頼のあった排尿ケアチームと認知症ケアチームが共同ラウンド。排尿日誌を参考に水分摂取や排泄状況について主科チームと検討した。心理士が B に改めてトイレを気にする理由を伺うと，「母の下の世話で苦労したから，他人様には迷惑をかけたくない」と排泄が B の自尊心に関わり，失敗への不安も一因であったことを主科チームとも共有した。

　UTI 改善後，リハビリテーションも開始。カート歩行がスムーズにでき，当初の転院方針から，地域包括ケア病棟を介した自宅退院に変更された。地域包括ケア病棟転棟後も，頻回のトイレの理由を共有し，主科チームと話し合って，ベッド周囲の障害物をなくし，使い慣れたカートでトイレに行きやすい環境を作った。B は「いつでもトイレに行けて安心」と安堵した様子であった。また繰り返していた

UTIについて，排泄ケアチームとDCNのサポート
で，主科看護師が再発予防のための排泄後の拭き方
など，分かりやすい説明書を作成し，モチベーショ
ンを保てるよう声かけを工夫しながら，排泄の練習
を重ねた。主科では，家族，ケアマネジャーとも話
し合い，内服管理，ウォシュレットの設置などの環
境調整も行い，無事自宅退院となった。退院後，長
女も説明書を参考に，常飲していた利尿作用の高い
緑茶を麦茶に変え，服薬の確認とウォシュレット使
用や尿取りパッドの交換を促し，その後再発もなく，
入院前と変わらぬ生活を過ごせるようになった。

多職種チームには，医師を頂点とした階層性の
あるマルチモデルと，各職種の関係性が対等なイ
ンターモデル，さらに職種間の機能や知識，技術
を共有しあうトランスモデルの3つの形態があ
り，支援状況によって適したモデルが異なる（松
岡，2009）。多職種チームの具体的な活動や情報
共有のあり方は，病院によっても異なるが，一般
にインターモデルあるいはトランスモデルのほう
が職種間で率直な意見を出しやすく有効な支援に
つながりやすいとされる。当センターの認知症ケ
アチームのメンバーは，もともと認知症疾患医療
センターの一員としてさまざまな業務を通して協
働しており，トランスモデルでのチーム活動を
担ってきた。

一方，疾患の治療が最優先される身体科チーム
はマルチモデルであることが多く，提案は同階層
以上あるいは同職種からのほうが受け入れられや
すい。その場合，薬剤調整や他科コンサルトな
ど，主科主治医の権限に触れる提案は，認知症ケ
アチーム医師が推奨コメントとしてカルテに記載
し，主科看護師にはDCNからも別途服用のタイ
ミングやより適切な身体科やチーム介入を提案す
る。またDCNは，初めての患者の介入時は看護
師長に一声かけ，チーム介入が病棟の方針である
と主科スタッフに共有されるよう見立てとケアを
師長を通して伝えてもらうこともある。このよう
に他部署との情報共有では，チームモデルや文化
を見立て，誰にどのように情報を伝えれば，効果

的に状況が動くのか見極める必要がある。

また，患者の実情を知らぬまま提案したケアは，
机上の空論になりやすい。緊急性と重症度の高い
ケースには，困り事の生じやすいタイミングで個
別ラウンドし，主科看護師とケアを試行錯誤する
プロセスを共有している。そうすることで主科看
護師がチームからの提案を，納得感を持って受け
入れやすく，薬剤調整や他科依頼についても主科
看護師から主科主治医に説得力をもって提案が伝
えられる場合もある。

なお，時にチームの提案が主科に受け流される
こともあるが，薬剤等が禁忌でない限りは，認知
症ケアチームからの助言はあくまでも提案にすぎ
ない。主科の方針に理解を寄せつつも，適切な見
立てと倫理的指針のもと，本人に資する支援につ
いて1事例ごとに，泰然と関わりつづける根気強
さも重要である。

II　チーム医療での情報共有において大切なこと

チーム医療では，関わる職種が増えるほど，専
門性や価値観，機能・役割，根拠とする制度や教
育の相違，共通言語や社会の階層によって，職種
間あるいは組織間に誤解や葛藤が生じやすく，情
報共有を阻害する大きな要因にもなりうる（松田，
2015；松岡，2009；吉池・栄，2009）。多くの科
や職種が関わるチーム医療の方針は，一致団結を
目指さず，互いの立場と見解の相違を認め合った
上で決定されること（井藤，2017），多職種チー
ムに形成から離脱まで発達段階があり，その過程
で葛藤や対立が必ず生じること（松岡，2009）を
知り，これらの葛藤や対立が次の局面にどのよう
な意義があるのかを建設的に模索しながら，情報
共有しつづけることが肝要である。これら職種間
の構造的な問題に対する解決法となりうるのが
チームワーキングの考え方（Jelphs & Dickingson,
2008）であり，チームワークの促進・阻害要因（副
田，2018）を個人，チーム，組織の各レベル（表）
に照らして的確に捉え，着手できるところから柔
軟に関わっていく態度が望まれる。

表　多職種チームの効果的チームワーキングの促進・阻害要因

		促進要因	阻害要因
個人レベル	知識	他職の役割・倫理的価値などの理解	他職の役割・倫理的価値などの理解不足
	態度	協働参加への意欲，相互の信頼と尊敬，個人的自信と専門職としての自信	協働参加への意欲の欠如，相互の信頼と尊敬の欠如，個人的自信と専門職としての自信の欠如
	関係スキル	オープンなコミュニケーションスキル，チームワーキングスキル	オープンなコミュニケーションスキル，チームワーキングスキルの欠如，個人の不安からの防衛反応
チームレベル	チーム構造	メンバーの近接性，小規模チーム，メンバーの多様性，安定性，定例ミーティング	メンバーの不安定性，チーム内の権力構造，不平等なジェンダー力学，不安からのグループ防衛反応
	チームマネジャー	リーダーシップを発揮する者の明確化，分散型リーダーシップ	支配型リーダーシップ
組織レベル	機関レベル	チームメンバーであることへの支持と支援，改善に対する報酬，革新性の奨励，尊敬や安全を原則とする環境の整備，相互依存的思考の承認	チームメンバーであることへの支持や支援の欠如，改善に対する報酬の欠如，革新性の奨励なし，尊敬や安全を原則とする環境の未整備，相互依存的思考の不承認
	他機関ネットワークレベル	チームの効果に対する監査・評価，定期的なチームへのフィードバック，多職種教育，バウンダリースパナー	チームの効果に対する監査・評価の欠如，定期的なチームへのフィードバックの欠如，多職種教育の未実施

（副田（2018）をもとに作成）

III　おわりに

　本稿で紹介したチーム医療や情報共有の方法は，ある一医療機関のひとつの試みにすぎない。「ケアの提案書」の作成を試み始めた当初は，情報共有というよりは情報収集と呼んだほうがふさわしく，忙しい主治医や勤務時間帯の異なる看護師を捕まえるのも一苦労であった。時に，完成直後に退院先が変更となり書き直しを迫られたり，転院先でファイルに綴じられたまま，日の目をみないこともあった。

　限られた時間内に，診療報酬に結び付かないケアを模索して形にすることは，手間ではある。しかし，このプロセスが，多職種それぞれが持つ情報を適時に共有することを可能とし，ケアの試行錯誤を幾度も重ねることで，職種を超えて技能や知識が相乗的に広がり，患者に真に資する支援に還元されたと実感する。現在，転院先や地域から「ケアの提案書」を求められることもあり，地域との情報共有のあり方のひとつとしても浸透しつつある。

　本稿では，①互いの専門性を理解している多職種協働，②互いの専門性を知らない多職種協働に分け，架空事例を挙げてチーム医療を論じたが，どのチームも最初は互いを知らないところからのスタートである。チーム医療を醸成していくのは，1回1回の情報共有の積み重ねであり，そのために心理士として「協調性，チームワーク，機動性，そして自らの行為を公益性をもって説明しうる力」（村瀬，2016）を磨いていく努力が重要である。

▶文献
粟田主一（2015）認知症初期集中支援チーム実践テキストブック─DASC による認知症アセスメントと初期支援．中央法規出版．
井藤佳恵（2017）家族介護力の欠如と経済的困難を抱える認知症高齢者の医療サービスマネジメント．老年精神医学雑誌 28-3；247-253.
Jelphs K & Dickingson H（2008）Working in Teams.

Bristol : The Policy Press.

松田修（2012）認知症の人の日常生活支援と QOL. 老年精神医学雑誌 23-12；1423-1430.

松田修（2015）老年期の精神医療における多職種協働の実践例報告―実践例からみえる多職種協働の可能性と課題. 老年精神医学雑誌 26-5；550-555.

松岡千代（2009）多職種連携のスキルと専門職教育における課題. ソーシャルワーク研究 34-4；314-320.

村瀬嘉代子（2016）はじめに. In：一般財団法人日本心理研修センター 編：公認心理師（臨床心理学 臨時増刊号）. 金剛出版, pp.2-3.

内閣府（2017）平成 29 年版高齢社会白書.

副田あけみ（2018）多機関協働の時代―高齢者の医療・介護ニーズへの支援. 関東学院大学出版会.

吉池毅志, 栄セツコ（2009）保健医療福祉領域における「連携」の基本的概念整理―精神保健福祉実践における「連携」に着目して. 桃山学院大学総合研究所紀要 34-3；109-122.

告知 …… 第 7 回 公益財団法人こころのバリアフリー研究会総会

テーマ：自分らしく生きるって
日時：2021 年 6 月 5 日（土）〜 6 日（日）
会場：NTT 東日本関東病院カンファレンスルームまたはオンライン開催
※開催方法につきましては，新型コロナウィルス感染状況により決定いたします。オンライン開催の場合，参加者には事前に参加 ID をご連絡いたします。
基調講演：認定 NPO 法人 COMHBO 共同代表 宇田川健
参加費：医師会員 6,000 円／非医師専門職 4,000 円／当事者・家族・学生 2,000 円
申込方法：研究会ホームページからお申込みください。詳細につきましては，ホームページ（http://www.jsbfm.com/）で随時ご案内を更新させていただきます。
主催：（財）こころのバリアフリー研究会

[特集] 臨床心理アセスメント──プロフェッショナルの極意と技法

[福祉] 優先すべきは治療か生活か？
支援者が認識すること・できること

山口創生 Sosei Yamaguchi
国立精神・神経医療研究センター 精神保健研究所 地域・司法精神医療研究部

I　はじめに

　精神疾患を持ったクライエントのなかには，継続的に医療的な治療や，心理的・福祉的な支援（あるいはサービス）を必要とする者がいる。クライエントにとって治療・支援と生活は必ずしも切り離せるものではなく，また個々のクライエントによって，人生や生活に占める治療の割合は大きく異なることも事実である。さらに，クライエントの自己決定が重要であることは周知のことであるが，生活のなかでクライエントは，治療・支援と生活のいずれかについて優先順位を決めなくてはいけない場面も存在する。その際に支援者に期待される役割もあるかもしれない。

　そこで，本稿は「優先すべきは治療か生活か？」をテーマとして，生活の視点と治療・支援の視点，そして治療・支援に関わる際に留意すべき点を整理することを目的とする。なお，本稿では，精神疾患の治療や支援を提供する者を一括りに，「支援者」と表記する。

II　生活の視点

　精神疾患や心理的な課題を抱えるクライエントが充実した主体的な人生を送りたいと思うことに対して，疑問を持つ者は多くないと思われる。実際，クライエントが，仕事を始めたい・継続したい，結婚したい，子どもが欲しい，一人暮らしをしたい，余暇活動を楽しみたいなどの事柄に関心を持つことは一般的である（森實ほか, 2015; 福田, 2020）。加えて，このようなクライエントの生活上の希望は往々にして，精神科治療や心理・福祉サービスの外側にある（Thornicroft & Slade, 2014）。すなわち，クライエントが持つ希望は，精神疾患を持っていない同年代の人々と大きく変わるものではなく（Liberman & Kopelowicz, 2005），クライエントも多くの市民と同様に，主体性を持ちながら地域で生活をする市民の一人である（Nakanishi et al., 2019）。

　地域における生活者という視点が重要である一方で，クライエントにとっては自身の病との付き合い方を考えながら生活することもまた重要な視点である。クライエントのなかには，これまでの経験から，症状の悪化や再入院などは避けたいと思う者もいる。また，精神疾患やその治療の過程でトラウマ的な経験をしている者も存在し，再発を回避したいという感情を抱くのは当然のことといえるかもしれない（山口ほか, 2020）。クライエントにおける生活の視点の特徴は，個々の主

体的な価値やこれまでに経験してきた背景によって，臨床的な課題や生活に関わる関心ごとや意味付けが，個々人で大きく異なる点にあるといえるかもしれない。

III　治療・支援の視点

　統合失調症や双極性障害，あるいは（反復性の）うつ病など慢性化しやすい精神疾患には，症状に波があるという特徴がある。これらの疾患特性は治療や支援にも影響する。たとえば，精神疾患の症状が急性的あるいは一時的に悪化した際には，集中的な治療や支援を要する場合がある。また，クライエントによっては治療が長期にわたる場合もある。さらに，慢性化した疾患は，人間関係や仕事，家事などに関する「生活のしづらさ」という障害特性を示すこともあり（大川ほか，2008；森實ほか，2015），クライエントのなかには継続的に日常生活支援を必要とする場合もある。本来，治療や支援はクライエントの臨床的あるいは日常的なニーズを充足するものであると考えられる。換言すると，支援者は，クライエントが自身の望む生活を営めるよう，あるいは維持できるように下支えする存在でもある。

　治療的側面から支援を考えたとき，クライエントの生命や利益を守ることは重要な視点である。精神疾患の急性期などで，判断能力が一時的に低下し，クライエントが自身や他者を傷つけてしまいそうな場面や，社会規範から大きくずれたニーズを持つ場面などにおいては，時に治療を優先せざるを得ない場合もあると想定される（Slade, 2017）。すなわち，支援者には，クライエントの生命を守ることと，クライエントの生活上のニーズを最大限に満たすこととの間で，バランスの難しい判断を迫られる場面もある。

IV　2つの視点が交差するとき

　上述したように，支援者の役割は，利用者が持つ希望や自身で決めた目標を到達できるように，生活上のニーズを充たす治療や支援を提供す

ることにある。そして，支援者には，クライエントにとって信頼できる治療・支援上のパートナーとなることが期待されている（Deegan & Drake, 2006）。他方，クライエントの日常においては，生活の視点と治療・支援の視点が交差することがしばしば存在する。ここでは，3つの具体例をあげてみる。

1　クライエントが就労を希望する場合

　就労や復職を希望するクライエントは少なくない。一方で，クライエントにとって企業で働くことは，求められる仕事を遂行する責任や人間関係などから一定のストレスがかかることもある。直接的原因が就労であるか否かには関係なく，クライエントが就労後に調子を崩すことも起こりうるため，病状の安定という観点から，そのようなストレスを再発のリスク要因として考える支援者もいるかもしれない（Moen et al., 2020）。また，支援者のなかには，就労前に症状の安定を求めるなど，仕事に向けた準備を大切にする者もいる（大川ほか，2014；Moen et al., 2020）。他方，精神疾患の症状の特性のひとつは，症状に波があり，反復することにある。そのような症状を抱えながら生活を送るクライエントにとって，時に支援者の態度は，就労への障壁と見えるかもしれない。

2　クライエントが自動車運転を希望する場合

　日常的に精神科の薬を服薬しながら，通院や仕事，趣味などで車の運転をするクライエントは珍しくない。実際，長期的な予後に関するエビデンスを概観すると，継続的な服薬は再発や死亡リスクを減少させる傾向にある（Hui et al., 2018；Tiihonen et al., 2018）。一方で，精神科の薬物療法で用いられる薬のなかには，副作用として鎮静作用（眠気や集中力の低下）が報告されているものもある（Stroup & Gray, 2018）。そのような副作用がクライエントの運転技術に影響を及ぼす可能性も考えられる。実際，精神科薬の添付文章には，服薬中の運転禁止と医師による説明義務を明

記していることもある（三野，2017）。都市部以外に住むクライエントにとって，車は生活に欠かせない移動手段であることも多く，治療と生活のバランスは大きな問題となりうる。

3　長期入院のクライエントの症状が退院後に悪化した場合

　長期間にわたり精神科病院に入院をしていたクライエントが，地域生活への移行に成功する例はいまや神話ではない。実際，長期入院をしていたクライエントであっても，退院後に症状の安定や機能回復が期待できるケースや，交友関係や好みの生活スタイルを楽しむことができるとする研究結果が報告されている（Thornicroft et al., 2005；Kida et al., 2020）。地域生活を謳歌するクライエントのなかには，一時的であっても入院生活に戻ることを否定的に思う者もいる。そのようなクライエントが急に症状を悪化させ，重度の希死念慮を持った場合は，支援者は即座に入院を勧めることはないまでも，選択肢のひとつとして，入院を考慮する場合もあるだろう。そして，苦渋の決断で入院という選択肢をとった場合，クライエントがその決断を良く思わず，以後パートナーシップを築きにくくなる場合もあるかもしれない。

Ⅴ　支援者として認識すること

　上記3つの例で見てきたように，支援者の意図や善意と関係なく，支援者から見た治療の必要性や予後の予測と，クライエントの希望や生活上のニーズは必ずしも一致するものではない。加えて，同じ場面であっても，クライエントが持つ価値や住む地域の特性によって対応も変わる。たとえば，59歳のクライエントが一般企業で1回は働いてみたいという希望を持った場合，定年を考えるとラストチャンスになるかもしれない。たとえば，クライエントが駅まで徒歩1分，通院先まで徒歩5分の場所に住んでいても，大好きな買い物に行くにはどうしても運転が必要なことがあるかもしれない。あるいは，入院にトラウマ的な経験を持

つクライエントにとって，急性的に深刻な症状の悪化が見られた際の入院はむしろ逆効果であり，クライエントの最善の利益を考慮すると，優先的選択肢は入院以外にあるかもしれない。上記の例から考えると，「優先すべきは治療か生活か？」について，支援者がパターン認識に基づいた系統的な答えを出すことは困難であるといえる。その答えに近づくためには，クライエントと支援者が共同して，個々のクライエントが持つ主体的な価値や特有の背景を含めたアセスメントを一緒に行うことが重要になる（図）。

　クライエントの内面的な部分をアセスメントすることは重要だが，支援者にとってそれは容易ではないと思われる。クライエントにとって，主体的な価値や特有の背景は言葉で語ることが難しいかもしれず，そもそも他者には語りたくないことであるかもしれない。クライエントの内面的な部分をアセスメントするうえで，支援者に最初に求められることは，クライエントが「この人だったら，自分のことを話してもよい」思える関係性の構築である（Rapp & Goscha, 2012）。換言すると，個人の内面に配慮しながらも，話し合いができる信頼関係の構築がアセスメントの前提になると考えられる。

　クライエントを一人の生活者として捉えた場合，生活の視点を尊重した支援を提供するために，支援者がクライエントの生活場面に赴くことは重要である。特に，長期入院を経験したクライエントや若年期に精神疾患を発症したクライエントのなかには，自身が大切にする価値や自身の長所などに目を向けられていない者もいるため，生活場面を知ることは重要だろう。そのような場合，支援者はクライエントの生活場面に赴き，彼らと一緒に活動（例：買い物や雑談）をするなかで，視覚情報や聴覚情報を駆使してクライエントの大切にするものをアセスメントすることが有用であると考えられている（Rapp & Goscha, 2012）。また，クライエントにとって，相談室や心理面談室で支援者と話すことは緊張を伴う場合もある。そのよ

生活の視点
- 就労したい
- 旅行に行きたい
- 一人暮らしをしたい
- 体調を崩したくない
　　　　　　など
地域生活を営む
市民としてのニーズ

治療・支援の視点
- クライエントが自身の望む生活を営めるように下支えする
- クライエントの生命や利益を守る
　　　　　　など

個々のクライエントに合わせた優先度の決定

治療・支援と生活の優先度は，個々のクライエントの価値や背景，その時々の状況によって大きく異なる

支援者の認識・できること
- クライエントと共同して個別の価値や背景のアセスメント
- クライエントの内面的情報を得るための関係性の構築
- クライエントの生活圏に赴いての，アセスメントの実施
- アセスメントと計画作成・支援提供の同時並行的な実施

図　治療・支援と生活の優先度と支援者が認識すること・できること

うな環境で得られる情報は限られており，そのなかで構築される関係性も限定的と捉えるほうが自然なことと思われる（山口ほか，2020）。支援者がクライエントの安心できる生活場面に赴き，一緒に活動をすることは，クライエントについての豊富な情報を，クライエントと一緒に模索・共有する作業といえるかもしれない。一方で，クライエントの生活圏に赴くということは，彼らのプライベート空間に侵入することでもある。クライエントの生活圏に入る支援者は，「お客さま」としてのマナーを身につける必要もあり，相談室や心理面談室以上に対等性やクライエントへの配慮が求められる。

　クライエントの生活圏で得られる情報は豊富である一方で，その時々で変化しうる。すなわち，クライエントが治療を優先するか，生活を優先するかは，その時々の状況によって異なることがめずらしくない。よって，アセスメント内容は常にアップデートされる。換言すると，アセスメント

が完了してから治療・支援を提供するという形式はしばしば成立せず，治療・支援計画の作成，あるいは実際の治療や支援（介入）と並行して行われる（Rapp & Goscha, 2012）。その時々における個人の特性と環境の特性の把握が，クライエントの視点に寄り添った形での「優先すべきは治療か生活か？」の答えを見つける糸口になると示唆される。

VI　おわりに

　本稿では，クライエントにとっての治療・支援と生活の優先度および関連する支援者の認識について整理した。治療や支援はクライエントの生活にとって非常に重要であることは多いが，それらは彼らの人生の一部分に過ぎず，クライエントが充実した人生を送るための手段のひとつである。他方，治療・支援と生活は，トレードオフの関係にあるものではない。支援者の役割は，治療・支援と生活が両立できるようにクライエントをサ

ポートすることにあるといえるかもしれない。そのためにも支援者には，個々のクライエントと信頼関係を構築し，クライエントの生活圏に赴き，クライエントと一緒に彼／彼女が大切にするものや背景を理解して，クライエントの自己決定や利益を最大限にサポートすることが重要であると考えられる。

▶文献

Deegan PE & Drake RE（2006）Shared decision making and medication management in the recovery process. Psychiatric Services 57 ; 1636-1639.

福田正人（2020）統合失調症リカバリー支援ガイド――当事者・家族・専門職それぞれの主体的人生のための共同創造 第1.1版．群馬大学医学部附属病院．

Hui CLM, Honer WG, Lee EHM et al.（2018）Long-term effects of discontinuation from antipsychotic maintenance following first-episode schizophrenia and related disorders : A 10 year follow-up of a randomised, double-blind trial. Lancet Psychiatry 5 ; 432-442.

Kida H, Niimura H, Nemoto T et al.（2020）Community transition at younger ages contributes to good cognitive function outcomes in long-term hospitalized patients with schizophrenia spectrum disorder : A 15-year follow-up study with group-based trajectory modeling. Psychiatry and Clinical Neurosciences 74 ; 105-111.

Liberman RP & Kopelowicz A（2005）Recovery from schizophrenia : A concept in search of research. Psychiatric Services 56 ; 735-742.

三野進（2017）精神疾患患者の自動車運転と服薬にかかわる注意義務．精神神経学雑誌 119 ; 493-499.

Moen EÅ, Walseth LT & Larsen IB（2020）Experiences of participating in individual placement and support : A meta-ethnographic review and synthesis of qualitative studies. Scandinavian Journal of Caring Sciences. doi:10.1111/scs.12848. Online ahead of print.

森實詩乃，中森彩乃，木暮祥平（2015）日本における地域で暮らす精神障害をもつ人の「生活のしづらさ」に関する文献検討．帝京科学大学紀要 11 ; 95-100.

Nakanishi M, Tanaka S, Kurokawa G et al.（2019）Inhibited autonomy for promoting physical health : Qualitative analysis of narratives from persons living with severe mental illness. BJPsych Open 5 ; e10.

大川浩子，古川奨，本多俊紀（2014）就労に関する視点の違い――障害当事者と支援者のグループインタビューの比較から．北海道文教大学研究紀要 38 ; 81-89.

大川浩子，本多俊紀，脇島久登（2008）就労支援に関する障がい当事者へのグループインタビュー．北海道文教大学研究紀要 32 ; 93-102.

Rapp CA & Goscha RJ（2012）The Strengths Model : A Recovery-Oriented Approach to Mental Health Services. 3rd Ed. New York : Oxford University Press.

Slade M（2017）Implementing shared decision making in routine mental health care. World Psychiatry 16 ; 146-153.

Stroup TS & Gray N（2018）Management of common adverse effects of antipsychotic medications. World Psychiatry 17 ; 341-356.

Thornicroft G, Bebbington P & Leff J（2005）Outcomes for long-term patients one year after discharge from a psychiatric hospital. Psychiatric Services 56 ; 1416-1422.

Thornicroft G & Slade M（2014）New trends in assessing the outcomes of mental health interventions. World Psychiatry 13 ; 118-124.

Tiihonen J, Tanskanen A & Taipale H（2018）20-year nationwide follow-up study on discontinuation of antipsychotic treatment in first-episode schizophrenia. American Journal of Psychiatry 175 ; 765-773.

山口創生，安間尚徳，藤井千代（2020）日々の診察の中で当事者と一緒に悩む――共同意思決定の研究からみえてきたこと．こころの科学 210 ; 50-54.

[特集] 臨床心理アセスメント──プロフェッショナルの極意と技法

［福祉］「被害者」を包括的に支援するには？
査定と連携

齋藤 梓 Azusa Saito

目白大学心理学部心理カウンセリング学科

I　はじめに

　衝撃的な出来事を経験した被害者や遺族は，心身にさまざまなトラウマ反応が生じる。さらに，事件そのものではなく周囲からの心無い言動などによる二次的な傷つきである二次被害に直面しながら，警察の事情聴取や裁判等刑事手続，あるいは加害者との交渉などに関わっていくことが求められ，また，日常生活を送らねばならない。心理職はそうした過酷なプロセスのなかにいる，被害者や遺族を心理的に支え続けることになる。

　筆者は，公益社団法人被害者支援都民センターおよび大学の相談室などで，殺人や強盗，性暴力，交通事件などの犯罪被害者や遺族の支援に携わってきた。本稿では，性暴力被害者が心理相談室に来所したことを想定し，どのようにアセスメントを行うか，どのように事例を見立て，支援を組み立て連携をしていくかを述べていく。

II　事例概要（架空）

Aさん：20代女性で，正社員として働いている。一人暮らしをしており，家族は遠方に住んでいる。

　SNSで知り合った男性と食事をしていたところ，急激な眠気に襲われた。気が付いたらホテルで男性から性交を強制されていた。抵抗しようと思ったが身体に力が入らず，抵抗しきれなかった。そのまま朝になり，朦朧としながらホテルを出て帰宅し，友人に電話をかけて相談したところ「警察に行ったほうがいい」と言われ，駆けつけた友人と共に警察に行った。検査で薬物が使用されていたことが分かり，準強制性交等罪として捜査が進められることになった。

　事件後，通常通りに出社した。しかし加害者に似た同僚を見たときに，吐き気がしてトイレで嘔吐してしまった。何とか仕事は続けているが，睡眠がとれず食欲がない日が続き，その様子を心配した友人から，自分が相談をしている大学付属のカウンセリングセンターに連絡することを勧められた。事件から3週間が過ぎ，Aさんは体調の限界を感じ，カウンセリングセンターに予約の電話をかけた。1週間後，有資格者の心理職によるインテーク面接が設定された。

III　インテーク面接にて

　Aさんは，とても緊張した様子で来所した。面接前に相談受付表を記入いただいたうえで，面接を開始した。相談受付表には「事件に遭って，仕事が手につかない。どうしたらいいか分からない」

と記載があった。

　面接が開始され改めて主訴を尋ねると，Aさんは1カ月前に性被害に遭ったこと，警察に届け出たこと，その後から眠れず，食欲がなく，事件を思い出してしまうことなどを語り始めた。心理職は「今の体調に，被害が関わっている可能性があるので，お話しできる範囲で被害の内容を教えていただけますか」と尋ねた。Aさんは，時々言葉に詰まりながら，先述した「事例概要」に書かれた程度の内容を語った。心理職は「とても大変な出来事を経験されたのですね」と伝えたうえで，被害後産婦人科に行ったかどうかも尋ねたところ，警察官と共に行き，初診時の検査費用や緊急避妊に係わる費用は警察から出されていると語った。概要の確認をした後に，心理職は現在の心身の状態について，トラウマ反応の心理教育を交えながら尋ねていった。そして，既往歴，これまでの適応，家族関係などを尋ねた。

　その後，刑事手続の状況を確認した。警察からは，加害者はまもなく逮捕されると聞いている，逮捕されたら加害者側の弁護士から示談について連絡があるかもしれないと言われた，ということだった。加害者への心情を尋ねると「ちゃんと裁判で裁かれてほしい」「ほかにも被害者がいるかもしれないと警察から聞いている。これ以上被害者が出ることは許せない」と語った。この面接のほかにどこかに相談しているかを尋ねると，弁護士を頼んだほうが良いか悩んでおり，お金もどのくらいかかるか分からないので，ためらっているということだった。最後に，リラクセーションとして呼吸法を行って面接を終了した。

IV　インテーク面接にて語られた内容のまとめ

現在Aさん本人が困っていること
　事件の後，普通に生活ができず，仕事に支障をきたしている。

現在の状態
　再び事件が起きるような気がして夜に眠ることが怖く，明け方にならないと眠ることができない。食欲がない。事件のことが頭に浮かんできて，そのたびに動悸がする。加害者に似ている男性，特に似た同僚を見ると吐き気がしてしまうので，なるべく視界に入れないようにしている。道を歩いていても男性が怖く，早足で歩いてしまう。SNSで出会った人を信用した自分が悪いのではないか，東京に出てきたからこんな事件に遭ったのだ，東京に出てきた自分が悪いと自分を責めてしまう。加害者は同じアーティストのファンであり，SNSを通じて出会った。今までもやりとりはしていたが，会うのは初めてであった。確かに出会いに期待していた気持ちはあったが，まさかこんなことになるとは思っていなかった。現在，会社にはかろうじて行くことができているが，体調が悪く遅刻や早退が増え，事情を知っている上司からは少しまとまって休んだらどうかとも言われている。

既往歴および被害以前の適応
　これまで精神科や心療内科にかかったことはない。家族のことでスクールカウンセラーに2，3回相談に行ったことがある。小，中，高，大学とそれほど大きな問題はなく，家にいるよりも友人と遊んでいるほうが好きだった。家を離れたい，東京に行きたいという思いがあり，就職を機に東京で一人暮らしを始めた。就職して数年が経ち，仕事には慣れてきた。事件以前は仲の良い同期の同僚と夕食を食べに行くこともあった。

家族関係
　父親は，暴力や酷い暴言はないが，独善的な人で好きではなかった。母親は不安が強く心配症で，今回の事件のことを知られたら家に連れ戻されてしまうかもしれないと危惧している。

被害後に相談した人など心理的なリソース
　カウンセリングを紹介してくれたのは大学時代からの友人で，今は東京に住んでいる。ほかに事件のことを知っているのは，会社で具合が悪くなったときに心配してくれた同期と先輩，そして上司のみで，それ以外の人には話していない。警察以外では，相談したのは今回が初めてであった。

現在の経済状態

　少しだが貯金もあり，有休もあるので，1カ月くらいならば仕事を休んでも暮らすことはできる。ただ，弁護士に相談するとどれくらいお金がかかるかを不安に思っている。

Ⅴ　見立てと今後の方針

　家族関係に葛藤を抱えていた面はあるが，今回の事件以前には，大きな不適応歴は見当たらず，また面接でも時折涙を流し，感情表出は自然であった。学校や職場での人間関係も安定しており，現在の状態には，事件の影響が強く表れていると推察された。トラウマ反応としては，事件のことが突然想起される再体験症状，加害者に似ている人や男性を避ける回避症状，不眠など過覚醒状態が見られ，事件から1カ月経ってもあまり状態が落ち着いていないことから，心的外傷後ストレス障害（PTSD）の診断がつく可能性が高いと考えられた。不眠が強く，精神科医療機関を紹介する可能性を検討した。また，心理教育やリラクセーションなどトラウマ反応への応急手当，そして継続的な心理面接，必要に応じて持続エクスポージャー法（PE療法），認知処理療法，EMDRなどのトラウマ焦点化心理療法の導入も検討する必要があると思われた。

　刑事手続については，逮捕後は加害者側の弁護士から連絡がある可能性があり，示談交渉に法律の知識なく臨むと，被害者に不利な内容になる可能性があるため早急に弁護士に相談する必要が考えられた。警察の取り調べにより薬物の使用が判明しており，余罪もありそうなことから，起訴され裁判が行われる可能性が高い。家族を頼りたくないという意思を尊重し，さまざまな支援のリソースを活用したほうがよさそうであること，また，今後の裁判の付添支援など刑事手続支援について相談する先が必要であることから，被害者支援センターを紹介すると良いと考えられた。もし，被害後早期の段階であれば，性犯罪・性暴力被害者のためのワンストップ支援センターも検討する必

要があったであろう。経済的には今のところ安定しているが，休職が長引いた場合の会社とのやりとりについて相談できる先も検討が必要である。

　インテーク面接を通して得た情報から，以上の見立てを立てた。そのうえで，カウンセリングの継続，精神科医療機関の紹介，被害者支援センターの紹介が必要であると判断した。弁護士や利用できる福祉サービスについては被害者支援センターと相談することとした。なお，精神科医療機関は，今後，裁判の時に診断書の提出が求められる可能性や，犯罪被害給付制度などで書類の作成が必要となる可能性も考えたうえで，いくつかの医療機関を検討した。

　心理職はAさんに対し，見立てや介入の方針を説明したうえで，複数の医療機関を示しAさんが選択した医療機関に連絡を取ることとした。Aさんは，担当医が女性で会社から近い医療機関を選択した。また，その医療機関と被害者支援センターに心理職から連絡をしてよいか，どこまで情報を伝えてよいか確認した。その後，心理職は，医療機関に連絡し，Aさんの名前と相談の概要，予約の連絡があること，女性医師を希望していることを伝え，Aさんとのインテーク内容をまとめた情報提供書を作成した。情報提供書はAさんの自宅に送付し，一度記載された内容を確認いただいたうえで，医療機関の初診に持参してもらった。心理職は被害者支援センターにも連絡をし，Aさんの名前と相談の概要，刑事手続の状況，早急に弁護士の相談が必要であることを伝えた。その後，Aさん本人から電話をしてもらい，被害者支援センターでの支援が始まった。

Ⅵ　アセスメントにおける被害者支援特有の観点

　アセスメントにおいて，現在の主訴や状態，既往歴，家族歴，成育歴，これまでの適応などを確認することは，他の領域のアセスメントと変わらない。犯罪被害という直接的な要因によってトラウマ反応が生じているとしても，その背景に過去の他のトラウマや不適切な養育，家族間の葛藤，

対人関係の在り方などが影響している可能性はある。トラウマによる影響を見極めるためには，事件以前の状態がどのようだったかを知り，そこからの変化がどの程度かを知ることが重要である。そうした前提のうえで，被害者支援特有の観点について，以下に整理する。

1　被害の内容および現在の安全を確認すること

　犯罪被害に遭遇した被害者や遺族にとって，被害の内容を説明することは大変な苦痛である。そのため，例えば被害者や遺族が紹介状などを持っており，そこに被害内容が記載されているのならば，簡単に確認するに留める。しかしそうした事前情報が何もない場合には，直接，語ることのできる範囲で被害の内容を確認する必要がある。成人の場合，トラウマ反応の重篤さは，基本的には起きた出来事のそれに比例する。一方，起きた出来事に比してトラウマ反応があまりに重篤な場合には，成育歴に別のトラウマ体験が潜んでいる，家族関係が葛藤的であるなど，他の問題を抱えていることも多い。それは介入の方針を考えるうえで重要なポイントである。また，被害内容によって，ある程度，今後事件が起訴されるか不起訴になるかなどの見通しが持ちやすくなる。刑事手続は被害者や遺族への精神的な影響が大きいため，注意を払う必要がある。被害内容によっては，安全がいまだ確保されていない場合もあるため，安全が確保されるよう話し合っていくことが最優先である。

　ただし，被害内容を語ることは，被害者にとって，再度事件を体験するかのような苦痛を伴うことも少なくない。そのため，丁寧に，慎重に尋ねる必要がある。また，予め質問の意図を説明することも大切である。さらに，被害者は被害を説明するときに「自分が責められるのではないか」と考えていることも多く，「どのような内容でも，被害を受けた人を責めることはない」という心理職の立ち位置を明確に伝えておくことも，時に必要である。

2　トラウマ反応の確認を心理教育と行うこと

　トラウマを経験した人の多くは，通常1カ月程度トラウマ反応を示す。しかし起きた出来事の衝撃の強さなどによって1カ月で収まっていかない場合もあり，その場合はPTSDの診断の付く状態であることが疑われる。そのため，被害からどの程度の時間が経過しており，被害以前の適応，被害直後のトラウマ反応，時間の経過と共にその反応がどのように変化しているかを確認することは，PTSDなど専門的な介入が必要な状態か否かを判断するために重要である。

　多くの場合，被害者は自分の状態の変化に戸惑っており，それを適切に言葉にすることが困難である。そのため，「その出来事のことを考えたくないのに考えてしまうことはあるか」「その出来事を思い出させるものを避けたいと思ってしまうことはあるか」と，トラウマ反応について確認をしていく。そしてトラウマ反応が見られる場合には，「大変な出来事によって引き起こされた当然の反応である」というノーマライゼーションを共に行う。被害者は相談に来た時点で「このような状態にあるのは自分が悪いのではないか」「この状態がずっと続くのではないか」と不安に感じており，トラウマ反応のアセスメントは，心理教育と共に行われることが望ましい。ただし，ノーマライゼーションは，被害者本人の主観的な苦痛を否定するものではないという点に注意が必要である。

　そして，「この出来事が生じたのは自分の責任ではないか」と自責感を抱く者も多い。自責感はPTSDの症状のひとつである場合もあり，容易に緩和されてはいかない。しかしそれでも，話を聞いた時点で，犯罪は，犯罪行為を行った加害者に責任があると丁寧に説明することは，被害者に対して心理職が寄り添うスタンスであることを示すためにも重要である。

3　刑事手続の状況を確認すること，および刑事手続の流れを知ること

　被害者や遺族は，警察での事情聴取や実況見分，検察での事情聴取，裁判の場合には証人出廷や意見陳述書の作成，被害者参加制度の使用など，刑事手続に関わる可能性がある。また，加害者側の弁護士からの示談申し入れなど，加害者対応も必要になる場合がある。これらの刑事手続は，警察や検察，裁判所に決められた日程で動いていくため，時間的制約があるなかで，被害者や遺族がさまざまな決断をしなければならないことも多い。

　犯罪被害は外側から理不尽に人生を破壊される行為であるため，被害者や遺族の意志を尊重することは非常に重要であり，手続き自体も，そうした決断も，被害者や遺族が人生への統制感を取り戻すために大切である。しかし同時に，大きな負担となることも理解したい。裁判になった場合はもとより，事件が不起訴や無罪，執行猶予付き判決になればなおさら被害者は深く傷つく。こうした刑事手続の流れを把握し，ある程度，先を見通しながら，被害者や遺族の意志を尊重しつつ都度必要な心理的ケアを行っていくことで，被害者の負担や傷つきを緩和することが可能になる。そのため，刑事手続の流れを知っておき，アセスメントで刑事手続の状況を確認しておくことは，今後の被害者の状態の予測や介入の方針を立てるためにも重要である。

4　二次被害を与えないこと

　被害者にとって，責めるような言葉や被害を疑うような言葉，安易に励ますような言葉は二次被害となりうる。二次被害は被害者を傷つけ，精神的回復を阻む要因となる。

　二次被害は，直接的な言葉でなくとも，質問の仕方でも生じる場合がある。例えばΛさんはSNSで出会った人と食事に行き，被害に遭っている。そこで，「なぜSNSで出会った人と食事に行こうとしたのでしょうか」と尋ねた場合，"SNSで出会った人を信用した自分"に対して自責の念

を抱いているAさんは，責められたと感じるだろう。相手を責めるニュアンスを含む質問の仕方はしない，ということは心理臨床の基本であるが，被害者はそもそも自分を責め，疑心暗鬼になっているため，質問や挙動が被害者にとってどのように受け止められるか，慎重に注意しておく必要がある。

5　連携の際に注意すること

　以上のように被害者は，被害によるトラウマ反応だけではなく，刑事手続などさまざまな状況にも直面する。そのため，心理職による心理的ケアだけでは，支援は十分ではない場合が多い。

　精神疾患が疑われ投薬治療が必要な場合には，精神科医療機関を紹介する必要がある。その際に，精神科医療機関は，警察から犯罪被害給付制度に関する書類の作成を依頼される場合や，検察や弁護士から診断書や意見書が求められる場合がある。性暴力被害で，膣を持つ人が婦人科，陰茎を持つ人が泌尿器科にかかっていない場合には，身体科にかかるよう受診を勧めることがある。なお，その人の性のあり方を尊重し適切な身体科の受診ができるよう支援する必要もある。すべての医療機関が性暴力被害に対応可能とは限らないため，必要な場合にはワンストップ支援センターに連絡を取り，連携していくことが望ましい。また，刑事手続等の支援については，警察や検察，裁判所への付添支援などを行っている公益社団法人被害者支援ネットワーク加盟の民間被害者支援機関や，性暴力被害の場合には性犯罪・性暴力被害者のためのワンストップ支援センターとの連携が考えられる。あるいは，弁護士や社会福祉士の支援が必要な場合もある。

　犯罪被害は，理不尽に他人に傷つけられる出来事であり，被害者や遺族は他者や社会に不信感を抱いていることも多い。また，さまざまな場所で二次被害を受けている場合もある。そのため，ただ機関名を伝えて相談に行くことを促すような紹介では，支援につながらない可能性が高い。また，

支援機関によっては支援対象が厳密に決められていることもある。さらに何度も被害内容を説明することは，被害者にとって大きな苦痛となる。こうした事情から，心理職が被害者に同意を得たうえで，被害者よりも先に先方に連絡をし，確実に支援が受けられるかどうかを確認後，受けられるならば被害内容を伝えておくなど，丁寧な連携が求められる。

VII　包括的支援に向けて

　ここまで，性被害のケースを示し，アセスメントにおける被害者支援特有の観点を示してきた。被害者支援というと，特殊な領域のように感じる人もいるかもしれない。確かに，刑事手続や支援機関，トラウマ反応といったことに関する専門知識は求められるが，どのようなクライエントにも，相手を傷つけないように今の状態や成育歴を丁寧に聴くことに変わりはない。ただし，被害者が直面している現実は過酷であり，刑事手続が関わる場合には，さまざまな時間的制約があることも多い。そのなかで，心理職のみで支えていくことには限界がある。刑事手続支援，医療や福祉との連携など，包括的な支援が求められる。

　日本で日々起きている犯罪の数は決して少なくなく，性被害のように暗数の多い被害を含めると，相当数の被害者が存在する。そうした被害者や遺族たちが，全国どこでも，一人でも多く適切な支援につながることができ，理不尽に傷つくことなく刑事手続を終え，自分たちの生活を取り戻すことができることを願っている。

🍃 ［特集］臨床心理アセスメント──プロフェッショナルの極意と技法

［司法］アセスメント面接におけるうそと真実

門本 泉 Izumi Kadomoto
さいたま少年鑑別所

Ⅰ　アセスメント面接のあやうさ

1　信頼関係の土台

　人間はうそをつく，他人をだます動物である。「敵を欺く」「獲物をおびき寄せる」行動は，イカでも魚でも昆虫でもダイナミックに見られるが（キング, 2019），人間は，そうした生物学的な捕食・生存のための行動ではなく，社会的文脈のなかで，相手の理解やかかわりを阻むうそをつく。それは，あらゆる社会的単位で起こる。心理的支援の場も例外ではない。

　心理アセスメント面接のなかで語られる事柄も，すべて本当のことだとは限らない。記憶違いや客観的事実とは異なる主観的事実が，患者やクライエントといった支援対象者（以下，対象者）から語られることは，アセスメントや治療が進むための，ひとつのプロセスであるという側面も確かにあろう。しかし，アセスメント段階において対象者が意図的に真実ではないことを話すこと，不正確な説明をすること，逆に重要なことを話さないことは，アセスメントの結果に重大な影響を及ぼしかねない。

　にもかかわらず，臨床心理学，心理臨床学の履修や訓練のなかでは，対象者によって表現される内容のどこまでが真実で，どこまでが真実ではないのか，場合によってはうそであるかを見極める方法を学習する機会がめったにない。そのかわり，対象者の語ることを，受容的に共感的に，かつ誠実な態度で聴き取る重要性について学んできた人が多いだろう。我々心理支援の専門家は，対話を通して対象者を信じ，自分のことも信じてもらえるようになることを，まずは目指す。はじめから「疑ってかかる」などということは，臨床家の姿勢として非模範的だと見られるだろう。本論は，これに対する私論である。

2　語りと情報の信憑性

　対象者が話すことは，その信憑性を常に意識しながら聴くことが重要だ。これは，筆者が現在の仕事に就いて以来，大切にしている点である。司法・犯罪領域で経験を積むうちに，人間の言うことをそのまま鵜呑みにしない癖がついた。

　刑事司法プロセスにおけるアセスメントのための心理面接では，心理検査や対象者の行動の観察，外部機関の情報収集も当てにするが，面接のなかで実際に対象者に語ってもらう内容が極めて重要である。そしてここでは，「うそと真実に関する評価と判断の力」が必要になる。つまり，こ

の領域の臨床現場では，非常にしばしばうそが持ち込まれ，語られる話の真実の程度を見誤ると，対象者の人格特性や事件の理解，再犯のリスク評価，さらには処分の選択をも誤ってしまうことになる。もともと反社会性とうそは，関連が深いと言われる。まず，非行少年や受刑者たちは，逮捕，処分，受刑などといった不利益を回避したい状況にあることが多い。そして，そもそも誠実な人間関係で幸せを享受した経験が少ないため，目の前の人と信頼関係を作ることに回避的な人，うそを駆使して対人関係を乗り切ってきた人が少なくない。さらに，サイコパスの特徴のひとつには，「人をあざむく傾向」がある（Hare, 1991）というのは，専門家間では知られた指摘である。

　例えば，自分の行った犯罪行為や非行事実をありのまま知られたくない気持ちがあれば，それらについて本当のことを隠すだろう。最も極端な例は「やっていない」と否認する場合である。事件への関与を認めている場合でも，対象者は次のように言うかもしれない。

①後輩たちといたら，彼らが勝手にけんかを始めた。自分のところに被害者が走り寄って来たので，「おい大丈夫か」と言って，たまたま持っていた棒でちょっと小突いただけ。なのに，傷害罪で逮捕された。
②友達がバイクで遊びに来た。運転させてくれるというので，興味があって借りた。1回だけならいいかと思って乗ってしまった。
③小遣いが足りず，簡単にできるバイトをSNSで探していた。「上層部」から指示され，面識のない老人から封筒をもらっては，駅のロッカーに入れる「仕事」だった。怪しいなとは感じたが，「上層部」に脅迫され，そのまま詐欺を続けるしかなかった。一連の犯罪では，報酬として30万円ほどを得た。
④遊び歩いているとき，誘われて気軽に大麻を吸ってしまった。興味本位でしかない。ばれて父親にビンタされた。

　読者がこうした発言を聞いたとき，対象者の話をすべて信じることはできるだろうか。そして，次にどう反応するだろうか。上記はわかりやすい例ばかりだが，実際の面接では，真偽が微妙な表現，婉曲な言い回しが用いられることが少なくない。何をどこまで信じればよいのかという課題は，常に我々のそばにある。

　面接の目的がアセスメントであろうと治療や教育であろうと，対象者との信頼関係を作りながら，理解を進めていくのが心理面接の本筋である（Arnkoff et al., 1993；成田，2003；武藤，2013）。「無条件の肯定的関心」や「共感的理解」（Rogers, 1942）を実践しようと心を砕く臨床家は，例えば上記のケースで「小突いたら，相手は肋骨を3本も骨折したと言うのですか」などと質問することはハードルが高いと感じるかもしれない。あなたの言うことは信じられないと，婉曲にでも不信感が伝われば，対象者は相手を自分の理解者とは見なくなり，ますます自己開示は減じ，その結果アセスメントに必要な情報は得られなくなってしまうおそれがあるからである。

　さらに，うそは犯罪や非行に関する事柄だけとは限らない。自身の被害体験について，精神症状の有無について，親の離婚のいきさつ，自身の失職などについて語るなかで，また，現在あるいは過去の自分の心情について報告するなかで，対象者はさまざまに「本当ではないこと」を意図的に語る。

　うそは，司法・犯罪領域に特化されているものでもない。医療，学校，福祉など，多くの領域のアセスメント面接においても，同様と思われる。薬物依存者によるうそは，しばしば論じられる問題であるし（例えば，小林（2011）），児童虐待を扱う現場では，加害者である大人ばかりか，被害者である子どものほうも虐待の事実に関してうそをつくことがある。精神科診療では，症状に誇張や矮小，または捏造が混じる可能性もあるだろう。判断や診断といった重要場面でなくても，面接のほんの些細な一場面ですら，うそが入り込む余地はある。

II　うその後ろ側

うそは本当のことを隠すものだから，うそがあるところには，その後ろに見えていない「事情」があると想定できる。先述の例を再び考えてみよう。

①のケースでは，事件が恋人から別れ話を切り出された翌日のことで，さらに本人がその数日前に職場を解雇されていたとしたら，あなたのケース理解はどう変わるだろうか。「たまたま持っていた棒」が，実は彼が常に車のトランクに携行していた木刀だった場合はどうだろう。彼の非行の深度に関するアセスメントは，こうした背景を知ることでかなり絞られてくる。

同様に②のケースでは，無免許でありながら彼がすでに自宅にバイクを2台も所有していたという事実があったら，交通違反の常習性に関する評価はだいぶ違ってくるはずだ。③では金欠の原因が，いわゆる半グレ集団から多額の借金返済を請求され逃げ回っていたことにあるとすれば，彼の安心感に関するアセスメントも必要になるはずだ。さらに④では，「興味本位の」非行→体罰という構図以前に，父親による長期虐待→家出→非行というストーリーがあったら，彼女の非行を単にノリや快楽追求として理解することは難しい。

このように，対象者が提供してくれる語りの後ろ側を丁寧に調べることは，精緻で奥行きのあるアセスメントのために重要である。むしろ，対象者は，重要だとわかっているからこそ，うそをつくとも言える。そこには，自分（あるいは大切な人）を守ろうとか，利益を手に入れたいという，それ自体に非はない動機がある。また，辻（2019）は，非行少年や受刑者のうそについて，自分の事件についての開示が「恥」の感覚や「非難」への恐れからの回避を果たす対処行動であるという。加えて，うその多くは，上位者に対して，自分の利益あるいは防衛を目的として使われるという指摘（Hample, 1980）を踏まえれば，アセスメント面接における見えづらい「力の不均衡」や対象者

の自己像といった点にも，目を向けるべきだろう。Novellino（2000）は，うそをつくクライエントについて，表面的な誇大性や，不誠実な態度の奥にある深刻な人格的未熟さ，捨てられることへの恐れに手当てをすることが，初期の心理的な支援になることを指摘している。

III　うそは援助者の苦手領域

1　あるべき臨床姿勢という霧

対人援助職は，「不誠実」を扱うのに苦労しやすい。対象者の話を傾聴し，その世界を理解しようとする熱意が，かえって対象者のうそを見えにくくしている場合もかなりあると，筆者は考えている。しかも，自分の誠実さに見合うくらい，相手も同じ誠実さをもって面接室にいることを期待してしまいやすい。

2　援助者としての座から降ろされる局面

全く別の類のうそもある。何らかの疾患・障害の症状としてのうそ，あるいは俗に「白いうそ」と呼ばれるもののほか，まれではあるが，面接の場で，相対する専門家を翻弄するとか，理解を撹乱するとか，追い詰めることが目的のうそもある。これは対象者側に失うものがない場合に多い。

こうした場面で面接者は，アセスメントという作業を通して援助する対象であったはずの相手から否定・排除された気持ちになるわけで，善良で誠実な人ほどその場でピンチに陥りやすい。しどろもどろの対応になったり，反応不能になったりすることもあるようである。多かれ少なかれ，面接者は，傷ついた自己を修復したい，少なくとも隠したいという欲求に対処せねばならなくなるので，基本通りのアセスメントのプロセスを進めることが難しくなる。

IV　うそのよけ方とうそへの対応

アセスメントのプロセスのなかで，うそはどのように聞き，どう扱っていくのがよいのだろう。面接のなかで，対象者にどのような反応を返すこ

とができたら，正確なアセスメントに近づけるのだろうか。大正解には程遠いが，筆者が現在実践していることを，まとめてみる。

1 情報のセグメントで一枚の絵を描く

面接における情報量は膨大である。言語的なやりとりだけでも，相当な「素材」がそこにはある。筆者は，体育館や大きな展示場に，対象者から提供された情報を小さなプレートに書いて，全部床や壁に並べていくイメージで聴くことにしている。一つひとつの素材の位置を計り，置き，記憶していく。対話が続く限り情報は次々登場するから，それらをどこに配置しようか，時間的な流れをどう表現するかなどを，その場その時々で考え，感じて，判断して情報を編み込んでいく。

そうすると，この情報はどこに置けばよいのか，対象者に直接尋ねなければ先に進まない局面が出てくる。「これは，さっき聞いた話のどことつながるのか」といったように，対象者に協力を仰ぎながら，配置を決めていく。たしかに，こうしたセグメントの配置により，必ずしも統一感のある大きな絵ができるとは限らない。現実というのは，辻褄の合わないところがたくさんあるからだ。しかし，こうしてできたモザイク作品は，共同制作物であるだけに，面接者がコメントしても角が立たず，おかしな部分について指摘しやすい。過度に情報が混乱しているところ，あるいは整理され過ぎてかえって現実味がないところには，どちらにもうそが混じっている可能性がある。それらを共同注視の枠組みのなかで取り上げる。「問いただす」ことで，うそを見破ることが目的ではない。しかし，「問い直す」ことで，時には「これはうそだった」と対象者が教えてくれることは多く，このプロセスがあることで，かえって理解は深まる。

2 対象者の住む世界を知っておく

アセスメント対象者の生きている世界，日常で眺めている景色に関する予備知識は重要である。

例えば，暴走族が何であるかリアルにわからない人には，暴走行為で逮捕された少年の話はよくわからないだろう。つまり，うそを話されてもそれと気づくことができない。そのため筆者は，非行の背景にある貧困，性風俗，人工妊娠中絶，半グレ集団の掟，最近では彼らがこぞって使っているスマートフォン用のアプリ（特に犯罪に使われるもの）などについても詳しくなっておきたいと思っていて，日々勉強中である。

とりわけ自分の人生とは遠い世界について知る努力は重要で，対象者が依拠してきたサブカルチャーなど，自分の知らない社会の側面を想像できる力があると，対象者のうそを防止できることもある。自分の語る世界をリアルに聴かれているという体験は，それが強い警戒心と結びつかない限り，うそをつくメリットを減じさせるのだと考えられる。筆者はかつてある受刑者に，「先生，以前大麻やってましたね。僕にはわかりますよ。うそをついても無駄ですよ」と言われたことがある。もちろん彼の勘違いであり，実際彼にもそのように申し立てたが，その後の面接の展開は，世界を共有できると思えた人への親近感が，率直な自己表現を後押しすることを目の当たりにできるものだった。

3 うそだとわかったら──非難か受容か

結論を先に言うと，うそが明るみになっても，非難も受容もしない。仮に，アセスメント面接のなかで，面接者がうそを察知できたとしよう。事実や真実が容易に入手できる（出席・出勤状況を示す客観的資料がある，既往症についてカルテに残っている，犯歴照会で前科がわかるなど）ときは，そちらのほうの情報を使わないという選択は生じにくい。その際，本当のことがわかったという事実の共有が，面接室の両者の間でなされても，「うそが見破られた」というニュアンスにしないことが肝要である。

事実や真実を別ルートで入手することができない場合，不明確なままにするか，もう一度対象者

とそれを取り上げるか，ここは難しいところである。しかし判断の基準は，自分のその選択がクライエントの生活や人生のなかで意味を持つという展望（村瀬，2017）が見えるかどうかだと考えられる。また，取り上げる場合，最も重要なのはタイミングで，言葉にされたうその「熱」が冷めきらない間に取り上げるのがよい場合が多い。とはいえ，その実践にはかなりの技量がいる。筆者の場合は，「うそを言う」－「暴く」といった構造ではなく，おかしなセグメントを一緒に眺めるつもりで話し合う。つまり，ここでは「A（うそ）ではなくB（真実）」という置き換えの論理ではなく，一人の人間を理解するために「A（うそ）」の情報と同じくらい重要な情報（B, C, D…）がまだ隠れていると，専門家として判断しているという伝達の形にする。したがって，これはとても冷静に進む認知的な共同作業である。

うその意味は，うそを明らかにすること以上に時間をかけて考えるべき課題である。上述の通り，うその後ろには事情があるのだという仮説に基づけば，そこにこそ，対象者を的確に判断するためのヒントが隠されているのかもしれない。防衛（自分を守る，大切な他者を守る，罪からの免れ），自己アピールや利得（自由，金銭，地位，同情，名誉，自尊心）の追求など，さまざまな動機や背景事情について仮説を立て，それを確認する作業は，既述の「大きな絵」をより精緻にしてくれる。

加えて，通常うそというものは，一時的にはコミュニケーションを円滑にする側面を持ちつつも，やがてはコミュニケーションを阻害し，不信を煽り，人間社会に悪影響を及ぼすものである（Hample, 1980）。うそは人を不快にさせ，不信を生じさせ，断絶を招く。アセスメントに臨む専門家も，対象者によるうそに傷ついたり，混乱したり，時には怒りを感じたりする。それらを否認してしまうと，今度は，自身のなかにうそが生まれることになる。アセスメント面接の流れを進める力に，自分の内的な反応を変換できれば，理解を推進することができるだろう。

Ⅴ　対話の価値

うそは，アセスメントに影響を与える。だから，対象者が面接のなかで語るうそに，我々は慎重になるほうがよい。

うそによる虚構の像が余計な干渉変数であるととらえると，うそをできるだけ排除し，無毒化して，事実と真実だけを見なければならないと考えやすい。しかし，いかなるアセスメント面接においても，完全にうそを排除できる保証などないことを，我々は知っておく必要がある。

筆者は，人を疑ってかかれ，誠実さなどあてにするな，と言いたいわけではない。うそをつく行動も，何かを隠す行動も，時には人をからかいたいとか翻弄したいという欲求を抱くことも，人間の持つ対人方略であることは間違いない。むしろそうした部分をひっくるめて相手に関心を持ち，アセスメントを進めていくほかはない。「うそ」は真実ではない内容かもしれないが，「うそをつく人間」の姿は目の前に実在する「真」である。うそを介してかかわれるのもまた人間同士だ，と思っておくと，少し気が楽になる。

対象者の話を時に疑うことは，真剣に相手と向き合うという作業内容に含まれている。疑うとは，事実と違うことに対する我々の感性のようなものと言えるだろうか。『漢字源』（藤堂ほか，2018）によれば，「疑」という漢字は，もともとあれこれ思案して先に進めない状態を表しており，足を止めて後ろを振り返る人間を描いた象形がもとになっているという。面接でのやりとりにさまざま思いを巡らしつつ，振り返りながら進むというイメージは，臨床姿勢として悪くない。

▶文献

Arnkoff DB, Victor BJ & Glass CR (1993) Empirical research on factors in psychotherapeutic change. In : G Stricker & J Gold (Eds) Comprehensive Handbook of Psychotherapy Integration. New York : Plenum Press, pp.27-42.

Hample D (1980) Purposes and effects of lying. The

Southern Speech Communication Journal 46 ; 33-47.

Hare RD（1991）The Hare Psychopathy Checklist-Revised. Toronto : Multi Health Systems.

B・J・キング（2019）嘘をつく動物たち. In：心と行動の科学. 別冊日経サイエンス 236 ; 109-113.

小林桜児（2011）薬物依存症とうそ. こころの科学 156 ; 47-50.

村瀬嘉代子（2017）心理臨床の基本. 臨床心理学 17-4 ; 470-471.

武藤崇（2013）同盟の作り方. 臨床心理学 13-6 ; 779-782.

成田善弘（2003）セラピストのための面接技法. 金剛出版.

Novellino M（2000）The pinocchio syndrome. Transactional Analysis Journal 30-4 ; 292-298.

Rogers CR（1942）Counseling and Psychotherapy : Newer Concepts in Practice. Boston : Houghton Mifflin.（末武康弘, 保坂亨, 諸富祥彦 訳（2005）ロジャーズ主要著作集 1：カウンセリングと心理療法―実践のための新しい概念. 岩崎学術出版社）

藤堂明保, 松本昭, 竹田晃ほか編（2018）漢字源 改訂第 6 版. 学研プラス.

辻啓之（2019）非行・犯罪臨床. In：川畑直人 監修：対人関係精神分析の心理臨床―わが国における訓練と実践の軌跡. 誠信書房, pp.217-233.

［特集］臨床心理アセスメント──プロフェッショナルの極意と技法

［司法］親子の「絆」を見極めるには？

面会交流

町田隆司 Ryuji Machida
東京家庭裁判所・家庭裁判所調査官

Ⅰ　はじめに

　かつて『母をたずねて三千里』というテレビアニメがあった。1976年にフジテレビ系列で世界名作劇場の第2作として放映され，かなり話題になったので，年配の方は覚えておられる方も多いであろう。もとは，Edmondo de Amicis という作家の短編小説である。アニメ化にあたり脚色された部分もあるが，概要は「家庭事情で単身イタリアのジェノバから南米のブエノスアイレスまで出稼ぎに行った母に，9歳の主人公マルコが会いに行く」というものである。冒険的な旅路のなかで，いろいろな人と出会い，助けられ感謝しながら成長し，最後は母に会う姿が描かれている。

　親子の「絆」としての面会交流を考えるとき，つい『母をたずねて三千里』を思い出してしまう。大人の事情で母親と別れることになったが，その運命に挑戦するかのように，冒険に船出する主人公マルコに見ている者も同一化して，興奮を覚えるところであろう。最近は何かというと，虐待やDVなどで，親子の「絆」の負の側面を見ることが多いが，そればかりではない。良い「絆」はきっとどこかでまたつながり，マルコのように，子どもの成長の糧になることも多いはずである。

　とはいえ，現実的には，離婚紛争等で父母が対立し，一方の親に監護養育されるとなると，もう片方の親に会えなくなることが多いようだ。そもそも，どちらの親が育てるか（どちらが親権者になるか）という次元から，紛争が生じていることもある。子どもにとって，大人の紛争に巻き込まれたり虐待被害に遭ったりするよりは，確かに会わないほうが良いということもなくはない。このようなとき，基準になるのは「子の福祉」という概念である。面会交流をどのように行うか，それは「子の福祉」についてのアセスメントが大きく左右するのだが，高葛藤事案になると，アセスメントも困難になることが多いのが実情である。

Ⅱ　面会交流の実情

　面会交流とは，離婚や別居後，子どもを監護・養育していない親と子どもが面会し，交流することである。面会交流は，親子の「絆」がまさに試される場面であろう。面会交流の実情を，まず調査統計からみてみよう。

　令和2（2020）年4月版「ひとり親世帯等の支援について」（厚労省）には，平成28（2016）年の調査データとして，「面会交流の取決めをしている」のは，離婚母子家庭で24.1％，離婚父子家

庭で 27.3％ という数字が提示されている。そして「面会交流を現在も行っている」のは，離婚母子家庭で 29.8％，離婚父子家庭で 45.5％ と報告している。また，労働政策研究・研修機構の「第 5 回子育て世帯全国調査」（2019 年）では，「過去の 1 年間，非同居父親と子どもとの面会や会話等交流の頻度が，「年に数回以上」の割合は……離別父親が 37.3％……である。離別父親の 44.2％ は子どもとの交流が「全くない」状態であり，そのうち離婚 5 年以上の離別父親の半数以上（51.6％）が子どもと交流なしの状態である」（p.61）と報告している。

　平成 23（2011）年の民法改正（平成 24（2012）年施行）で，民法第 766 条に面会交流と養育費が明記され，協議離婚届用紙に面会交流の話し合いの有無のチェック欄が設けられた。上記の厚労省データは施行後 4 年，労働政策研究・研修機構のデータは施行後 6 年の数値だが，調査結果を見る限り，現実には，まだ面会交流が円滑に行われているとは言い難い。離婚や別居で一度親子関係が離れると，半数以上は関係が離れてしまうという現実は，何が原因なのか，慎重な分析と議論を要するところであろう。5 年後，10 年後に，この数字がどのように変化しているかにも注目したい。

III　事例の紹介

　ここで，面会交流をイメージしやすくするために，事例を紹介したい。家庭裁判所で離婚調停を行った夫婦 A・B と長男 P の架空事例である。夫 A は 40 歳の銀行員，母 B は 38 歳パート，長男 P は 8 歳小学 2 年生である。A は単身赴任が多かったためか，定期的に自宅に帰るものの，B と多くの点で対立し，特に経済生活上の B の浪費と A から B への DV をめぐり，対立してしまった。お互いに実家を巻き込み，離婚せざるを得ない紛争にまで発展し，結局，B は P を連れ実家に帰る形で別居した。そしてすぐ，B は家庭裁判所に離婚調停を申し立てた。B は P の親権を主張し，「P も動揺しているので面会交流は控えてほしい。

P も A を嫌い避けている」と述べた。一方，A は「親権を B に委ねるとしても，それは週 1 回頻度の面会交流が条件である。P は私になついていた。本来，P は家の跡取りだった」と反論した。家庭裁判所調査官が子の意向調査をすることになり，家庭訪問のうえ，家庭裁判所の児童面接室で P と一対一での「遊び」を通した面接や，簡単な心理テストを行った。結果的に，P は A に会えない寂しさを語る一方，健気にも B が可哀想だと語っていた。P に精神発達上の問題はなかった。家庭裁判所調査官は，P に現在の紛争が P のために起きたわけではないと説明して罪障感を排除し，面接を終了し，調査結果を調停にフィードバックした。結果的には，親権者を B とし，2 週間に 1 回頻度の面会交流（当分の間，面会交流支援機関を利用）を定めることにより，離婚成立となった。数年後，家庭裁判所調査官が偶然 B に出会い，P が健全に成長していること，面会交流支援機関を使う面会交流が維持されていることなどを聞いた。

IV　親子の絆と子の福祉に適う面会交流とは？

　面会交流はなぜ行うべきなのか，ここでその原点を確認しておきたい。両親は事情があって離婚や別居に至るとしても，別居親と子の面会交流は，一般に，親子間の良い「絆」をはぐくみ，子の福祉に適うとされている。親子の精神力動関係については，古くから多くの研究がある。代表的なものだけでも，Bowlby の愛着理論，Winnicott のホールディングなど，枚挙に暇がない。子どもにとって良い親子関係があれば，子が成長したとき，かつての葛藤やトラウマ体験は忘却の彼方に追いやられていくが，逆に，子どもが何か問題行動や非行を起こしたときは，親子間の「絆」に問題があるときではないかと理解されてきた。親の離婚が子どもに与える影響やストレスも，同様である。Wallerstein & Lewis（2004）は，離婚を経験した子どものその後を，25 年間，縦断的に追跡調査した研究を発表している。親の離婚や別居は，

一般に，親子の「絆」を揺るがす不幸な事態であることが多いが，面会交流によって，非同居親と子どもの関係を維持し，少しでも良い「絆」をよみがえらせることにつながれば，子どもの成長に望ましい。

上記趣旨からすると，自主的かつ円滑に面会交流を行うこと，すなわち子どもにとって会いたいときに自由に会えることは，理想であろう。しかし，夫婦間が高葛藤になればなるほど，それは難しくなる。面会交流をすると，子の同居親は，非同居親が自分のことを不当に悪く吹き込むのではないか，子どもを連れ去って返さなくなるのではないかといった不安を抱く。一方，非同居親は，消極的な同居親の姿勢に苛立ち，子どもから自分の存在を消そうとしているのではないかなどと，さまざまな憶測をするようになる。間に挟まれた子どもは，同居親の不安を読み取り，非同居親を必要以上に拒否する，いわゆる片親疎外（parental alienation）に陥りやすくなる。前節で紹介した事例でもまさに同様の主張が展開した。片親疎外は，Gardner によって 1980 年代に提唱された概念で，以後，盛んに議論された。Kelly & Johnston（2001）は，仮にそれが事実としても，同居親による洗脳と子どもの貢献のみに還元できる問題ではないと指摘した。

しかし少なくとも，離婚後の親子関係の基本方針は，「①本来は子どものより良い成長のために，離婚別居後も面会交流をしたほうが良い」という点である。同居時に虐待があった場合など，一部には「②しばらくは面会交流を控えるか，手紙や写真の交流にとどめたほうが良い」こともある。子にトラウマ的体験をよみがえらせ，心の傷となって，子の成長に悪影響を及ぼしてしまっては，とても子の福祉に適うとは言えない。実際は①と②のイエローゾーンと受け止められることも多く，①と②の識別には慎重なアセスメントを行う必要がある（町田，2020）。小田切（2020）が指摘するように，子どもの声を慎重に聴くことが重要であり，そのための前提として，子どもに必要な情報が提供されていることも重要であろう。

そこで，片親疎外などの負の悪循環から生じる面会交流の後退を防ぐためには，日時や場所・方法などの形式面を明確にすることが，解決の第一案となる。時にそれは分厚い「契約書」となることさえもある。もちろん，頻度などにある程度の目安を作っておくことは重要であり，それを否定するものではない。家庭裁判所に面会交流などの調停が申立てられた際には，子の福祉を基軸に，それらを目指した調停が行われてきた（細矢ほか，2012）。法務省が作成したパンフレット「子どもの健やかな成長のために――離婚後の「養育費の支払」と「面会交流」の実現に向けて」には，協議離婚の際の子どもの養育に関する合意書が，その記入例とともに折り込まれている。

第二の解決案は，面会交流支援機関を利用することである。しかし，日本において，面会交流支援を業務としている機関は約 50 団体と少ない。支援機関といっても，乳幼児精神医学や児童心理学・家族社会学，そして家族法などの知識をそなえ，カウンセリング的な関与ができる専門機関であることが望ましい。少ないながらも，そのような機関として，例えば「公益社団法人家庭問題情報センター（FPIC）」や「NPO 法人キッズふぁーすと」などがある。対人援助の専門家を対象にしたセミナーや一般向け講習会も開いており，最近はインターネットの普及により，オンライン研修も行われている。小田切と青木による「リコンゴの子育て広場」（https://www.rikongonokosodate.com/［2020 年 11 月 20 日 閲覧］）は，アメリカのフロリダ州で行われていたネットを介した一般向け教育研修を，日本語に翻訳し日本人向けにしたものである。また家庭裁判所でも「親ガイダンス」（香川ほか，2020）として，夫婦関係調整などで調停係属した当事者に，家庭裁判所調査官が例えば「子の福祉に適う面会交流とはどのようなことか」を中心に講習し，紛争解決の援助をしている。逆に，筆者が問題に思うのは，離婚経験者や宗教関係者などが「慈善活動」

的感覚で，専門知識もなく支援を行う場合である。紛争の渦に巻き込まれ，かえって子の福祉を損なう事態にも陥りかねない。法的な助言をして報酬を得ると，非弁活動（弁護士資格のない者が，弁護士活動をすること）とみなされかねない。離婚紛争や面会交流における対人援助職を養成し研修する機関が充実し，最終的には然るべき組織または公的機関が，それを「資格」にすることが，望ましいであろう。

Ⅴ　海外における面会交流との比較

　面会交流の背景には，日本的な特徴，すなわち日本独特の家制度の名残りや，離婚後の単独親権制度がある。離婚後単独親権であるのは，日本のほかインドとトルコなどであり，大半は単独親権と共同親権が選択できる形だという。そのような文化的実情のためか，日本の面会交流は，海外と比べ，かなり頻度が少ない。司法統計（平成30年家事篇第24表）にもある通り，全家庭裁判所において離婚等で面会交流を取り決めた調停等計13,018件のうち，月1回以上の面会交流を取り決めた件数は5,700件，週1回以上は281件しかなかった。離婚等で婚姻関係が破綻すると，子どもと別れて生活することになった親は，子どもとの接触を半ば諦めてしまうのであろうか。日本の家族法学者のなかには，海外で一般的な面会交流は，まだ日本の文化にそぐわないと主張する方もいる。それが「Ⅱ　面会交流の実情」でも述べたように，結果的に，実際に面会交流を取り決め，実行している割合は半分以下の数字となっている。

　ところで，海外では，離婚後も共同親権となることが多いことから，子の監護を共同で受け持つ例も多い。例えば，週3日間は父が監護し，残りの4日間は母が監護するという交代監護とすることがある。まだ，面会交流は月1回が主流である日本の現状からすると，離婚して子どもと別居したのち，子どもの監護養育に関心を持ち続けることはあっても，それを実行するのは難しいのであろうか。筆者の個人的な感想だが，面会交流を海外と比較すると，日本は「後進国」であるかのように感じてしまう。面会交流の頻度回数や実際の交流内容のみならず，離婚後も共同して子の養育にあたる工夫を重ねることは，非常に重要なことだと考える。この点，しばはし（2020）の「共同養育を実践していくには，元夫婦が親同士となること。そして親同士になるためには相手の立場を知り争わないこと……」という指摘は重要であろう。

　ところで，総体的に海外のほうが面会交流に積極的だからといって，それが紛争解決や子の福祉に適っているか否かは，別問題である。無理な高頻度の面会交流は，子どもにストレスをもたらし，片親疎外にかかる問題をより強化しかねない。日本では，それが，実際の実行割合の少なさにつながっているのかもしれない。Austin et al.（2013）は，一方の親と子との関係や関与に影響を及ぼすもう片方の親の態度や行動をゲートキーピング（gate keeping）と定義し，それが親子関係を促進的に作用しているか制限的に作用しているかという視点で，養育のあり方を評価することは，子どもの予後を予測するための有益な枠組みであるとしている。その一方，Nielsen（2017）は，葛藤と貧弱な協力関係による共同養育が，単独監護による養育よりも，悪い成果につながるわけではないと指摘し，虐待やネグレクトでない限り，「親の葛藤を減じ，共同養育関係を改善する努力を続けるいっぽう，我々は，公平に――またはもっとそれ以上に――，子どもとの関係を強め，養育技術を改善しようとする両親への援助に，働きかけるべきである」としている。これらの議論からすると，頻度の多い積極的な面会交流が，「初めからありき」というわけではないことが，おわかりいただけるであろう。

Ⅵ　今後の課題

　すでに述べたように，一般的には，離婚や別居で非同居親と子どもが離れて生活することになったとしても，非同居親と子どもが自由に交流でき

るのが望ましい。なかにはそれが子の福祉を害するように見えることもあるが，虐待などの事情がないにもかかわらず，最初から面会交流を消極的に考えるのも疑問である。いずれにしても，不安が生じた際，当事者は，専門家のアセスメントとともに，必要な助言や教育を受けることが望ましいであろう。同居親・非同居親ともに納得しうるような，客観的に評価するためのアセスメント基準の確立，そして対人援助職・支援団体の研修体制の確立，資格化，支援団体同士のネットワーク化，スーパービジョン体制，さらには，法律職との協働体制が，今後の重要な課題と考えられる。青木（2020a）によると，アメリカでは監督付き面会交流ネットワーク（Supervised Visitation Network：SVN）が完備されており，日本でも参考にする余地があるようだ。

　また，アセスメントに着目すると，Saini & Birnbaum（2015）が，子どもの親権紛争で，監督つきアクセスが検討される場合のリスク評価チェックリスト（Supervised Visitation Checklist）の研究を行っている。さらに，離婚後の共同養育を促進あるいは抑制する親の行動を測定する尺度の研究もある。青木（2020b）は，Ferraro et al.（2018）が作成したその診断スケール（MCS-R）の日本語版を作成し，その信頼性・妥当性等の研究をした。また，片親疎外の程度を測定する尺度の研究もある。柏木・高坂（2020）は，Rowlands（2019）が作成した片親疎外尺度の日本語版（PASPJ）を作成し，同様にその信頼性・妥当性の研究を行った。高葛藤の父母間の紛争下にある子どもは，片親疎外状態に置かれていることが多く，面会交流を行うためには，客観的な実情の把握を行うのがまず第一歩である。そのためには，中立的な心理職が，葛藤に巻き込まれないように注意しながら，評価作業を行う必要があろう。

VII　おわりに

新型ウイルス禍とともに，労働環境や社会形態

が変化している。これは長期的に見ると，家族形態の変化にもつながるであろうが，それでも親子の「絆」は変わらない核であろう。本稿では『母をたずねて三千里』と「夫婦A・Bの離婚で間に挟まれた長男Pの事例」を紹介した。親の離婚や別居に遭遇した子どもは，親以上に苦難を経験する。子どもからすると，非同居親に会うことは，同居親を裏切ることのように感じてしまい，会いたくても口に出せないことが多いようだ。面会交流の可否は，まさに親子の「絆」が試される場面である。今までは，子どもにストレスを与えないような面会交流ばかりが議論されてきたが，発想を変えて，「子どもに多少のストレスはあっても，長期的に見て子の福祉につながる交流であれば，積極的に受け入れて考えるべきであろう」と考えたい。とすれば，そのためのアセスメントは，どのように構築したらよいであろうか。実は，まだ議論は始まったばかりである。

▶文献

青木聡（2020a）面会交流の支援者に求められる専門性．．In：小田切紀子，町田隆司 編：離婚と面会交流―子どもに寄りそう制度と支援．金剛出版，pp.202-222.

青木聡（2020b）日本語版MCS-DRの因子構造，信頼性，妥当性の検討．離婚・再婚家族と子ども研究 2；2-12

Austin WG, Pruett MK, Kirkpatrick HD et al. (2013) Parental gatekeeping and child custody/child access evaluation : Part 1 : Conceptual framework, research, and application. Family Court Review 51-3；485-501.

Ferraro AJ, Lucier-Greer M & Oehme K (2018) Psychometric evaluation of the multidimensional co-parenting scale for dissolved relationships. Journal of Child and Family Studies 27-9；2780-2796.

細矢郁，進藤千絵，野田裕子ほか（2012）面会交流が争点となる調停事件の実情及び審理の在り方―民法766条の改正を踏まえて．家庭裁判月報 64-7；1-97.

法務省民事局（2020）父母の離婚後の子の養育に関する海外法制について（2020（令和2）年4月）.

香川礼子，畔上早月，中山一広（2020）東京家庭裁判所における親ガイダンスの取組について―現状と課題．家庭の法と裁判 24；36-42.

柏木舞，高坂康雅（2020）親用片親疎外尺度（PASPJ）の作成と信頼性・妥当性の検討．日本離婚・再婚家族と子ども研究学会 第3回大会研究発表.

Kelly JB & Johnston JR（2001）The alienated child : A reformulation of parental alienation syndrome. Family Court Review 39-3 ; 249-266.

町田隆司（2020）親権紛争と面会交流のポイント．In：小田切紀子，町田隆司 編：離婚と面会交流—子どもに寄りそう制度と支援．金剛出版，p.46.

Nielsen L（2017）Re-examining the research on parental conflict, coparenting, and custody arrangements. Psychology, Public Policy, and Law 23-2 ; 211–231.

小田切紀子（2020）離婚と子どもの研究と必要な支援．In：小田切紀子，町田隆司 編：離婚と面会交流—子ど もに寄りそう制度と支援．金剛出版，pp.64-66.

Saini M & Birnbaum R（2015）Raising the bar : A risk assessment checklist when supervised access is being considered in child custody disputes. Canadian Family Law Quarterly 34-3 ; 335-371.

しばはし聡子（2020）離婚の新常識！ 別れてもふたりで子育て—知っておきたい共同養育のコツ．マガジンランド，p.7.

Wallerstein JS & Lewis JM（2004）The unexpected legacy of divorce : Report of a 25-year study. Psychoanalytic Psychology 21-3 ; 353-370.

[特集] 臨床心理アセスメント──プロフェッショナルの極意と技法

［教育］「問題児」が虐待されていたら？

ファーストクライエントの特定

野坂祐子 Sachiko Nosaka

大阪大学

Ⅰ　ファーストクライエントはだれか

教育相談に来た小学6年生の男児と母親。黙っている息子に視線を向けてから，母親は疲れた様子でこれまでの経緯を話した。息子が支援学級に在籍する女児を校内のトイレに誘い込み，自分の性器を触らせた。帰宅した女児から話を聞いた保護者が学校に連絡し，担任が男児に聞き取りをした。最初のうち，「知らない」「相手の勘違いではないか」と否定していたものの，担任が細かく聞いていくと，「性的動画を見て，興味を持った」と自分の行為を認めた。これまでに数回，同じ女児に同様の行為をしており，「いやがっていないと思った」と述べたという。

母親が言うには，幼少期から落ち着きがなく，親が目を離せない子どもだった。小学3年生の頃に学校でいじめを受けていた。父親は地域の野球クラブのコーチで，男児も小学校入学時からクラブに入っている。母親も野球での活躍に期待をかけている。家族はほかに3歳下の妹がいる。

担任から教育相談を勧められたという母親は，「二度とこんなことはしないでほしい」と言いながら，「思春期の男子のことは，私にはわからないので……」と困惑した表情を見せた。

＊

相談機関に来談した時点で，母親と男児はクライエントとみなされる。とはいえ，男児はまだ一言も話しておらず，母親も担任に言われるまま足を運んだにすぎない。わざわざ母子で来談するからには，何とかしたいという思いがあるのだろうが，どちらも話すことには消極的な様子である。そして，「何か問題が起きた」のは確かだが，「何が問題なのか」は，わかっていない。母親の語りから，男児の行動は思春期の性的衝動に伴うもので，母親には関与できない，もしくは考えたくない問題と思っているようだ。息子が反省して，二度としないではしいというのが母親のニーズなのだろう。

この時点で，もっとも困っているのは外部機関を紹介した担任かもしれない。今回の件についての学校の認識や対応方針を家庭に伝えることなく教育相談を勧めたのは，男児に聞き取りを行い，事実確認まではできたものの，このあと何をすればよいのかわからなかったためと考えられる。

さらに，トイレに連れていかれて相手の性器を触らせられた女児とその保護者はどうだろう。もし，保護者が「娘は自分がされたことの意味をわかっていないから，そっとしておいてほしい」と

学校に要望したなら，女児は相談機関につながる機会がないままかもしれない。娘の心理的負担を慮って「そっとしておいてほしい」と願う保護者もまた，今回の出来事に深く傷つき，男児と保護者，そして学校に対して，怒りの気持ちを抱いていることが考えられる。

このように，最初にクライエントになった人の相談のニーズは必ずしも高いとは限らない。むしろ，困っている人がクライエントを支援する立場にいたり，傷ついている人が相談を避けたりすることは少なくない。当のクライエントは相談意欲が低く，他方，相談のニーズがある人たちがクライエントになれていない場合，目の前のクライエントだけに働きかけても問題は解決しない。

相談に応じるということは，目の前のクライエントを支援することだと思われがちだが，ほかに困っている人や傷ついている人のニーズを理解し，それらのニーズに介入しなければ，断片的な取り組みで終わってしまう。紹介した事例の場合，最初に相談機関につながった人として，男児と母親は最初の（ファースト）クライエントとみなされるが，それはあくまで介入の入り口にすぎない。最初のクライエントが自分の問題に主体的に向き合う「クライエント」になるのと同時に，ニーズを抱えた人たちの問題も解決していく支援が求められる。

II　ファーストクライエントとは何か

ファーストクライエントとは，本来，家庭内の問題を初めて外部に打ち明け，支援を求めた人を意味する。とくに，アルコールや薬物の依存症（アディクション）やドメスティックバイオレンス（DV）による家族の機能不全が起きているとき，依存症者や虐待者はもとより家族全体が問題を否認し，問題を家族だけで抱え込んでしまいやすい。依存症や暴力の問題のある人が自ら援助を求めることは少ないため，家族のだれかが外部の支援機関につながる意義は大きい。

多世代にわたって引き継がれる家族の暗黙の規範や対人関係のパターンは，見えない圧力や重荷となって次世代の生きづらさを生み出す。この閉鎖的な家族システムに風穴を開けるのが，ファーストクライエントである。支援者は，ファーストクライエントの苦しみを受け止めつつ，家族の関係性の改善に向けた介入を行う。つまり，支援の対象はファーストクライエント個人ではなく，家族というシステムなのである。

支援を求めたファーストクライエントは，家族に何らかの問題が起きていることを認識している。たとえ，何が起きているのかわからなくても，「何か起きている」という違和感があるからこそ，第三者への相談行動に踏み出せたのである。その「何か」が依存症やDVと名づけられるものだと知り，家族の機能不全がもたらす影響を理解するための心理教育によって，初めて「何が問題なのか」がわかる。問題が視覚化され，それが外在化されることによって，ファーストクライエントは家族の問題について考え始める。閉鎖的で境界線のない家族の期待や圧力に取り込まれている自己を取り戻すには，まずは家族の問題を外在化させる必要がある。そして，家族以外との安全なつながりをつくることで，家族から心理的に離れ，自分の意思や価値を取り戻していくことができる。

しかし，子どもがファーストクライエントになることは難しい。家族に「何か起きている」と気づくのは難しいからだ。子どもの世界は狭く，他の家族と比べることができないため，その暮らしがあたりまえだと思っている。虐待やネグレクトがある家庭では，親はしばしば「おまえが悪い」と言って体罰を加えたり，「おまえを愛している」と言いながら性的虐待を行ったりするため，子どもは自分が暴力を招いたと思い込んでいる。

親自身が家族の葛藤や問題を否認していると，そこで育つ子どもも感情を抑圧するしかない。境界線の侵害や役割の混乱が起きている家庭において，親に代わってケア役割を果たしているヤングケアラーは，自分がケアされる存在だとは思いもよらない。ゆえに，子どもは家族の問題を相談するファーストクライエントになりにくい。

Ⅲ　IPとファーストクライエント

　こうした家族の問題や機能に着目するのが，家族療法におけるIP（Identified Person）という考え方である。問題となる行動を示す子どもを「問題児」ではなく，家族の「問題」を表している存在とみなす。IPは，家族の緊張を心身の症状で表すこともあれば，家族の不和の原因としてスケープゴートにされている場合もある。事例において，男児をIPとみなすなら，性問題行動を示した男児だけに介入するのではなく，威圧や暴力を用いて女児と関わろうとした男児の関係性の築き方は，多世代にわたる家族の関係性が影響したものではないかと考えることができる。

　男児をIPとみなす考え方は，男児を「クライエント扱い」しないということである。しかし，家族の問題を非言語的に外部に伝えるという意味においては，IPはファーストクライエントの役割も担っているとはいえないだろうか。一見矛盾するようだが，最初に「問題」とみなされたり，相談につながったりした子どもを，家族への介入の入り口と位置づけ，その行動の背景にある家族システムを理解しようとする点で，同じような役割を果たしていると考えらえる。

　IPもしくはファーストクライエントの育ちや家庭環境を理解していく際に，本人や家族からは語られにくく，外からも見えにくいものが，トラウマや逆境体験である。トラウマとは，生命に関わるような危険にさらされる体験という定義から，身体的・情緒的に発育に有害な影響を及ぼし，生涯にわたってウェルビーイング（well-being）を損なうものというより広い定義まであるが，いずれも安全や安心感を損ない，通常のストレス対処を超え，本人がコントロールできないものであることが特徴である。虐待やネグレクト，家族の機能不全は，逆境体験と呼ばれ，さまざまな逆境体験を重ねることで，身体的および精神的健康，社会適応などが損なわれ，暴力や依存症，自傷行為・自死などの不適切な対処法がとられるように

なることが知られている。

　トラウマは，その出来事や影響が深刻であればあるほど，恐れや回避といった症状によって語られにくくなる。逆境体験も，機能不全家族の「口外してはならない」という暗黙の規範によって，家族だけの秘密になっている。たとえだれかに打ち明けたとしても，家庭内暴力は「まさか」と驚かれたり，「（虐待者は）そんな人には見えない」と信じてもらえなかったりして，問題が顕在化されにくい。あるいは，本人の意向にかかわらず家族の分離を余儀なくされ，安全を守るための介入が本人のコントロール感を奪う再トラウマ体験になってしまうこともある。

　総じて，IPもしくはファーストクライエントの背景にある家族の問題を把握するには，語られにくく，見えにくいトラウマを理解しようとする姿勢が求められる。

Ⅳ　トラウマインフォームドケアによる「見える化」

　見えにくいトラウマを理解していくアプローチが，トラウマインフォームドケア（Trauma Informed Care：TIC）である。従来のトラウマケアが，トラウマを体験したクライエントを対象とし，PTSD（心的外傷後ストレス障害）や抑うつ，パニック，解離などの関連症状の軽減に焦点をあてた治療であるのに対して，TICはあらゆる人を対象とし，トラウマを前提にしながら関わることをいう。「前提にする」という意味のインフォームドとは，トラウマが原因だと決めつけるのではなく，トラウマの可能性やその影響を考慮しながらアセスメントや対応を行うことを意味する。

　例えば，落ち着きのない行動を発達障害などの特性と捉えるだけでなく，トラウマによる過覚醒や再体験症状（フラッシュバック），トラウマティックな関係性の再演（reenactment）である可能性を考えながら検討する。「問題」が起きた状況に着目し，前後の流れと本人の状態を整理していくと，ある刺激がトラウマ記憶を想起させる

リマインダー（きっかけ）となって，何らかの反応や行動化が起きていたことが見えてくるかもしれない。「トラウマ体験−リマインダー−トラウマ反応」のつながり（亀岡，2020）は，本人も気づいていないことがほとんどである。そのため，トラウマやその影響についてわかりやすく説明する心理教育が有用となる（野坂，2019）。

　支援者がトラウマを想定しながらアセスメントを行い，本人や周囲の人々に心理教育をしながら，「何が起きているか」を一緒に整理していくTICは，トラウマを「見える化」する支援である。言い換えれば，心理教育をしなければ本人も周囲も「何が起きているか」が理解できない。そのため，本人は自分が悪いと思い込んで自責感を高め，周囲も叱責や非難，的外れな助言や行動制限によって，子どもに再トラウマを与えるような対応をしてしまうことがある。そうなると，子どもはさらに不安定になり，その行動化に対してより懲罰的な介入がなされるという悪循環が生まれる。TICは，この悪循環を断ち，再トラウマを防ぐために，トラウマを「見える化」するものである。

V　「問題児」からクライエントへ

　事例に戻ろう。知的障害のある下級生に自分の性器を触らせた小6男児の行為は，性暴力であり，性問題行動とみなされる。幼い頃から多動気味だったものの，外からみれば野球クラブも続けており，両親も子育てに熱心であることから，周囲には問題のない家族に映るかもしれない。

　今回の件について，父親は息子を殴って「二度とバカなことはするな」と厳しく叱り，母親は被害女児の保護者のところに謝罪に出向いた。両親ともに，出来事の重大さは口にするものの，両親ともに，本人が反省し，気持ちを切り替えてがんばればよいと考えている。

　一方，黙っていた男児に個別で話を聞くと，運動は得意ではなく，野球もつらいという。本当は，科学の実験クラブに入りたいが，両親が許してくれないためあきらめているという。コーチの息子

ということで，チームの仲間からは「下手なのにずるい」と言われ，父親からは「ほかの子どもに示しがつかない」と一層厳しく指導され，逃げ場がない。小学3年生でいじめを受けたときも両親に「言い返せばよい」と叱られ，学校を休ませてもらえなかった。当時の担任も助けてくれず，持ち物を汚されたり，突き飛ばされたりする日々を我慢するしかなかった。

　家族は「イベント好き」であり，家族4人で野球観戦に行ったり，地域の行事に参加したりするが，父親はよく怒鳴り，母親は父親に何も言えない。小さい頃から父親に殴られており，母親には「お父さんに怒られるでしょう」と叱責されてきた。父方祖父母からは「初孫の長男」として扱われ，得をすることも多いが，つねに妹より厳しくしつけられている。

　偶然に性的動画を目にしたときにドキドキし，以来，イライラしたら見るようになった。誰にも言わなそうな相手を探してトイレに連れ込み，言いなりにさせているとスッキリしたという。

＊

　男児の性問題行動は，性的関心によるだけでなく，イライラやストレスを発散させるための行為であった。家庭では，厳しく育てられ，弱音や困りごとを口にすることも許されず，両親が望むようにするしかない。仲間集団にも居場所がなく，いじめられたときも助けてもらえなかった。本人の好きなことや，やりたいことができず，大人を頼れないなかで，鬱屈した気持ちを抵抗できない女児にぶつけていた。自分の意のままに相手を従わせるという行為は，男児にとって無力な自分のパワーを実感するためのものだったようである。性的動画の刺激が引き金になっているが，性的な情報の管理がなされていない家庭環境や両親の意識なども影響しているだろう。

　家庭の特徴として，外向的で活動的である反面，家族内の情緒的な交流は乏しい。苦痛の感情を表出し，受容されることが少なく，否定的な感情は

抑圧・回避し，あるいは怒鳴るというかたちで暴発させている。父方祖父母が次々世代まで統制をきかせ，その息子である父親は，野球のコーチや家長としての役割を務めながらも，家族に対しては威圧や暴力を用いて関わっている。そんな父親に従う母親は，思春期を迎える息子の性や男性性を受け止めるのに抵抗感があるようだ。

　性問題行動の動機につながった要因を探るなかで，家族の文化や機能というシステムが見えてくる。家族の愛情や関心は決して希薄ではなく，むしろ家族志向が強い家庭であるといえよう。しかし，祖父や父親の権威的な態度が，家庭の緊張や無力感を生じさせ，父母の情緒的ネグレクトといえる感情の受容の乏しさが，男児の健全な関係性の発達を阻害している。

　このように，逆境となりうる成育環境を「見える化」することで，男児に「何が起きているのか」が理解されていく。他児に対する境界線侵害である性問題行動は，男児自身の境界線が未形成であることを表しており，自我の確立に向けた本人と家族への介入が求められる。それによって，男児は「問題児」からクライエントになり，本人と家族，ひいては家族システムが，介入対象として位置づけられる。

VI　ファーストクライエントから「始まる」

　ある「問題」をきっかけに支援の現場につながった最初の（ファースト）クライエントは，しばしば周囲から「問題児」と捉えられている。家庭のさまざまな問題は当事者には気づきにくく，言葉にされにくい。だからこそ，育ちにおけるひずみが行動化（acting out）によって表出するのである。「問題児」をIPとして捉え，家族の問題に目を向けていくように，最初のクライエントをファーストクライエントとみなし，語られない家族の逆境や機能不全を「見える化」するTICは，対象者の年齢や主訴を問わず，有用なアプローチとなりうる。

　さらに，TICの視点から全体を見ていくと，支援やケアを必要としている人たちが浮かび上が

る。担任だけでなく教員全体に，児童間の性暴力についての理解と教育，モニタリング（見守り）などの心理教育を行う機会が提供されるとよいだろう。女児がケアを受けるために，まずは保護者の傷つきを受け止め，娘の回復と成長について話し合える関係性をつくることから始めてもよいかもしれない。性暴力というトラウマによって，大人もまた怒りや戸惑い，無力感などを抱きやすい。家庭や学校，さらに地域全体が，性暴力を否認・回避する態度を示すこともある。

　TICによって，子どもの背景に逆境体験があることが見えたとしても，それだけが理由で性問題行動が生じるわけではなく，加害行為の免罪符になるわけでもない。むしろ，過去の逆境体験は，子どもに非がないと明確に伝えることによって，自分の加害行為の責任が考えられるようになる。

　ファーストクライエントとの出会いは，ケースマネジメントの始まりにすぎない。「問題」をきっかけに，子どもや家族の全人的な発達や成長を促す機会をつくることが支援者の役割である。「加害‐被害」といったトラウマティックな関係性は，さまざまな場面で繰り返される。学校で暴力をふるう子どもは，家庭で虐待を受けているかもしれない。DVや虐待のある両親もまた暴力のなかで育ち，情緒的なつながりを求めながら，うまく頼れずにお互い不満を抱えていることもある。トラウマがもたらす断絶は，人を孤立させ，「加害‐被害」の再演による悪循環に陥りやすくなる。トラウマティックな関係性を対等で安全な関係性に変えていくために，ファーストクライエントの特定，家族関係や逆境体験の理解が役に立つ。

▶付記
　事例は複数の典型例を組み合わせた架空のものである。

▶文献
亀岡智美（2020）子ども虐待とトラウマケア―再トラウマ化を防ぐトラウマインフォームドケア．金剛出版．
野坂祐子（2019）トラウマインフォームドケア―“問題行動”を捉えなおす援助の視点．日本評論社．

[特集] 臨床心理アセスメント──プロフェッショナルの極意と技法

[教育] 査定の結果をどう支援に活かすか？

チーム学校と協働的なコンサルテーション

橋本忠行 Tadayuki Hashimoto

香川大学医学部臨床心理学科

I　チーム学校と臨床心理アセスメント

1　チーム学校とは何か

2014年に文部科学省が「チームとしての学校・教職員の在り方に関する作業部会」を設置したのをきっかけに、「チーム学校」という言葉は広く知られるようになった。2010年の厚生労働省「チーム医療の推進に関する検討会」に続いて示された指針である。教育であれば教師、医療であれば医師というリーダーだけが頑張りすぎるのではなく、さまざまな専門性を持った職種が力を合わせ、より多面的な支援をしたいという理念が「チーム」という言葉に表れている。

「チームとしての学校の在り方と今後の改善方策について」（中央教育審議会，2015）によると、「専門性に基づくチーム体制の構築」「学校のマネジメント機能の強化」「教職員一人一人が力を発揮できる環境の整備」の3つの視点から学校のマネジメントモデルの転換を図り、「校長のリーダーシップの下、カリキュラム、日々の教育活動、学校の資源が一体的にマネジメントされ、教職員や学校内の多様な人材が、それぞれの専門性を生かして能力を発揮し、子どもたちに必要な資質・能力を確実に身に付けさせることができる学校」

像が描かれている。教員以外の多様な人材には、ICT支援員、部活動指導員、医療的ケアを行う看護師、特別支援教育支援員などが挙げられており、なかでも心理や福祉に関する専門スタッフとして重視されているのが、スクールカウンセラーとスクールソーシャルワーカーである。

2　臨床心理アセスメントへの期待

それではスクールカウンセラーは、チーム学校においてどのような臨床心理アセスメントを期待されているのだろうか？　同答申で唯一、直接「アセスメント」に触れた箇所を抜き出してみる。

子供たちの問題行動の背景には、多くの場合、子供たちの心の問題とともに、家庭、友人関係、地域、学校など子供たちの置かれている環境の問題があり、子供たちの問題と環境の問題は複雑に絡み合っていることから、単に子供たちの問題行動のみに着目して対応するだけでは、問題はなかなか解決できない。学校現場で、より効果的に対応していくためには、教員に加えて、心理の専門家であるカウンセラーや福祉の専門家であるソーシャルワーカーを活用し、子供たちの様々な情報を整理統合し、アセスメントやプランニングをした上で、教職員がチームで、問題を抱えた子供たちの支援を行うことが重要

である。　　　　　　（中央教育審議会，2015［p.7］）

　事案として取り上げられるのは子ども個人が問題行動を呈するときであり，その背景には環境の要因が複雑に絡み合っているとされている。さらにそれらの情報を整理統合することや，アセスメントやプランニング，つまりケース・フォーミュレーションの専門性が期待されている。

　臨床心理アセスメント，特に心理検査のようなフォーマルなアセスメント（Korchin, 1976）は特定の個人を対象に実施され，そこからのデータを扱うためどうしても問題の原因を個人の（なかにあると想定される）特性や偏りに求めがちである。しかしながら，そういった個人内要因に「着目して対応するだけでは，問題はなかなか解決できない」とし，子どもたちがおかれた経済状況，社会的格差，地域の風土，家族関係との相互作用を前提に，チーム支援を考えている点は重要である。

　自己責任論で子どもたちは救われない。そもそも子どもたちは，これから成長する発達途中の存在で，環境によってその色合いを変えていくのである。スクールカウンセリングではよく「学校を見立てる」と言われるが，そういった複雑な環境へのインフォーマルなアセスメント，例えば地域性の把握や校内での緩やかな行動観察は，子どもがそれまで一人で抱えていた重荷を軽くするためにも欠かせない。ケース・フォーミュレーションの利点は，「個人の心理・対人関係　行動上の問題を引き起こし，悪化させ，そして維持させている要因についての仮説である」（Eells, 2007）と定義されるように，問題の背景にあるさまざまな要因を因数分解し，扱いやすくするところにあろう。

　さらに，担任，教育相談担当の教諭，養護教諭，学校内の管理職，スクールカウンセラーなどは，それぞれの専門性を発揮しつつも，わかりやすい言葉で話し合うことが望まれる。例えば――

担任：A君，お母さんは ADHD を心配されているけど，授業中は集中しているんですよね。

教育相談担当：でも，この前いじめっ子のグループに入っていたじゃない？　注意したらすぐ止めたけど。

スクールカウンセラー：お母さんは，心配だから児童発達クリニックで WISC-IV の予約を入れたと仰ってました。合成得点など主要な結果は教えてもらえるはずだから，お伺いしてみましょうか？

養護教諭：そういえば最近，保健室で指しゃぶりをしてました。「A君，もうお兄ちゃんになったのに」と話しかけたら，照れてましたけど。

教頭：お父さんも単身赴任が長いからね。

スクールカウンセラー：この前B先生（新卒の男性教諭）とバドミントンをしてたときは，とても楽しそうに見えましたよ。一対一の関係で安心できるとしたら，愛着の部分で引っかかっているのかも。新1年生のお世話係をやってもらうと，かえって気持ちが安定したりしませんか……先生方，どう思います？

　以上のようなミニケース会議が持てたら，それこそが臨床心理アセスメントのチームである。

II　協働的なコンサルテーション

1　チームアプローチとコンサルテーション

　野球やラグビーを例に挙げるまでもなく，チームのメリットは各ポジションにある者がそれぞれの強みや専門性を活かし，ひとつの目標に向かって役割と責任を分担するところにある。コンサルテーションもその実践のひとつで，公認心理師法第2条（定義）の3には「心理に関する支援を要する者の関係者に対し，その相談に応じ，助言，指導その他の援助を行うこと」と明記されている。

　臨床心理アセスメントに目を向けると，心理検査，行動観察，構造化面接などの方法を通して，クライエントや問題で苦しんでいる子どもに対して，それまでとは異なった，あるいは未だ明確でなかった方針の裏付け（エビデンス）となる理解をもたらすことができれば，それはチームへの貢

表　コンサルテーションでの問いと示唆

コンサルティーの問い	心理検査の結果	コンサルテーションにおける示唆
①なぜクライエントは姿を見せないのだろうか／どのようにしたら関係を保つことができるのだろうか	[MMPI] 2*87"04'931-65/ F'L/?:K# [Rorschach] S-CON = 9, DEPI = 7, HVI(+), PTI = 0, Fr = 1, FD = 4, D = −1, S = 6, C' = 3 Isolation = .47 知性化 = 8 [BDI-II] 20点（中等症の抑うつ）	数は少ないが，暖かくフレンドリーな関係になると居心地の悪い思いをするクライエントがいる。そういった場合，心理士の堅さや毅然とした態度が役に立つ。MMPIの8尺度，Rorschach の HVI 的なところが出てきた。携帯の留守電に「とても心配している，助けが必要だと思う，連絡がほしい」とだけ堅い感じの声で残す。「君には操作されないよ」という態度で接する。
②どうすれば自傷行為の慢性化を防げるのだろうか		「そんなバカなことは止めなければいけない」と伝える必要がある。クライエントにはこのメッセージの意味がわかるはず。Positive/Good Self の部分と作業同盟を結ぶこと。
③医療機関と連携したほうがよいのだろうか		薬物療法は効果的に働くだろう。
④慢性的な抑うつ感と空虚感に対してどのように関わればよいのだろうか		クライエントは一度に抱えておけることが少ない（D=−1）。週2回の面接でも良いくらい。弁証法的行動療法が，感情と衝動性をコントロールするために有効。

注）表は中欄「心理検査の結果」を中心に，左欄「コンサルティーの問い」に対して右欄「コンサルテーションにおける示唆」がレイアウトされている。橋本ほか（2018）は治療的アセスメントの「まとめと話し合いのセッション」の録音記録をEXP スケール（池見ほか，1986）で評定する際に，同様のレイアウトを試みている。査定の結果を支援に活かすとき，あるいはその質的研究を行うときに，対話と協働を視覚的に配置する方法は有用かもしれない。

献となる。そして同時に，コンサルテーションを受ける者（コンサルティー）にとっては，自分が感情的に支えられるという体験そのものが，目の前のクライエントを支えることにつながる。

2　コンサルティーの体験

　ある事例（Hashimoto, 2013）に関する，筆者のコンサルティー体験を提示したい。教育分野の事例ではないが，感情的な支持・サポートと明確な指示・示唆・助言に救われたという意味では本質的に変わりないと思う。なお，事例の細部には改変を加えている。

事例

　ある青年期のクライエントが，インテーク面接と治療的アセスメント（Finn, 2007）を実施した後に突然来談しなくなった。初回から2カ月後のことである。治療的アセスメントでは，クライエントにアセスメントの満足度を評価してもらうために，AQ-2（Finn et al., 1994）という標準化された質問紙をよく使うが，その全体満足度はTスコア=57.8と高く，筆者には何が起こっているのかよくわからず困惑していた。そこで，テキサス州オースティンの治療的アセスメントセンターに2008年から2009年にかけて客員研究員として滞在した関係で，Stephen E Finn 博士に直接コンサルテーションを依頼したところ，一緒にケースを検討してもらえるという貴重な経験を得た。

　筆者が抱えていた問いは，①なぜクライエントは姿を見せないのだろうか，どのようにしたら関係を保つことができるのだろうか，②どうすれば自傷行為の慢性化を防げるのだろうか，③医療機関と連携したほうがよいのだろうか，④慢性的な抑うつ感と空虚感に対してどのように関わればよいのだろうか，という4点であった。後述するように，それらの問いと心理検査の主要な結果，そしてコンサルテーションにおける示唆をまとめたものが表である。

　コンサルテーションは事例の概要を共有するところから始まった。なかでも一番の助けとなったのは，心理検査の結果を一緒に読んで，それまで思い当たらなかった新たなクライエント像が提示され

たことであった。MMPI は 278 コードで，希死念慮，anhedonia（喜びを感じられない），悲観，否定的な自己概念，不信感を特徴とすることはマニュアルから把握していた。しかしながらそこに同じく高かった 4 尺度と 0 尺度を加味すると重篤なパーソナリティ障害と読め，さらに心理的な「恥」の問題を抱えているという指摘は，当時の筆者に初めて得られた理解であった。Rorschach（包括システム）は，DEPI＝7，S-CON＝9 と，MMPI 同様，強い抑うつと希死念慮を示し，Reflection 反応と FD＝4 の組み合わせは自己イメージの傷つきを示していた。Finn 博士はさらに「Positive Self と Negative Self の構造がある。ダメな自分について考えて批判の声が聞こえると，恥の意識が生じるのではないか」と，クライエントの生活に根ざした理解へ近づけてくれた。

　表の右欄にあるように，筆者の問いについて直接話し合い，応えるかたちで示唆はまとめられた。特に「暖かくフレンドリーな関係になると居心地の悪い思いをするクライエントがいる。そういった場合，心理士の堅さや毅然とした態度が役に立つ」「『君には操作されないよ』という態度で接する」という関係性は筆者に見えていなかった。また，そう指摘されても不思議なことに分析された感じはまったくなく，純粋に「心理士としての自分を理解してもらった」「感情的に支えてもらった」という体験だけが残った。そして携帯の留守電へのメッセージの残し方や，弁証法的行動療法的な対話技法についての具体的な助言は，困惑への羅針盤になった。

　筆者はコンサルテーションで助言されたままに，留守電へメッセージを残した。すると 1 カ月後，クライエントは再び姿を見せ，「お久しぶりです，すみませんでした。あきらめの気持ちでした。自分と同じ体験にあった人はいないという孤立感がありました」と述べた。

　その後数年にわたって，山あり谷ありで医療機関と連携しながら心理面接は続くのであるが，現在のクライエントは自分が大切にする人たちと元気に暮らしている。家族からも「あの頃が嘘のようです。穏やかにいろんな話をしてくれます」と電話があった。振り返ると，そのために必要な関係性の修復をこの時期に試行していたように思う。

III　査定の結果を教育分野での コンサルテーションに活かす ——協働的／治療的アセスメントの視点

1　コンサルテーションを通して教職員を支える

　論を教育分野に戻したい。前項は Finn 博士による「プロフェッショナルの極意と技法」に筆者が触れた体験を中心とした。本特集の趣旨とは少し異なったかもしれないが，同時にコンサルテーションをテーマとするなら避けては通れないとも感じた。なぜなら学校の「教職員は，その職業的・組織特性から心の病との親和性が高い。教職員が教育力・相談力を十分に発揮するためには，メンタルのケアが求められており」（増田，2018），児童生徒や保護者との関わりで気持ちを行使することの多い教職員にとって，コンサルテーションを通した不安や消耗の軽減はチーム学校として重要で，その雛形をコンサルティーとしての立場から正直に提示する必要があったからである。感情的な支持・サポートと明確な指示・示唆が得られるというのは，良いコンサルテーションの条件でもあろう。

　例えば，自分の子どもが学校に行けなくなっているのに，勤務先の学校では担任として不登校児童の対応にあたるなど，職務上そういうつらい立場におかれた教職員のメンタルをケアすることの大切さを，心理職はさらに認識しておきたい。チームで互いの弱みをカバーし合い，コンサルテーションをもっと気軽に利用できるような工夫をしたい。

2　個別式知能検査（WISC-IV）の結果を一緒 に読み解くコンサルテーション

　さて，教育分野でのわかりやすい窓口のひとつとして，心理査定の結果を一緒に読み解くコンサルテーションを提案したい。特別な支援を必要とする児童生徒の増加，そして児童精神科クリニックや療育施設といった社会資源の整備に伴い，教育センターなども含めた学校内外の施設で実施された個別式知能検査の結果を手元にもつ保護者もめずらしくなくなってきた。過去に実施された発

達検査・個別式知能検査後の成長や変化を確認するため，フォローアップの再検査のみを依頼されたことのある心理職もいるのではないだろうか。筆者はこういった機会に，協働的／治療的アセスメント（Finn et al., 2012）の視点を取り入れることで，教育分野でのコンサルテーションはより豊かなものになるのではないかと考えている。

　例えば，子どもと家族の治療的アセスメント（Tharinger et al., 2012）での査定者の役割は，親が子どもをどう捉えているか把握し，適切でなければより適応的な理解をもたらすこととされ，さまざまな心理検査の結果をもとにワンウェイミラーの後ろからコーチングするような介入も含まれている。隈元（2018）は保護者支援としての協働的 WISC-IV フィードバックを提唱し，「1）検査結果の意味する認知的特徴を検査時の様子も交えながら日常に即した具体的でわかりやすい言葉にして伝える，2）親の養育上の苦労をねぎらい，親が子どもが感じている困難を実感をもって理解できるような声かけをする，さらに3）1）についての親の感想を聞いたうえで，親が日常生活で工夫していることやこれから工夫できそうなことを一緒に考える」と述べている。つまり，個別式知能検査の結果についての話し合いを単なる情報伝達や説明にとどめず，親へのコンサルテーションに活用するアプローチである。

3　教職員へのコンサルテーション

　前節の「親」「保護者」という支援の対象をすべて「教職員」に置き換えても，実施すべきことは同じではないだろうか。例えば，WISC-IV の FSIQ が平均範囲にあるにもかかわらず，VCI（言語理解）の値が 70 台後半の場合，「気持ちをうまく言葉で表現できなくてもどかしいから，ついイライラして手が出てしまう。指導のときに『C君，もしかしてこんな風に思っていたんじゃない？』と通訳して，C君が少しは『わかってもらえた』と落ち着くかどうか試みてみる……というのはいかがですか？』といったコンサルテーションが可

補論─コンサルテーションを想定した，WISC-IV 下位検査結果の取扱をめぐって

　WISC-IV における下位検査結果の取扱に，「一般向けの報告書に評価点の一覧表と評価点プロフィールを載せることを刊行委員会は原則として勧めない」（上野，2013）とある通り，コンサルテーションでも注意が必要であろう。ここでいう一般向けとは「保護者（保護者の了解を得た学校関係者・理解可能な本人）などの非専門家向け」（同，2013）であり，担任などの教職員も含まれている。一方近年，情報の非対称性への配慮やフィードバックを重視する立場から上記の原則について「情報はお互いが検討しあうことができ，疑問点を率直に話し合えるようにするためにも，クライエントやその家族には原則として公開し共有するべきである」（糸井，2017）とする議論もあり，誰と／どのような情報を／どこまで共有するかという古くて新しいテーマへの，チーム学校・チーム医療時代に合わせた再考の必要性を感じている。どこでチームの内外を分けるのか，多職種連携においてすべての情報にアクセスできる専門家（心理専門職，医師，言語聴覚士など）にはどこまで含まれるのかなど，各現場でデリケートな判断が求められている。発達支援の申し送りなどに活用される，サポートファイル（香川県教育委員会，2009）に記載する情報なども該当するであろう。

　これらは主に報告書についての議論で，上野（2013）も「〔引用者注：下位検査結果は〕あくまでも説明される側の補助資料として扱っていただきたい」とテクニカルレポートを結んでおり，口頭でのフィードバックやコンサルテーションとは区別しているようにも読める。「WISC-IV 換算アシスタント」の出力結果は，子どもを細やかに理解するための客観的な手がかりを数多く与えてくれる。数値が一人歩きすることの怖さを忘れてはならないと感じると同時に，得られた理解を子どもの成長に合わせた具体的な支援へとさらにつなげていくためにも，情報共有のあり方を考えたい。

能である。木谷ほか（2007）の「IQとは，初め
ての場面で，初めての検査者と，初めての課題と
いう環境において，一人でどのくらいの能力を発
揮できるかをみる『社会性の基礎能力』である」
という定義はわかりやすく，教職員の腑に落ちる
ようで，筆者もよく引用している。

　特別支援教育士の資格を持つなど，倫理的配慮
を含む個別式知能検査の訓練を受けた教職員との
コンサルテーションであれば「これまでD君は
事情があって，社会性や慣習を身につける機会が
少なかった（理解の評価点6）。論理的・抽象的
に考える力もまだ弱いところがあるのですが（行
列推理6，類似5），生活場面で得た知識はうまく
活用できています（絵の概念10）。順番として最
初に机上の勉強でがんばらせるよりも，暮らしや
経験を通した学習で自信をつけた後のほうが支援
を受け入れやすいかもしれません。クラスでの様
子や，先生が気になることについても教えてくだ
さい」といった，下位検査も含めたより詳細な話
し合いも有用であろう。

▶付記
　事例の記述を承諾してくださったクライエントに，改
めて謝辞を申し上げます。また本研究はJSPS科研費
16K04368の助成を受けています。

▶文献

中央教育審議会（2015）チームとしての学校の在り方と今後の改善方策について（答申）.

Eells TD（2007）History and current status of psychotherapy case formulation. In : TD Eells（Ed）Handbook of Psychotherapy Case Formulation. 2nd Ed. New York : The Guilford Press, pp.3-32.

Finn SE（2007）In Our Clients' Shoes. Mahwah : Lawrence Erlbaum Associates.（野田昌道，中村紀子 訳（2014）治療的アセスメントの理論と実践——クライエントの靴を履いて. 金剛出版）

Finn SE, Fischer CT & Handler L（Eds）（2012）Collaborative/Therapeutic Assessment : A Casebook and Guide. Hoboken, NJ : Wiley.

Finn SE, Schroeder DG & Tonsager ME（1994）The Assessment Questionnaire-2（AQ-2）: A measure of client's experiences with psychological assessment. Unpublished manuscript available from the first author.

Hashimoto T（2013）Repeated therapeutic assessment with borderline client who has childhood trauma. 30th Annual Meeting of Society for Personality Assessment（San Diego, CA）.

橋本忠行，坂中正義，久蔵孝幸（2018）治療的アセスメントの「まとめと話し合いのセッション」におけるクライエントの体験—EXPスケール，SEQ-5，AQ-2による5事例の分析. 人間性心理学研究 36-1 ; 79-91.

池見陽，吉良安之，村山正治ほか（1986）体験過程とその評定—EXPスケール評定マニュアル作成の試み. 人間性心理学研究 4 ; 50-64.

糸井岳史（2017）臨床に活かすウェクスラー式知能検査—成人の発達障害を中心に. 児童青年精神医学とその近接領域 58-4 ; 514-520.

香川県教育委員会（2009）子どもたちを豊かに支える相談ファイル—サポートファイル「かけはし」（https://www.pref.kagawa.lg.jp/kenkyoui/tokubetsusien/kakehasi5.pdf［2020年10月24日閲覧］）.

木谷秀勝，山口真理子，高橋賀代ほか（2007）WISC-IIIの臨床的活用について—双方向的な視点を取り入れた実践から. 山口大学教育学部附属教育実践総合センター研究紀要 23 ; 143-150.

Korchin SJ（1976）Modern Clinical Psychology. New York : Basic Books.（村瀬孝雄 監訳（1980）現代臨床心理学—クリニックとコミュニティにおける介入の原理. 弘文堂）

厚生労働省（2010）チーム医療の推進について（チーム医療の推進に関する検討会 報告書）（https://www.mhlw.go.jp/shingi/2010/03/dl/s0319-9a.pdf［2020年10月24日閲覧］）.

隈元みちる（2018）保護者支援としての協働的WISC-IVフィードバック—自身も発達障害を有する保護者との事例を通して. 心理臨床学研究 36-4 ; 377-386.

増田健太郎（2018）教育分野における公認心理師の具体的な業務. In：野島一彦 編：公認心理師の職責. 遠見書房, pp.84-96.

文部科学省（2014）チームとしてのチームとしての学校・教職員の在り方に関する作業部会（第1回）（https://www.mext.go.jp/b_menu/shingi/chukyo/chukyo3/052/siryo/1354014.htm［2020年10月24日閲覧］）.

Tharinger DJ, Finn SE, Arora P et al.（2012）Therapeutic assessment with children : Intervening with parents "Behind the Mirror". Journal of Personality Assessment 94-2 ; 111-123.

上野一彦（2013）日本版WISC-IVテクニカルレポート#4 保護者など非専門家にWISC-IVの結果をどこまで報告できるか—換算アシスタントの出力レポートに関連して. 日本文化科学社（https://www.nichibun.co.jp/documents/kensa/technicalreport/wisc4_tech_4.pdf［2020年10月24日閲覧］）.

［特集］臨床心理アセスメント──プロフェッショナルの極意と技法

［産業］ハラスメントをどう理解して対応するか？

企業の動向および効果と限界

山田竜平 Ryuhei Yamada
立正大学キャリアサポートセンター

渡部 卓 Takashi Watanabe
帝京平成大学／LBM 研究所

　日本においてハラスメントという言葉を知らない人は，この数年で非常に少なくなった。テレビドラマなどでも昨今ではハラスメントがよく取り上げられている。しかしその高い認知度に比較して産業での対策面は足踏みしている印象がある。

　筆者たちは 2010 年頃から産業領域での職場のハラスメント対策に関する業務に従事してきた。関与した企業や団体は 50 社を超えている。

　本稿ではそのような経験を踏まえ，今後の産業領域におけるハラスメント対策について，臨床心理の領域からは離れてしまうが，企業マネジメントの見地から動向について論述を試みる。

I　ハラスメントを理解する

　そもそもハラスメントとは，「嫌がらせ」を意味する英単語であるが，社会に周知されるきっかけとして，1989 年に起こった日本初のセクシュアルハラスメント（性的嫌がらせ／以下，セクハラ）の民事裁判と，同年の新語・流行語大賞の新語部門で「セクハラ」が金賞を受賞したことが挙げられる。

　その後，セクハラを日米欧の企業事例から詳細に検証し，企業への具体的な対策を解説した日本での古典ともいえる書籍『セクハラ・ショック』

が，当時共栄火災海上保険相互会社に勤務していた奥田剛氏が中心となり発刊されている（奥田，1991）。そして，1997 年には「雇用の分野における男女の均等な機会及び待遇の確保等に関する法律」（以下，男女雇用機会均等法）が改正，整備された。

　セクハラの判断基準は，「相手方の意に反した性的な性質の言動を行い，それに対する反応によって，仕事をする上で不利益を与えたり，それを繰り返したりすることによって，就業環境を著しく悪化させること。本人が意図の有無にかかわらず，相手に性的な言動であると受け止められ，不快，脅威，屈辱感を与え，学び，働き，生活する環境を悪化させる行為」と定義されている。

　また，厚生労働省の指針では，セクハラを次の 2 つのタイプに分類している。

①対価型セクシュアル・ハラスメント：職務上の地位を利用して性的な関係などを強要し，それを拒否した人に対し減給，降格などの不利益を負わせる行為を対価型セクハラという。
②環境型セクシュアル・ハラスメント：直接，性的な関係は要求しないものの，職場内での性的な言動により被害者本人だけでなく，働く人たちを不

快にさせ，職場環境を損なう行為を環境型セクハラという。

セクハラに関する法制化に伴い，専門の相談機関も増え，これまでやむを得ず受け入れ，いわゆる泣き寝入り状態に置かれていた被害者側の実態が少しずつ顕在化し，同時にセクハラの範疇を超えた交錯するハラスメントの存在も明らかとなっていった。

たとえばマタニティハラスメント（以下，マタハラ）は妊娠・出産等に関するハラスメントとして社会的認知が広がったが，近年では男性の育児休暇制度なども広がりつつあるなか，これを誹謗，揶揄する言動がパタハラ（パターニティ・ハラスメント）と呼称されている。

ほかには，仕事をする上で「上司から何かとミスを指摘され暴言のような叱責を受ける」「歓迎会や忘年会などの飲み会を欠席したことで嫌味を言われ続け，仲間外れにされている」「上司に無視されている，適切に仕事を振ってもらえない」といった相談事例が多く，これらはパワーハラスメント（以下，パワハラ）と呼ばれるようになった。

パワハラという言葉が英米人には通用しない単語であることを筆者は不思議に思い，その語源を調べてみたところ，当時早稲田大学ビジネススクールの教授であった梅津良祐氏らの著作『管理職のためのパワーハラスメント論』（梅津・岡田，2003）から広まった和製英語のようである。

そのような社会の動きに合わせて，国内外の動向としては，マタハラについては，2016年の男女雇用機会均等法の改正，そして2019年には国際労働機関（ILO）が職場での暴力やハラスメントを全面的に禁止する国際条約を採択している。

日本においても改正労働施策総合推進法（通称：パワハラ防止法）の成立により，パワハラに関しても防止措置を企業に義務づける法案が2020年より順次施行されることとなった（大企業：2020年6月1日，中小企業：2022年4月1日施行）。

あわせてセクハラに関しても，その適用の範囲をフリーランスや就職活動生にまで広げた17の付帯決議を採択していることは，国際的にみても法の整備が進んだ状態といえよう。

II　ハラスメントに対応する

以上の法改正によって，現在三大ハラスメントに関する問題に対し，各事業所において防止に向けた取り組みを行っていくことが義務付けられた。

このため，いわゆるコンプライアンス遵守を尊重する大企業群では，管理職に向けたハラスメント対策の研修や，相談窓口設置などが2019年頃から急速に進展している。しかし中小企業群や公共団体などでは2020年時点で新型コロナウイルス感染症（COVID-19）などの影響もあり，研修の施行や相談窓口の設置などの対策や対応の実績はまだ少数に限られ，多くの泣き寝入りのような状態が潜在化している。大企業群でも相談窓口の担当として選任された管理職が傾聴などのカウンセリング技法を全く知らない例も多い。

ハラスメントの相談者に対して，「ハラスメント行為を自己成長への試練，糧とせよ」などの対応をしてしまい，セカンドハラスメントの状態になることもある。またこのような事例では，相談者も失望して退職などにつながるケースや，相談のプライバシーが遵守されずに職場で噂となるケースもある。

ハラスメント相談の時点で相談者がうつ・不安状態など感情障害を発症していることも少なくないため，ハラスメント相談では応談者側の臨床心理への知見と技法があることが前提だが，現実にはそのような適性のある相談者が担当していないケースが多い。この課題への対策対応での改善が今後の産業界の人事・総務部門ではテーマのひとつとなるだろう。

また相談窓口での応談者が保健や心理臨床の専門家であっても，職場のコミュニケーションや組織の力学の複雑さや，法的な根拠などの基礎を理解していないケースも多い。そのため具体的なア

ドバイスを期待してくる相談者が相談後にも不全感をもつケースや，相談のフォローにつながらないケースも産業現場では少なくない。このため応談者側に対する産業や組織マネジメントに関する知見や技法の向上の機会の拡充も必要となろう。

　ハラスメント事案でハラスメントが疑われる行使側が管理職や経営陣であることも多い。ハラスメント調査などでのヒアリングの際にも，担当者がそのような事案の背景や組織，人間関係などを想像して解決策に言及できることが期待されるため，保健や心理臨床の専門家が担当する場合でもハードルが高いエリアへの対処力が必要となろう。

　また産業界でハラスメントの防止で重要なのは，組織のトップがハラスメントを許さないと社内外の媒体や会合で宣言することである。ある大手商社で，トップの主導でハラスメントの実態を示す社内データを公開し，具体的な対策を社内外に宣言した事例もある。

　一方でハラスメント対策の組成への予算や人員の配置などに難色を示し，先送りする経営トップも大手企業では少なくない。そのようなトップの啓発には社外取締役や顧問などからの助言がたとえ社長に対しても必要だが，欧米に比すると日本企業ではそのような例は，某大手金融機関以外では稀である。

　今後，日本企業の経営マネジメント領域において，欧米企業で見られるように，産業心理やカウンセリングなどの知見を管理職層・経営層へのカウンセリングやコーチングの導入によって反映させていく取り組みが急務であろう。

　また，大学教育においても欧米のビジネススクールなどの事例を参考にして，経営学系，および心理系の学部学科での横断的な教員間の知見交換や共同研究なども必要と思われる。カリキュラムの改編などで正式科目として取り込む働きかけも必要だろう。

III　新たなハラスメントに対処する

　日本の産業界では以上のようなハードルもあり，企業のハラスメント問題での課題や対応でのエビデンスを示せる実効性の検証が限られ，今後の心理統計分析による解明が期待されている。

　法律で義務付けられたとはいえ，未だにセクハラによる被害の相談は年間で 7,000 件にものぼり（都道府県労働局に寄せられる相談で最も多い），パワハラに関する相談も年々増加傾向が止まらない（社内相談窓口でもっとも件数が多い（32.4%））（厚生労働省，2017）。

　現在，政府が推進する「働き方改革」と，この度のコロナによる緊急事態宣言がもたらした新しい働き方，テレワークや在宅勤務などが各企業で広がった一方，テレワークハラスメント（以下，テレハラ），リモートハラスメント（以下,リモハラ）といわれるハラスメント被害が多く報告されている。ただ，この実態を示す学術研究での十分なサンプル数のエビデンスデータは見出すことができないため，今後の産業での検証が期待されている。

　国外の研究発表にはなるのだが，さまざまなオンライン上で行われるハラスメント（online harassment（オンライン・ハラスメント）または cyberbullying（サイバーブリング（オンライン上のいじめ））と称される）に関して，例えばオーストラリアの研究では，製造業の組合に所属する一般男性を対象に調査を行っている。その結果，過去 6 カ月において対面でのいじめやパワハラの経験があると答えた人は 34%，サイバーブリング（メールや電話などによるいじめやパワハラ）を経験した人は 10.7% であったと報告されている（Privitera & Campbell, 2009）。

　日本でのハラスメント相談で上位なのは「精神的な攻撃」（73.5%）であり，「人間関係からの切り離し」（26.5%），「過大な要求」（21.2%）と続く（厚生労働省，2017）。

　たとえば，Web 会議に意図的に参加させないのは，「人間関係からの切り離し」に該当す

る。また「業務上の適正な範囲」を超えた叱責を
ミーティング中のチャットや，メールでのCCや
BCCなどを使い，他の従業員にも頻繁に開示す
ることは「精神的な攻撃」に該当する。

　Webカメラを常時作動させることを強要する，
離席すると執拗にその理由を問いただす，家族や
生活音が入り込むことを叱責する，オンライン
飲み会を特定の社員に呼びかける，Webカメラ
で室内の様子や全身を映すよう求める，服装，頭
髪，表情等について指摘するなど，相手のプライ
バシーを侵害することはハラスメントに該当する
行為にもなりかねない。

　急激なリモートワーク化，在宅勤務への変更に
より，会社側のサポートもないままで，個人の試
行錯誤から充分な準備もできないまま対応せざる
を得ないことも原因になろう。

　実際にハラスメントの問題を放置すると，「職
場の雰囲気が悪くなる」「従業員の心の健康を害
する」「人材が流出してしまう」など経営上のリ
スクが発生するので，見える形での対策を進行さ
せる必要がある。

　Eラーニングなどを通じて，ほぼ全社員への啓
発研修を終了している企業も増えてはいるが，厚
生労働省の調査でも，25%の企業は特に「パワハ
ラの予防・解決のための取り組みを行うことを考
えていない」と回答している点も軽視できない。

　実際にパワハラの被害にあった社員たちのその
後の対応を尋ねた結果では，「何もしなかった」
と答えた被害者たちが40%，勤務先の対応有無を
尋ねると「何もしなかった」と答えた人も40%
であった（厚生労働省，2013）。

　これは職務上の不利益が生じるのではないか，
相談することでパワハラがエスカレートしていく
のではないか，職場内の人間関係が悪化してしま
うのではないか，などの心理背景が理由であろう。

IV　ハラスメントを予防する

　筆者はパワハラ予防のためのコンサルティング
業務や対策研修，応談者へのトレーニングなどを

多く行っているが，これらの問題について担当人
事や総務，コンプラインスの担当者たちからも「管
理職が聞く耳を持っていない」「そのくらいは我
慢すべきだ」「あなた自身の言動が上司のハラス
メントを誘発している」などの不安や義憤の声を
聞くことがある。

　パワハラを予防するために，その行為に焦点を
当てた研修を行っても，そもそも当事者たちが自
覚をしていないケースや，研修への参加をサボ
タージュしてしまうこともある。筆者が請け負っ
たハラスメント予防対策業務は3社ほどである
が，パワハラの嫌疑がある管理職に対してコーチ
ングを実施した事例もある。

　コーチングは，アンガーマネジメントやマイン
ドフルネスの個別指導や認知行動療法の理論に基
づいて，本人への行動や感情コントロールを身に
つけさせることが目的とされる。筆者たちは10
名を超えるケースを担当しているが，その効果に
ついては効果検証では明確なエビデンスを示せる
段階に達していない。また，プライバシー規約も
あり詳細は明かせないが，その概要をお伝えした
い。

　勤続10年超の大手医療関連企業の地方事業所
長Aさんのケースは，部下に対するハラスメン
トリスクがあり，社長から直接コーチングの依
頼があった。本人との面談による見立てでは，A
さんは体育会系出身のためか，組織のチームワー
クを大事にする傾向が強い。そこからリーダーと
は，ナームを引っ張りメンバーやその家族を守る
者という信念があると思われた。また，努力をす
れば必ず報われるという結果を出してきたこと
で，努力することを周りにも強要しがちである。
ただ，中堅私大出身ではありながら，他の有名大
学出身者に努力で打ち勝ってきた自信が溢れてい
る。その背景には，学歴コンプレックスがとても
強くあるようであった。Aさんの場合，チームリー
ダーとして組織のメンバーに対する接し方は，非
常に好ましい面も多々見受けられる。ただし，A
さんから見て努力不足だと思われる特定の部下に

対しては，厳しく接する場面もあった。努力をせず手を抜いている（ように見える）人が許せないという価値観は，自身の努力による成功体験が大きく影響しているとも考えられる。

コーチングのなかでは，まずは傾聴の大切さやダイバーシティの考えなどを，意見交換をしながら落とし込んでいく。強いリーダーシップ像と，ワーク中心の生活を標榜する傾向が見られたため，ワークライフソーシャルやサーバントリーダーシップについてもコーチングをした。コースの終了時には，ある程度認知の変容が見られた。コーチングの際には，メンタフダイアリーの活用もしている（メンタフダイアリーとは，理性感情行動療法に沿って開発したものであり，認知の歪みに自ら「気付かせる」ツールとして活用できるものである）。

ハラスメントをしてしまう人に共通するのは，認知の歪みに気付いていないことがある点である。Aさんのケースのように，学歴や受験の失敗といったコンプレックス体験や，学校や部活などの環境によって育まれた偏った成功体験などがハラスメント行為に繋がることもある。そのような場合には，本人が自ら気づけるようなコーチングが必要となってくる。

また，ハラスメント行為が外部から指摘されづらいのは，本人がとてもエネルギッシュで，組織への貢献度が高い場合である。売上トップの営業であったり，業績のV字回復の立役者だったりと，組織にとって重要な人がハラスメントをしていた場合，部下から声をあげたとしても，組織にとって必要であれば取り合ってもらえないのではないか，なかったことにされてしまうのではないかと思わせてしまう場合もある。あるいは，トップなどがきちんと現場の状況を把握したうえで，ハラスメント対策に動き出さなくてはならないだろう。それだけの貢献度の高い人がハラスメントの問題で訴訟リスクやレピュテーションリスクだけでなく業績下降リスクも背負うことになってしまうからである。

V　ハラスメント対応のさまざまな形

そのほかの産業でのユニークな取り組み事例として，（有）グローイングが開発した「パワハラ傾向振り返りシート」を活用した企業事例がある。これは受検者自身にパワハラを起こす，もしくは起こしているリスクがあることを気づかせ，自覚させることで，パワハラ言動を予防・抑制させようとするツールである。Emotional Intelligence（EI）を基に開発されたもので，行動価値検査をベースとしている。管理職向けパワハラ予防対策として，すでに上場企業や上場関連会社を中心にさまざまな業種の管理職10,000人以上に活用されており，今後の成果にも注視したい。

職務を円滑に進行するために，管理職には教育・業務上で必要な指示や注意・指導など一定の権限が付与されている。傍からみると一見厳しい叱責に感じたとしても，それが「業務上の適正な範囲」内であれば，それはハラスメントには当てはまらないとの判断がなされる。だからこそ，上司や管理職のハラスメントとならない叱り方，指導の仕方が重要なポイントとなってくる。筆者はそのような叱り方として，「かりてきたねこ」の実践を提唱している。

「か」は感情的にならない。怒ることと叱ることは違うということを理解する。感情的に怒っている指導は，ほとんどが逆効果であり，自分の感情をコントロールすることは大事である。「り」は理由を話す。理由を説明されることで納得することが多い。「て」は手短に。パワハラのなかにはネチネチと執拗にすることも良く見受けられる。「き」はキャラクター（性格や人格）に触れない。人格や言動，外見を持ち出して例え冗談でも気軽に発言しない。「た」は他人と比較しない。同期と比較して発奮させるマネジメントはあまり効果がない。「ね」は根に持たない。ハラスメント上司の特徴として特定の他者を贔屓することが挙げられる。「こ」は個別に叱る。一昔前であれば朝礼の場など皆がいる前で叱責をしたりするこ

ともあったが，今は個室・会議室など他者の目に触れない形で注意・指導をするほうが良い。

このような「かりてきたねこ」を標語にしてポスターとして制作し，社内掲示している大企業も増えている。

ただハラスメントに関して，一部の管理職たちが過度に神経質になってしまい，時には厳しい指導内容も含む業務分担や育成が必要であるにもかかわらず，管理職自身がそれを避けてしまい健全な業務や部下の育成が滞ってしまう事態が発生してしまうことがある。このため，アサーションのトレーニングやダイバーシティ・アンド・インクルージョンを啓発し遂行する研修も並行して実施していく必要があろう。

また，近年社会問題化しているハラスメントとして，LGBT との関わりをもつ事案の増加にも注意が必要である。いわゆる SOGI ハラスメント（以下，SOGI ハラ）などが挙げられる。SOGI とは，Sexual Orientation（性的指向）と Gender Identity（性自認）の英語の頭文字をとった言葉である。

2018 年の電通の調査では，LGB が日本では 7 〜 8％存在するとされ，その言葉の認知率は 68.5％となっていることが明らかにされている。

一方で Transgender（トランスジェンダー：性別移行者）は性自認，つまり自分の性別認識について表しており，Q はクエスチョニングで，自身の性自認や性的指向が定まっていない，もしくは意図的に定めていないセクシュアリティを指しているが，これらの区別がつかない人が多い。

また認知は広がる LGBT についても，未だに理解を示さない層が一定数存在する。特に中高年層の男性管理職は注意が必要だろう。そのことが LGBT に関して職場での自らの開示が強いプレッシャーとなる。いわゆるアウティングにからむ社内での対応への共感や言動でのスキルの向上を，研修などを通じて行う必要がある。

一部の大企業ではすでに LGBT に特化した E ラーニング研修や同性パートナーの社内制度を運用する動きがみられている（NTT グループ，KDDI など／ 2017 年から適用）。実際，自民党の性的指向・性自認に関する特命委員会（古屋圭司委員長）は 2018 年 12 月に党本部で会合を開き，性的マイノリティへの理解を促進する法案の概要を示し立法化を目指すと発表し，関連法案の国会提出が待たれているところである。

しかし昨今ハラスメントの多様化と急増によるハラスメント・ハラスメント（以下，ハラハラ）も危惧されている。自分の意にそぐわない他者の行為や言動に対して「ハラスメントだ」と主張するケースも産業の現場ではよく聞くトピックスで，医療法人社団神田会木曽病院院長・宇田征史医師も言及している。

このような懸念からハラスメント対策に二の足を踏む企業も少なくない。これらの社員，組織間の心理的な葛藤の改善のためには，経営マネジメントの領域での臨床心理の知見を予防や改善対策に活用できるように働きかけていく必要がある。

ハラスメントの問題は，誰もが加害者にも被害者にもなりうる可能性を秘めている。この点を共通理解としていけるような社会になることを願う。

▶ 文献

厚生労働省（2013）平成 24 年度 職場のパワーハラスメントに関する実態調査.

厚生労働省（2017）平成 28 年度 職場のパワーハラスメントに関する実態調査.

小畑史子（2019）パワー・ハラスメント防止のための法政策. 日本労働研究雑誌 2019 年 11 月号（No.712）.

奥田剛（1991）セクハラ・ショック. 現代書林.

Privitera C & Campbell MA（2009）Cyberbullying : The new face of workplace bullying?. Cyberpsychology & Behavior 12-4 ; 395-400.

梅津良祐，岡田康子（2003）管理職のためのパワーハラスメント論. 有楽出版社.

[特集] 臨床心理アセスメント──プロフェッショナルの極意と技法

[産業] 悩める組織と社員に何ができるか？

個人と環境・疾病性と事例性

榎本正己 Masaki Enomoto
株式会社ジャパンEAPシステムズ

松本桂樹 Keiki Matsumoto
株式会社ジャパンEAPシステムズ／
神奈川大学人間科学部

I　産業領域における臨床心理学的アセスメントと関わりの特徴

1　「パフォーマンス」という観点

　筆者は，企業などの法人と契約し，そこで働く従業員やその家族にカウンセリングを中心としたメンタルヘルスサービスを提供する外部EAP（Employee Assistance Program）機関に勤務している。産業領域の心理職には，企業に直接雇用され自社の従業員に対する相談や人事施策に携わる方（内部EAP）や，ハローワークなどの公的機関，就労支援機関で働く方などがいるが，本稿は主に外部EAPの視点から記載する。

　EAPは，以下の2点を援助する職域におけるプログラムである（国際EAP協会，2011）。

> ①職場組織が生産性に関連する問題に対処する。
> ②従業員である相談者が，健康／結婚／家族／家計／アルコール／ドラッグ／法律／情緒／ストレス等の仕事上のパフォーマンスに影響を与えうる個人的問題を見つけ，解決する。

　以上の目的に向け，電話・メール・面接（オンライン含む）などによる個人相談，人事や管理職などマネジメント層からの相談や紹介と連携，EAPの利用状況の定期的な報告，その他のサービスを提供している。機関により支援の内容や方法，特徴は異なるが，職場組織と従業員が共に支援の対象者となる点は共通している。相談するのは従業員や家族であるが，EAPの役割には企業の支援も含まれており，EAPに契約料金を支払うのは企業である。

　なぜ企業は従業員の相談に資本を投下するのか。その鍵が「パフォーマンス」である。

　従業員や家族が相談して悩みや健康問題が解消・改善すれば従業員は元気になる。しかし企業としては従業員の「元気」が最終目的ではない。元気な従業員が業務でその力を十分に発揮し初めて「よかった」となるのである。従業員の健康に対する1ドルの投資は3ドルの価値を生むとの試算もあり（経済産業省ヘルスケア産業課，2020），投資効果があるから契約している側面がある。心理職の方にお金の話をすると「大事なのはお金じゃない」と苦い顔をされることもあるが，これはやりがいの話ではない。企業は資金が尽きると消滅する。企業によって存在目的や提供価値はさまざまだが，価値を提供しつづけるには資金が不可欠であり，皆で稼いだお金を「ある従業員の相

談」に使うのであれば，その成果として「パフォーマンスの回復・向上」を一定程度求めるのは当然といえる。産業領域では「パフォーマンス」が重要な概念なのである。

2　「契約」の構造

　産業領域の特徴や心理職の勤務形態は，臨床活動にさまざまな影響をもたらす。産業領域の心理職は，表1のような条件のもとで，アセスメントを進めていく。

1．守秘義務

　相談利用状況報告の際，従業員の悩みや声を報告先の人事担当者に伝えると，「どこの部署？」「誰が言っているの？」と聞かれることがある。この質問は悪意に基づくものではない。安全配慮義務の履行や職場環境の改善に向けて，事象をより正確に理解し，的確に対応したいとの思いが背景にはあり，時にはそれが高じて「企業が費用負担をしている。内容を教えないのはおかしい」と言われることもある。企業は従業員や組織の生産性向上活動や結果に対価を払っているのであり，相談内容を全て聞く権利を買っているわけではないため，この主張は筋違いなのだが，気持ちはわからなくもない。企業の「有効な手を打ちたい」との思いと，相談者の「問題社員と見られたくない（バレたくない）」との思いの間で，相談者の同意を取ったり，匿名性に配慮し個人特定されないよう伝えたりと工夫している。

2．多重関係

　先述の通り，心理職にとって企業や人事担当者は，外部EAPなら業務委託契約，内部EAPなら雇用契約に基づく「お金の支払元」である。実際これは，なかなかの影響力を持つ。守秘問題以外でも，心理職に「要望に応えねば，成果を上げねば」と焦りや失敗恐怖が生まれやすいからである。同時にこれは，アセスメントの視点が企業寄りになるリスクも生む。

表1　産業領域の心理臨床の特徴

①守秘義務	「お金を払っている」企業が，相談者（従業員）の情報を知りたがる。
②多重関係	心理職が「お金を払ってくれる」企業の要求や評価に過敏になる。
③回数制限	相談の方法や回数が，契約の内容によって制限される。

　また人事担当者は，EAPが相談者を共にケアする同志でもあり，時に相談者の苦情や怒りの対象となっていることもある。加えて，外部，内部EAPを問わず，ビジネスの付き合いで懇親の酒席に与ることもあり，その席で人事担当者のプライベートの相談を持ち掛けられることもある。つまり，「多重関係」が生じやすい環境なのである。とはいえ，社内EAPである心理職が多重関係を避けるため職場行事を全て拒否しては職場で浮いてしまう。「虎穴に入らずんば虎子を得ず」は大げさだが，協働を見据えた場合，内部でも外部EAPでも関係者と適度な関係を結ぶことは必要であろう。

　心理職に必要なことは，立ち位置の「自覚」である。相談者のアセスメントに先立ちまたは並行し，自分の立ち位置，抱きやすい感情，陥りやすい思考を把握することが求められる。

3．回数制限

　外部EAPの場合，企業との契約内容によって一人が一年間に相談できる回数の上限が定められていることが多い。回数が制限されると，使える時間とできることが限られる。このことは，相談のテーマ（何を扱い，何を扱わないか）やゴール，手法の選択に大きく影響する。すなわち，原家族との問題を長期にわたり扱うことは難しいし，ある程度時間が限定された短期的な関わりにならざるを得ない。

表2　産業領域におけるケースアセスメントの流れ

①問題	「疾病性」と「事例性」の両視点で問題を整理する
②緊急性	自傷他害など，命の危険や犯罪発生に関わりそうな問題はないか
③要因	問題における「個人要因」と「環境要因」のアセスメント ・NIOSH職業性ストレスモデル，BPSモデル，ケースフォーミュレーションなど
④ニーズ	相談を通してどうなることを望んでいるか（確認と照合） ・相談者のニーズ ・職場のニーズ
⑤ゴール	現実的に目指せそうで，かつ合意できるゴールは何か ・行動レベルか意識レベルか ・問題解決か問題受容か
⑥方法	〈個人〉「身体／思考／感情／行動」へのアプローチが必要・可能・有効か 〈環境〉環境へのアプローチが必要・可能・有効か ソーシャルサポートの活用・増強は必要・可能・有効か キーパーソンは誰か 〈解決〉例外的な場面や，すでに起きている解決はないか

表3　疾病性と事例性

		疾病性	
		あり	なし
事例性	あり	①病気があって支障がある 病気による休業，不眠による遅刻など	③病気ではないが支障がある サボり？　技能や意欲の不足？
	なし	②病気はあるが支障はない 制御された生活習慣病，眼鏡をかけた近視など	④病気も支障もない 全く問題なし，または内面に秘めた悩みなど

II　アセスメントの流れと視点

1　ケースアセスメントの流れ

　EAPに相談が寄せられた場合，表2のような流れでアセスメントを進める。流れ自体は産業領域に特有のものではないが，いくつか特徴的な視点も含まれている。

2　疾病性と事例性

　「疾病性と事例性」は耳慣れない言葉かもしれないが，産業保健の領域においては，不調者や問題を理解しようとする際にしばしば用いられる。疾病性とは，病気に罹患しているか，その種類，症状，病状の重さなど，「病気」に焦点を当てて人や問題を理解する視点である。事例性とは，具体的にどのような行動や問題が発生しているか，誰がどのような点で困っているかなど，「行動・

事実」に焦点を当てて人や問題を理解する視点である。そして，この両者は必ずしも一致しない（表3）。

　「事例性がある」とは，自分，もしくは周囲の人のパフォーマンスが低下している状態といえよう。疾病性は，事例性（パフォーマンス）に影響を及ぼす一要因として重要だが，疾病性があっても適切な治療やサポートがあれば問題なく働けることもある（表3・領域②）。逆に疾病性がなくとも求められる役割を遂行できていないこともある（同・領域③）。パフォーマンスを重視する産業領域では，疾病性があろうとなかろうと，事例性のない領域（同・②または④）を目指すのである。疾病性は，事例性をなくすという目的を念頭にアセスメントされ，治療やリハビリによって消失が目指される。しかし，傷病は完治せず障害が残ることもある。発達障害における認知機能の特徴は変化しづらく，加齢による機能低下は不可逆である。社会的にダイバーシティ＆インクルージョンが求められる今，消えない疾病性を包含して事例性の消失を目指すアプローチはより重要となるであろう。

　また，事例性の理解は，本人や家族に行動改善や治療の必要性を伝える際にも非常に有用である。心理職や上司から「あなたは病気だから病院へ行ったほうがいい」と言われるのと，「遅刻せず出勤するには医療の助けを借りるのも一案」と

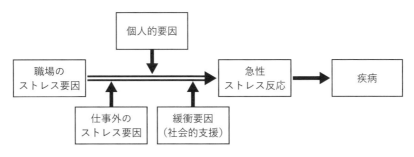

図1　NIOSH 職業性ストレスモデル

言われるのとでは，抵抗感や治療意欲に差が出ることは体感的に理解できよう。どのような具体的な支障が本人や周囲に出ているのかを確認する事例性の視点は，動機づけの面からも有用である。

3　「個人要因」と「環境要因」のアセスメント ——NIOSH 職業性ストレスモデル

　産業領域で出会う疾患は，気分障害や神経症性障害，統合失調症，依存症，心身症など，ストレスモデルによる理解が可能なものが多い。このため，相談者のストレス状況の把握と対策検討には，NIOSH（米国立労働安全衛生研究所）の職業性ストレスモデルがよく用いられる（図1）。このモデルでは，仕事の量的・質的負担やコントロール度，身体的負担や対人関係などの「仕事上のストレス要因」の影響によって個人に心理・身体・行動面の「急性ストレス反応」が発生し，「疾病」へ進展する流れが想定されている。そこに，ストレス反応の増減に寄与する要因として，家庭でのトラブルなどの「仕事外のストレス要因」，個人の年齢・性別，性格や自己評価などの「個人要因」，助けになってくれる上司・同僚・家族などの「緩衝要因（社会的支援）」が挙げられている。

　このモデルはさまざまなストレスモデルを包括しており，「働く人」を取り巻くストレス状況の全体像を把握する際に有用でありながら，専門職以外でも理解しやすく，ケースフォーミュレーション的に相談者や関係者と状況を俯瞰し対策を共に考えることができる。また，多要因を想定することで，検討しうる対策の幅が広がる利点もあ

る。不調の契機は職場のストレスでも周囲の支援を得られるようになり再発を防げることもあり，個人的要因の影響が大きいケースでもストレス反応に早めに気づいて心身のケアを行えば問題にならないこともある。一元論的な解決法への固執を避け，解決志向アプローチ的で柔軟な姿勢を可能とするモデルといえる。

III　事例

1　個人レベルのアセスメント

1．内容と対応

　A 氏はメーカーに勤務する 30 代の男性。「眠れない」「頭にモヤがかかったよう」「ミスが増えた」「部下への指示や判断ができない」との訴えがあり，EAP にて情報提供書を作成し受診を促した。医師からは要休業との診断書が出され，最終的に 5 カ月間休業した。

　復帰に先立ち，EAP で生活リズムの安定や体力・集中力の回復を目指す復職トレーニングと，ストレスの振り返りを行った。不調の要因として，常態化した月 80 時間程度の残業，トラブル時に上司の助けがなく，上司と部下の板挟みとなったことなどが挙げられ，上司の言動には不満を抱いていた。再発防止に向けては，リラクセーション法の実践のほか，アサーショントレーニングとキャリアの振り返りを行った。

2．アセスメントしていること

　A 氏の仕事ぶりには何らかの変調が生じているようであり，背景に疾病性の存在も窺える。詳

細を確認し，事例性が顕著であれば職場との連携を，疾病性が確認できれば緊急性も踏まえて受療支援を行っていく（事例性と疾病性）。眠れておらず疲労感や焦燥感が強く，退職など「逃避」に類する発言があった場合には，希死念慮について確認する。具体的な準備行動はなくとも，「消えてしまえば楽かな」などの発言があれば早急に医療につなぐ必要性は高い（緊急性）。

　復帰に向けては，病状の改善のみならず，業務遂行能力の回復（事例性の消失）が求められる。厚生労働省の「心の健康問題により休業した労働者の職場復帰支援の手引き」には，労働者の状態に関して復帰前に確認する一般的ポイントが記載されているが，職場の環境やリスクはさまざまであり，復帰時に求められる基準も業種や企業，職種によって異なる。職場が求める状態像・復帰基準の把握も心理職には求められる。

　再発防止に向け，職業性ストレスモデルに基づき可能な対処を考えていく（要因）が，復職支援では，とかく「復職」がニーズであり相談のゴールになりやすい。しかし，その設定では，復職のゴールテープを切った瞬間に倒れ込むことにもなりかねない。自分はどのように生きたいか，どのように働きたいか（ニーズ）を考えたうえで，復帰後の姿をゴールとして描けたほうが安定するように感じる。また，認知の振り返りやアサーショントレーニングを行うことも多いが，キャリアストーリーインタビュー（幼少期の記憶や憧れの存在，好きな映画や雑誌，格言等を振り返ることで自らの「囚われ」を把握し，再構築する関わり）などを行うこともある。キャリア面の支援は，復帰後のビジョンを明確化し，トレーニングへの動機付けを高めたり認知の変容を促進したりと相談の効果を底上げする印象がある。時に過去や未来に視点を移動させつつ，個人と環境の間での現実的な適応を志向するのが，産業領域での関わりでありアセスメントの特徴といえる。

❷　部署レベルのアセスメント

1．内容と対応

> 　A 氏の職場復帰が近づき，A 氏，上司，人事と EAP の 4 者で職場復帰プランを検討した。復帰前と同じ部署・役職で復帰し，業務量は削減，2 カ月は残業なしとなった。上司の B 氏からは「ずっと残業できないと迷惑」との発言もあったが，復帰後 3 カ月は上司による定期面談も行うこととなった。ストレス対処の実践に関する A 氏との振り返りの報告を EAP から上司 B 氏に行うなかで，上司にも家庭のストレスがあるとわかり，A 氏の相談を受けている多重関係を説明のうえ，同じ心理職が対応した。管理職との相談は家庭のトラブルと A 氏への対応の話題が混在して進み，家族と部下への対応の共通点に気づくこととなった。

2．アセスメントしていること

　復帰先は原職（異動なし）が原則である。新たな職務や人間関係に慣れるための負荷は大きく，人間関係の破綻，明確な適性のなさなどがなければ，慣れた仕事で体を慣らし，必要なら定期異動で対応するのが基本である。一方で，「原職ありき」でもない。個人の課題，環境の課題，その相性，それらを見ながら「本当に原職復帰でよいか」を検討する。

　「残業」は，本人だけが多いのか部署全体が多いのか。本人だけの場合は業務能力の低さか，有能または希少な技能を有するがゆえに多忙なのか。「支援の少なさ」は，本人の援助希求力の低さか，求めても良いことがないか（被援助成功体験の少なさ）——こうした検討を通して本人ではなく部署（集団）の課題が見えてくることがある。この課題は，組織構造や業界動向や会社方針などの流れとして動かしがたいものもあれば，上司のマネジメントというソフト面が影響している場合もある。前者は EAP と企業との間で中長期的課題として位置づけたとしても，個々の相談対応のなかでは受容せざるを得ないことも多い。しかし，後者であれば心理職の関わる余地がある。いわゆ

るラインケアやマネジメントの必要性と方法の理解を促し，効力感を高めてエンパワーすることで，部署のサポートシステムを強化でき，事例性が表出されにくくなる。ここもしっかり見ていきたい。

　また，部署レベルの状況把握にはストレスチェックの集団分析も役に立つが，管理職も人間であることは忘れてはいけない。管理職のサポート力の発揮には，管理職自身がサポートされていること，サポートされた経験を持つことが大切である。産業領域に関わる心理職には，管理職が「できない」要因も探り，管理職という役割を遂行する人間を支援する姿勢も必要である。

3　組織レベルのアセスメント
1．内容と対応

> 　Ａ氏は復職後半年を無事に過ごし，EAP との相談も一旦終了となった。人事と振り返りをするなかで，休職中に連絡が取れず退職となったり，復職後すぐ再休職したり，何度も休復職を繰り返して周囲の不満が高じた事案もあったことが判明した。制度が目的に沿って正しく機能するよう，休職規程や復職プログラムなどのルール・手続きの改定を共に行った。

2．アセスメントしていること

　「再休職の頻発と休職制度の濫用」という行動が起こる流れを整理し，制度や手続きの作成や変更を検討するプロセスは，ケースフォーミュレーションと共通する。何が問題行動の強化子となっていて，適切な行動の発現や強化には何があれば

よさそうかといった行動分析やシステム論的な視点は，組織の人間行動を理解するうえで役に立つ。また，ハラスメント行為の再発防止には問題行動の発生から日時が経過してから実施される，処分という事後的な罰のみでは不十分である。発生要因と維持要因を分け，不適切行動の刺激と強化子に行為者自身が気づき，適切な代替行動を学習し，定着を支援する仕組みも有用であろう。組織全体のアセスメントには組織心理学や経営学，人材開発や戦略論などの専門知識が必要に思えるが，臨床心理学の専門家が貢献できることはあるように思われる。

＊

　産業領域では，今いる環境のなかで個人が自分らしく，しかし事例性が出ないよう働ける道を探す。個人のためにルールを曲げることは避けるべきで，企業の事情や制度を理解し受け容れる姿勢がまず求められる。しかし同時に，前提を疑い，ルールや制度を改善してよりよい未来を志向する意識も大切であると筆者は考えている。

▶文献

International Employee Assistance Professionals Association（国際 EAP協会）(2011) Definitions of an Employee Assistance Program (EAP) and EAP Core Technology. (https://www.eapassn.org/About/About-Employee-Assistance/EAP-Definitions-and-Core-Technology［2020年11月3日閲覧］)

経済産業省ヘルスケア産業課（2020）健康経営の推進及び「健康経営銘柄2021」「健康経営優良法人2021」について．

資料篇 アセスメントを研究する

アセスメントを学ぶ基本書セレクション

丹野義彦 [著]

性格の心理──ビッグファイブと臨床からみたパーソナリティ

サイエンス社 [2003]

　本書は，パーソナリティ理論のひとつである
ビッグファイブに関する理論とその臨床応用につ
いて，丁寧に解説したすぐれた基本書である。臨
床現場では投影法にせよ質問紙法にせよ，パーソ
ナリティに関する背景理論の十分な理解よりも，
正常からの逸脱のレベルに注目が集まってしま
う。また，ある人物が独自に考案したパーソナリ
ティ理論が，臨床的に妥当だと思われるという理
由で，科学的な検証を経ずに用いられてしまって
いる場合もある。ビッグファイブは健常者を対象
としたデータの多変量解析によって導かれたモデ
ルであり，統計学的な信頼性はきわめて高く，背
景理論をよく学んでから質問紙を実施すれば結果
の解釈がさらに深まるであろう。本書によって，
ビッグファイブと他の理論との関連について学ぶ
ことはパーソナリティ・アセスメントの奥行と科
学性を学ぶことにつながり，臨床との関連を学ぶ
ことは臨床活動に科学的視点を注入する良い機会
になると考えられる。　　　　　　◉石垣琢麿

津川律子 [著]

改訂増補 ## 精神科臨床における心理アセスメント入門

金剛出版 [2020]

　本書が刊行されてからずっと大学院生に実習の
授業で参考書として薦めている。本書は，代表的
な心理検査とその実施法を機械的に並べた教科書
とは大きく異なる。精神科における心理臨床の門
をくぐり，精神科の仕組みについて知り，患者・
クライエントと出会い，関係を作り始め，そして
心理面接や検査を取り，クライエントの問題につ
いて理解し，介入の方針を立てるまで，病院臨床
の一連の流れが体験的に描かれているのである。
そこには，精神科臨床を始めようとする臨床家を
その先輩が案内するような視点があり，どのよう
なところに目を向けて，どのように考えるのかと
いう，動きを見ることができる。加えて，さまざ
まな心理療法アプローチがどのような情報に着目
するのかなど理論的視点とアセスメントとの接点
を作り出し，アセスメントと介入を有機的につな
ぎ合わせているのも本書の特色である。入門書と
呼べば入門書であるが，アセスメントの深みと発
展を感じさせる一冊である。　　　　　◉岩壁 茂

中井久夫・山口直彦 [著]

看護のための精神医学

医学書院 [2001]

　ここにあげられた症状をもつ患者たちと一定期間付き合ってきた人ならば，おそらく本書に記されていることを「すでに自分はどこかで気づいていた」と感じるのではないだろうか。「医師が治せる患者は少ないけれど，看護できない患者はいない」こと，「統合失調症患者の土台には恐怖がある」こと，「双極性障害のテーマは“後悔”である」こと，「対人不安の矛先の多くが“中間的な間柄の人”へと向けられる」こと，「外傷性の記憶とは無時間性の記憶である」ことなど，言わ

れてみるとまったく腑に落ちる話でありながら，普段は明確な理解にはなりえず，視野の暗点に留められていた知がここには記されている。

　上質のアセスメントとは患者がわかっていないことを専門知に則して解析するようなものではなく，多くの人が薄々気づいてはいたのに見落としていた事柄に目を向ける行為であることを，本書は私に教えてくれた。

　アセスメントの鍵は「細やかさ」にあるのだろう。

◉上田勝久

神田橋條治 [著]

精神科診断面接のコツ

岩崎学術出版社 [1984]

　1984年に初版が出版された本書は，1970〜80年代の精神科医療を背景にしているため，現代の若い人たちには，面接室の構造や導入の手順などに少々イメージしにくい箇所があるかもしれないが，それでもなお必読の一冊といえよう。まず心理面接を始めた頃に一通り読み，数年後に面接の何たるかがわかってきた頃に再読することをお勧めする。それで，ああ，なるほどと合点がゆくところがある人は，恐らく手元に置いて，ことある

ごとに読み返すことになるに違いない。そういう一冊である。例えば，本書には，「アセスメント面接の質は，予測能力にある」「非言語レベルでのサポートが深い時は危険」「いつでも，あと5分で面接を終了できるように工夫する」等々，多くのコツが惜しげもなく開陳されているが，その真意がわかるようになるにはやはり相応の経験が必要だろう。これらは，コツよりも作法と考えたほうが自然に身に付くかもしれない。

◉黒木俊秀

スティーブン・E・フィン［著］野田昌道・中村紀子［訳］

治療的アセスメントの理論と実践——クライアントの靴を履いて

金剛出版［2014］

　心理的アセスメントというと，心理的支援と連続性は持ちながらも一線を画するようなところが古くからあった。しかし，本来の心理的アセスメントはそうではなく，クライエントを的確に捉え，適切な支援を同時に生み出すものであって，アセスメントと治療は別物ではなく一体なのである。この本はそれを〝治療的アセスメント〟としてまとめ，その理論や実践のあり方をわかりやすく取り上げている。著者は，「査定者の目的は，患者を理解し，治療するために有用な情報を集めることではなく，それ以上のものである。治療的なアセスメントにおいて査定者が望むのは，アセスメントが実りある経験となり，患者や患者の生活に関係のある人たち（家族，治療者，雇用者など）に肯定的な変化を生み出す一助となることである。治療的なアセスメントの土台となっているのは，心理アセスメントを患者の援助に直接結びつけようとする考え方である。これは，間接的に患者の助けになろうとする伝統的な心理アセスメントとは異なっている」と述べている。つまり，「テスト屋」だけではとても終わらない，よき支援をする治療者像をこの本から学ぶことができる。的確なアセスメントはよき支援であることを，本書は教えてくれる。

◉橋本和明

斎藤清二［著］

総合臨床心理学原論——サイエンスとアートの融合のために

北大路書房［2018］

　本書はその副題が示す通り，臨床心理学におけるサイエンス（科学）とアート（高度の専門技術）をいかに融合するかについて書かれたものである。本書において，アセスメントやケースフォーミュレーションにあたる見立てについては「第6章　診断・見立て・セスメント」のなかで扱われている。昨今，我が国においても実践における「エビデンス」の重要性は広く認識されている。一方で，エビデンスについての誤解によって，「実証データ vs 臨床実践」という非建設的な構図での議論が生じることも珍しくない。本書の著者は，「エビデンスに基づく実践」と，「ナラティブ・アプローチ」の双方に精通しており，この複眼的視点から臨床心理学という学問と実践のあり方を分析している。著者は医学由来の臨床心理学の専門家である。本書では，臨床心理学についての深い理解と敬意を持ったうえで，臨床心理学の抱える課題，そして課題解消への道を提言している。

◉三田村仰

土居健郎［著］

新訂 方法としての面接——臨床家のために

医学書院［1992］

　Korchin（Korchin, 1976）は「臨床的アセスメントとは，有効な諸決定を下す際に必要な，患者（クライエント）についての理解を臨床家が獲得していく過程である。さらにそれは患者（クライエント）にとっての価値ある情報を得るために必要な，いかなる行為をも含んでいる」と述べている（強調引用者）。

　上掲の書は，初心者としての視点と基本姿勢のありかたの理解から説き起こし，次いで臨床経験を積むことによって，その折々の経験や思索内容に照合すると，自分の成長に伴い気づくことが増し，より的確な理解ができるようになると述べて

いる。確かで深い理解を持つことは，クライエントにさりげなく安堵感を贈り，クライエントの自尊心を大切にすることは問題の消退をもたらす。さらに先に進むために，折に触れ，読み返したい本である。

◉村瀬嘉代子

▶ 文献

Korchin SJ（1976）Principles of Intervention in the Clinic and Community. Basic Books.（村瀬孝雄 監訳（1980）現代臨床心理学—クリニックとコミュニティにおける介入の原理. 弘文堂）

カール・コッホ［著］岸本寛史・中島ナオミ・宮崎忠男［訳］

バウムテスト［第3版］——心理的見立ての補助手段としてのバウム画研究

誠信書房［2010］

　バウムテストは，その簡便な方法によって，現在も臨床場面で最もよく使われているテストのひとつである。しかし，臨床検査法における現代の目覚ましい展開のなかで，バウムテストはきわめて素朴な印象である。考案者 Koch は職業指導の実務専門家であった。発達的基盤を周到に測定し練り上げられたバウム指標の持つ独自性と，臨床的読解の鋭さ，確かさ，豊かさは翻訳から十分読み取れる。子どもたちの年齢に即して，バウムの

成長変化を厳密に測定していく。この基礎研究が臨床読解に活きている。果実の木はまず，投影を受ける留め金である。Koch のバウム読解は指標によって病理を読むというような決定論ではない。たとえば開いた管状枝は病理指標としてだけではなく，未来に開かれた不確定のままの状態とも理解できる。描画を「観ること」は未確定なものへと開かれている。これは心理テストの基本的な指向性を示している。

◉森岡正芳

新刊案内

Ψ金剛出版 　〒112-0005　東京都文京区水道1-5-16　Tel. 03-3815-6661　Fax. 03-3818-6848
e-mail eigyo@kongoshuppan.co.jp　　URL https://www.kongoshuppan.co.jp/

コンパッション・マインド・ワークブック
あるがままの自分になるためのガイドブック

[著] クリス・アイロン　エレイン・バーモント
[訳] 石村郁夫　山藤奈穂子

人生で何度も出くわす苦しくつらい局面をうまく乗り越えていけるように，自分と他者へのコンパッションを育てる方法について書かれたもので，コンパッション訓練の8つのセクションから構成されている。コンパッションが必要な理由，コンパッションの心を育てるときに大切な3つの「流れ」，注意と意識のスキル，「コンパッションに満ちた自己」のエクササイズ，コンパッションの力の強化，コンパッション・マインドの表現，生活のなかでのスキルの活用，コンパッションの維持を学ぶことができる。　本体3,600円＋税

親子で成長!
気になる子どものSST実践ガイド

[監修] 山本淳一　作田亮一
[著] 岡島純子　中村美奈子　加藤典子

「なかまプログラム」は，子どもにはソーシャルスキル・トレーニング（SST），保護者にはペアレント・トレーニングを実施する，短期集中型プログラムとして実践されてきた。本書では「なかまプログラム」の基本フォーマットを活かしながら，SSTのベースとなる応用行動分析（ABA）を丁寧に解説し，4人の登場人物（コダワリくん・ベタオドくん・グイオシちゃん・スルーくん）への支援をモデルに，子どもの気づきを促し行動を変容していくスキルをスモールステップで身につけていく。　　本体2,600円＋税

学校コミュニティへの
緊急支援の手引き 第3版

[編] 福岡県臨床心理士会　　[編著] 窪田由紀

2005年に刊行された『学校コミュニティへの緊急支援の手引き』に，その後の社会の変化やその間蓄積してきた支援実績，研究成果を基に改訂を加えた2017年刊行の第2版に次ぐ本書は，感染症の世界的大流行という危機について，現在進行形ながらその特性と支援の実際について可能な範囲で加筆するとともに，スクールカウンセラーの担い手の多様化を踏まえた修正を行った第3版である。改訂にあたっては，配布資料やアンケートを直ちに活用できるよう，ダウンロード可能な形で提供している。　　本体3,800円＋税

臨床心理学

Vol.20 No.6（通巻120号）［特集］**ひきこもり**――就職氷河期からコロナウイルス時代を見据えた全世代型支援

★ 好評発売中 ★

✱ 欠号および各号の内容につきましては，弊社のホームページ（https://www.kongoshuppan.co.jp/）に詳細が載っております。ぜひご覧下さい。

◉ B5判・平均150頁 ◉ 隔月刊（奇数月10日発売） ◉ 本誌1,600円・増刊2,400円／年間定期購読料12,000円（税別）※年間定期購読のお申し込みに限り送料弊社負担

◉ お申し込み方法 書店注文カウンターにてお申し込み下さい。ご注文の際には係員に「2001年創刊」と「書籍扱い」である旨，お申し伝え下さい。直送をご希望の方は，弊社営業部までご連絡下さい。

◉「富士山マガジンサービス」（雑誌のオンライン書店）にて新たに雑誌の月額払いサービスを開始いたしました。月額払いサービスは，雑誌を定期的にお届けし，配送した冊数分をその月ごとに請求するサービスです。月々のご精算のため支払負担が軽く，いつでも解約可能です。

Ψ 金剛出版

〒112-0005 東京都文京区水道1-5-16 URL https://www.kongoshuppan.co.jp/
Tel. 03-3815-6661 Fax. 03-3818-6848 e-mail eigyo@kongoshuppan.co.jp

原著論文

母娘介護における介護態度に関する質的研究

馬場絢子

東京大学／日本学術振興会
（現所属：金沢大学）

　本研究は，母娘介護における介護態度を認知・行動・情緒に分け，その構成要素や関連，母娘関係による影響を探ることを目的とした。母親介護経験をもつ15名の女性を対象に半構造化インタビューを行い，質的分析を行った。

　結果，認知的態度は【主体的関与】【自立性尊重】【準備度】【協働志向】という4要素からなることが明らかになった。その高低によって，それぞれ〈能動的〉〈自動操縦〉，〈手放す〉〈保護する〉，〈自然に任せる〉〈抵抗する〉，〈援助体制をつくる〉〈抱える〉という行動様式として表れ，〈能動的〉〈手放す〉〈援助体制をつくる〉は低い負担感（情緒的反応），〈抵抗する〉は高い負担感を伴っていた。背後には，母娘関係の良好さや心理的な分離の影響がうかがえた。介護相手の続柄や認知症の有無・介護の時点の影響についても考察した。

　介護負担緩和のため，介護態度や母娘関係のアセスメントを活用した認知・行動的介入が求められる。

キーワード：家族介護・母娘関係・ケアラー・介護態度

臨床へのポイント ••

- 認知的態度4要素に基づく4対の行動様式に注目することで，母親を介護する娘の客観的なアセスメントが可能になり，介護負担感などの情緒的反応についても推測することができる。

- 母親を介護する娘の認知・行動的な介護態度に働きかけることを通じて，情緒的反応の改善・向上が促される可能性がある。

- 母親を介護する娘の介護態度の背後には介護以前からの母娘関係の質があり，特に良好さや心理的分離の程度に注意を向けることが有用である。

••

Japanese Journal of Clinical Psychology, 2021, Vol.21 No.1 ; 97-108
受理日——2020年8月13日

I　問題と目的

1　はじめに

　少子高齢化が進む我が国では，地域包括ケアシステムの推進など高齢者介護保障に関するさまざまな取り組みが行われている。しかし各要介護者が抱える多様な介護ニーズのすべてが公的介護サービス保障体制によって満たされるとは限らず，家族による介護が必要となる場合もある（稲森，2015）。実際に内閣府（2018）によると主な介護者の58.7％は同居の家族・親族であり，介護における家族の重要性がうかがえる。

　家族による介護は，恩返し・人生の経験などと意味づけられる一方（鈴木・谷口・浅川，2004），介護者

が要介護者に対して強く介護・ケアを志向してしまう「無限定性」（井口，2002）や，認知症などによる変化に立ち会う喪失（小野寺・下垣，1998）といった家族特有の苦悩につながることもある。介護者の身体的・精神的・社会的負担は介護保険制度施行後も軽減には至っておらず，特に情緒的な消耗については悪化が見られるという報告もある（杉原，2004）。特に女性介護者の介護負担感は高く，介護離職といった社会的な課題にも発展してきている（内閣府，2018）。こうした現状から，介護者理解に基づく心理的支援の構築が急務であると考えられる。特に介護との向き合い方や方針は，要介護者との関係やライフキャリアプランと並んで，理解・尊重されるべきものである。では，介

護者は家族の介護とどのように向き合っているのだろうか。

2 介護態度への注目

中原（2005）によれば，介護者の負担感に関する研究は多いが，介護者の内的要因を考慮した研究は少ない。Yamamoto-Mitani, Tamura, Deguchi, Ito, & Sugishita（2000）は「高齢家族への直接的な行動パターンや認知的・情緒的反応」を介護態度と定義した。これを受けて行われた質的研究では，全体的に観察可能な反応や行為を含む行動的態度，怒りや困難など比較的一時的で急激な感情の動きを含む情動的態度，ある課題に対する心的操作を含む思考的態度という3次元の態度構造が見出された（柏木・森本，2001）。このうち，情動的態度には介護負担（Zarit, Reever, & Bach-Peterson, 1980）と類似の概念も含まれた。中原（2005）はこれを参照して量的分析を行い，認知症高齢者・介護そのものに対する態度として受容・割り切り型，燃えつき型，積極的関わり型，社会的資源活用型，客観分析型の5因子を抽出した。これらのなかには負担感と関連をもつものも見られたが，その強さは状況依存的であり，介護者が取るべき態度は要介護者の状態に応じて各個人で異なる，と考察されている。こうした研究は，介護者個々人が介護状況に応じた介護との向き合い方を探索することの有用性を示しているといえよう。

3 先行研究の課題と本研究の目的

しかし，これらの研究には2つの課題があると考える。まず1点目は，行動パターンと認知的・情緒的反応との関連が不明瞭である点である。Yamamoto-Mitani et al.（2000）による介護態度の定義にはこれらがすべて包摂されており，作成された多面的尺度においても認知に関する項目・行動に関する項目などが混在している。これは中原（2005）が作成した介護態度に関する項目群についても同様である。しかし，柏木・森本（2001）は介護プロセスにおいてさまざまな態度要因が複雑に絡み合っている可能性を示唆しており，より精緻な理解が求められる。介護者への心理的支援を構想するうえでも，環境や状況に対する個人の反応を認知・行動・感情・身体反応に分けて，その関連を理解する認知行動療法の存在が示すように，これらを分けて考えることは有用である。

2点目は，いずれも介護者と要介護者の続柄を限定していない点である。上記のような家族介護特有の体験は，続柄によってもその様相が異なる。たとえば母娘介護においては，母から娘への潜在的支配や不満の抑圧（春日，1997），介護の密着化（塩田，2000）といった問題が生じうることが知られている。こうした知見は介護者−要介護者関係の質についても問う必要性を示しており，介護者の続柄を絞った検討が有用と考えられる。特に，上記のような特有の問題を抱えている母娘介護については，詳細な理解が必要であろう。

以上の課題をふまえ，本研究では母娘介護における指針や心構えといった介護態度の認知的側面に注目してその構成要素を明らかにし，介護における行動様式や情緒的反応，特に介護負担感との関連についても示唆を得ることを目的に質的研究を行なった。従来は一体的に語られていた介護態度を認知・行動・情緒に分けることで精緻に理解し，母娘関係の質が及ぼす影響についても考察可能にすることを意図した。これにより，特に母娘介護者を対象とする支援の検討に資する知見を提供できると考えた。

II 方法

1 調査概要

機縁法により協力を得た，高齢の実母を6カ月以上在宅介護している，もしくは過去20年以内に介護していた経験がある40歳以上85歳未満の女性15名を対象に，半構造化インタビューを行った（表1）。調査期間は2016年7月から9月の3カ月間であり，一人あたり70分から240分程度のインタビューで「現在，もしくは介護時の生活状況」「介護以前からの母娘関係」「今後の介護プラン」などを聞き取った。

2 分析方法

分析方法としては，グラウンデッド・セオリー（Corbin, & Strauss, 2008［操・森岡訳，2012］）を参照しながらも，先行研究で示された介護態度の3要素（認知・思考，行動，情緒）を表2のように再定義し，枠組みとして活用した。具体的な質的分析の手順を以下に示す。まず認知的態度に注目して事例ごとにインタビューデータを切片化し，切片に含まれる概念を定義・記述しうる特性をプロパティ，その多様性の範囲をディメンションとして抽出した。次に，それらを基に切片にラベル名をつけた。このラベルを内容の類似

表1　研究協力者の属性

ステップ	ID	年齢	介護時期	介護年数	母親の年齢	居住形態	要介護度	認知症状	選定基準
1	A	74	2006〜	10年目	95	遠距離	不明	なし	母娘高齢介護
	B	82	1989〜2000	11年	享年90	近居	不明	なし	
2	C	66	2015〜	1年	89	同居	要介護2	なし	母娘高齢介護（主介護者）
	D	65	2013〜	3年目	97	同居	要介護2	なし	
	E	64	2013〜	3年目	89	遠距離	要支援2	なし	
	F	55	2013〜2015	2年	享年80	同居	要支援2	なし	
	G	64	1986〜2004	18年	享年80	近居	不明	なし	
3	H	59	2009〜	7年目	91	近居	要介護2	あり（未診断）	母娘高齢介護（認知症状）
4	I	73	2007〜2012	約5年	享年100	同居	要介護4	あり	母娘高齢介護（認知症看取り）
	J	68	2005〜2010	5年	享年90	近居	要介護5	あり	
	K	76	2010〜2015	6年	享年90	近居	要介護5	あり	
	L	69	1989〜2000	11年	享年92	同居	不明	あり	
5	M	56	2010〜	7年目	83	施設	不明	あり	母娘高齢介護（施設利用）
	N	64	2009〜	7年目	88	施設	要介護3	あり	
	O	44	2010〜	6年目	80	施設	要介護4	あり	

性によってカテゴリにまとめ，それぞれのカテゴリを構築するラベル名・プロパティ・ディメンションを基に暫定的なカテゴリ名をつけた。そして事例内外のデータとの比較を行いながら，カテゴリ名を更新した。最後に，得られたカテゴリと関連して語られた行動様式を表すデータを抽出し，サブカテゴリとして設定した。さらに認知的態度を示すカテゴリや行動様式を示すサブカテゴリと関連して介護負担感などの情緒的反応が語られていた場合は，当該データを示し考察の材料とした。これによって認知的態度と行動様式・情緒的反応とを分離しながら関連を残し，より詳細に検討することを意図した。なお分析時点でデータは収集済みであったため，理論的サンプリングを行うことはできなかった。そこで分析にかけたデータをもとに仮説を立て，ステップごとにデータの選定基準を定める方法をとった(表1)。以上の作業は著者が単独で行った。

3　倫理的配慮

本研究は東京大学倫理審査専門委員会の承認を得て実施された。調査実施の際には，協力の任意性，個人情報の取り扱いなどについて口頭と文書にて説明した。研究への協力および録音について同意が得られた後，同意書に署名を得た。またインタビュー終了後の

表2　介護態度の3要素の定義

介護態度	認知的態度	介護者が持つ，介護に対する考え・思い・心構え・立場。
	行動（様式）	介護における，観察可能な反応や行為，およびそのパターン。
	情緒的反応	ストレス・負担感・楽しさなど，介護における感情の動き。

同意撤回を可能とする書類を配布した。

III　結果と考察

1　結果

得られた4つのカテゴリ（認知的態度）・8つのサブカテゴリ（行動様式）・代表的なプロパティを表3に一覧で示した。本節では，カテゴリに【　】，サブカテゴリに〈　〉，プロパティに"　"をつけ，ローデータはゴシック体で示し重要箇所に下線を付した。カテゴリ【介護への主体的関与】【介護者−要介護者双方の自立性の尊重】【要介護者の老いと死への準備度】【周囲との協働志向】について，それぞれ説明する。

1．主体的関与

【介護への主体的関与】（以下，【主体的関与】）には，

表3 カテゴリ一覧

カテゴリ 認知的態度	代表的なプロパティ*	サブカテゴリ 行動様式	語りの例
介護への 主体的関与	楽しみ 探究心 モチベーション ▽ 淡々とこなす△	能動的	どうやればうまくいかなってことを考えてるほうが，要するに想像，想像することはすごく人間って楽しいじゃないですか？そっちの思考で，自分が，こう満たされてる感じ。(ID：J)
		自動操縦	や，なんかね，モチベーションとかっていうんじゃないですよもう，目の前にあるものを1個ずつ片付けていく感じ。(ID：F)
介護者-要介護者 双方の 自立性の尊重	母自身の生活を補助する 自分の人生を大切にする ▽ 介入場面△ 母との時間	手放す	できないところを日常生活のなかで手伝ってあげてるだけであってーあとは自分でできるところは自分でやってねって言ったらちゃんとやれるとこやってますからー (ID：C)
		保護する	母はひょっとしたら平気なのかもしれない，なのに，きっとわたしは過保護で育ってるのね。だからその過保護感を母にお返ししてんじゃない？だから母をかわいそうだと思っちゃう (ID：H)
要介護者の 老いと死への 準備度	本来の過程を見送りたい 自然に逆らわない ▽ なにかしてあげたい△ 1日でも長生きしてほしい	自然に 任せる	ふつうお医者さんのいう通りに飲ますでしょ？ちょっとでも長生きしてほしい。うちは違うの。見ててやっぱりかわいそうだなあと思うと，薬を飲まなくなるとやっぱりふつうに戻る。(ID：I)
		抵抗する	「このままじゃ死んじゃうから」とかわたしがいろいろ言っても「自分のことは自分がわかってるんだから，ほっといてくれ」みたいな，そんな感じだったりとかー (ID：F)
周囲との 協働志向	頼れる力 資源情報収集力 信頼関係を構築する ▽ 母にふさわしい扱いへのこだわり△ 自分で介護したい	援助体制を つくる	市役所に確認して，「ちょっとわたし遠方の娘なんですけど，なにかありませんか」って聞いて，で，X（地名）の包括支援センターにつないでいただいたんです。(ID：E)
		抱える	子馬鹿なんでしょうね。母のことを知って，こうやって扱って，扱ってっていうか，対応してほしいっていうのがすごく，ありますね。(ID：H)

* 三角形の濃淡は各プロパティのディメンション（強弱・高低）を意味する（例：カテゴリ「介護への主体的関与」は「楽しみ」「探究心」「モチベーション」「淡々とこなす」といったプロパティで記述され，前者3つが高く後者1つが低いデータはサブカテゴリ「能動的」に属し，前者3つが低く後者1つが高いデータはサブカテゴリ「自動操縦」に属する）

介護に対する自発的意識やよい介護を追求していく姿勢に関する語りが分類された。"楽しみ""探究心"といったプロパティが高い語りの例を挙げる。

「どうしたらこれはうまくいくかなとか，そういう発想が，いろいろ出てくるんですね。たとえばおむつをー（中略）なんでもいいわ頼めばっていう気持ちじゃなくて，あ，こんだけあるんだったらわたしたちにとってー番都合のいいもの？　をね，選ぼうっていう，そういう気持ちがー楽しいっていったらおおげさですけれどもーそういう気持ちでやれば，まあそんな苦痛じゃなくなる」(ID：J)

このように【主体的関与】の高い認知的態度は，工夫を楽しむような能動的行動様式を介して介護負担を低減するばかりか，ポジティブな情緒的反応を引き起こす可能性が示唆された。

一方，"楽しみ""探究心"そして"モチベーション"などが低く，介護を"淡々とこなす"具体例としては以下のようなものが見られた。

「介護はモチベーションとかそういう問題じゃないもう，もう右から左，右から左みたいな，しか出ないですね。それでがんばろうとかね，なんかそういう感じじゃなかった」(ID：F)

このように【主体的関与】の低い認知的態度は，無意識的に目の前の作業を片付けていくような行動様式

と関連していた。マインドフルネスにおいては，何が起こっているのかにあまり気づかずただ機械的にふるまっている状態を「自動操縦状態」と呼ぶが（Segal, Williams, & Teasdale, 2002［越川訳，2007］），【主体的関与】の低さと関連する行動様式はこれと類似していた。

　以上のように，【主体的関与】はそのプロパティのディメンションによって，実際に現れる行動様式に幅が見られた。そこで，認知的姿勢としての【主体的関与】の高さと関連する行動様式を〈能動的〉，【主体的関与】の低さと関連する行動様式を〈自動操縦〉と名付けた。

　〈能動的〉な行動様式をとっていた ID：J は，介護以前の母との関係について「ふつうに親として尊敬して立てるっていう，ふつうの，正しい，正しいじゃないですけど，親子関係？　その変に友達関係でもないしー」と述べた。この語りからは，決して密着しすぎることはないものの信頼で結ばれた安定的な関係性がうかがえる。一方〈自動操縦〉的な行動も見られた ID：F には，母に対して「相容れない」「感性が違う」気持ちと，「変な言い方だけど『認める』」気持ちが混在していた。インタビュー後も母との関係を語る難しさが表明され，複雑な思いがうかがえた。

　なお，〈自動操縦〉な介護の語りの例として ID：F の語りを引用したが，ID：F には母の衣服などに付けるネームシールを手作りするなど母を喜ばせなおかつ自分も楽しもうとする〈能動的〉な行動も見られた。これは ID：F のなかに【主体的関与】が高い側面と低い側面が混在していたことを示唆している。このように，【主体的関与】の高さと結びついた〈能動的〉行動と【主体的関与】の低さと結びついた〈自動操縦〉的行動は介護者内に共存しうるものである。以降のカテゴリにおいても一人の介護者が１つのサブカテゴリに割り当てられるとは限らないことに注意されたい。

２．自立性尊重

　【介護者‐要介護者双方の自立性の尊重】（以下，【自立性尊重】）というカテゴリ名には，手を出しすぎず要介護者の自立的な行動が維持されるよう心がける，という意味と，介護のみに終始せず介護者自身が自分の時間をもてるよう心がける，という意味とが含まれた。以下に具体例を挙げる。

　「介護される方（注：要介護者）の生活っていうのは―やっぱ自分の生活なんですよね。だからそれを自立できるように援助してあげるのが，介護者だと思うんですね。だからなんでもかんでも押し付けでやったげるんではなくて，できないところを見定めてあげて，できないところを手伝ってあげる？　あとは自分でできるところは自分でやらせる？　というのが本来の介護だと思うんです」（ID：C）

　「母もいつもいつもわたしとべったりしてるわけではなく自分も書き物したりとか自分の部屋でやってますからね―。そういうときはなるべく自分の時間として，わたしはそこに入るようにはしてませんから。だからそういうときはわたしも自分の時間でね？　パソコン打ったりとかしてますし」（ID：C）

　こうした語りから，"母自身の生活を補助する"という考え方が介護を手放す行動につながり，"介入場面"や"母との時間"が過剰にならないよう抑制されることで，"自分の人生を大切にする"こともできている様子がうかがえた。言い換えれば，要介護者の自立性と介護者の自立性が手放す行動様式によって両立されていた。

　さらに以下のような語りは，こうした介護を手放す行動様式が介護者の介護負担感という情緒的反応を低減し，ひいては介護の質にも影響することを示唆した。

　「心配したら家におるべきかなと思うけど，でも内科の先生も（中略）離れたほうがいいって言うわけ。でもそのアドバイスをね，最初は『えっ』て思ったけどね，正しいと思います。（中略）自分が，ひとしきり，外でひとりお茶でもして，ね，買い物ひとつでもして気晴らして帰ってくると『どうしたんお母さん大丈夫？』とこう優しく帰れるんですよね」（ID：D）

　一方，"母自身の生活を補助する"気持ちはあるもののつい"介入場面"が増えてしまう語りとしては以下のようなものが見られた。

　「母は『あなた，管理しないでほしいわ』っていったんだけどやっぱり全てにちょっと今わけわかんなくなってきてるので―まあ管理してるんですね。で，キッチンなんかもあんまり，やらないようにしてるんですけど―なるべく母の形跡を残して。ただ危ないこととかは片付けちゃったりしてるので―」（ID：H）

　母を管理することについて ID：H は，母親の安全

のためでもあるが「結局ねえ自分のためじゃないかっていうのも思うんですよ」と述べた。介護者の不安やもどかしさが，母の自立的な生活維持を難しくしていることがうかがえた。なお要介護者の自立心が低い場合は，自立性を尊重することは困難であった。

　「人に頼っちゃうっていうかね。一回そういうふうになったら戻れないっていう感じですかね」（ID：F）

また娘介護者側の自立に注目してみると，以下のような語りが存在した。

　「わたしも母に依存してるのかなみたいなところはあって。『わたしがいないとこの人はダメなんだから』というかーなんだろう，多分なんか母を介護することで自分の存在意義を確認してるみたいな」（ID：O）
　「介護を言い訳に，結構いろんなことをやらなかったり諦めたりだとか，まあ努力しなかったりとかっていうところはなんかすごいあるのかなって，」（ID：O）
　「介護が終わったときにじゃあどうなっちゃうのみたいなところとか，あとやっぱ残された自分の人生ってどうなんのかなーとか，考えるとやっぱなんかこのままじゃよくないんだろうなみたいな」（ID：O）

　ID：O は，"介入場面"や"母との時間"に没頭し"自分の人生を大切にする"ことができていない現状に気づいており，これを「依存」と表現していた。ID：HやID：O の語りから，過保護的な行動様式は要介護者の自立性も介護者の自立性も損なうことが示された。
　以上のように，【自立性尊重】もまた実際に現れる行動に幅が見られた。そこで，【自立性尊重】の高さと関連する行動様式を〈手放す〉，【自立性尊重】の低さと関連する行動様式を〈保護する〉とした。
　〈手放す〉介護をしていたID：C は「（母と娘の）関係はー悪い関係は一度もないし，どちらかって言えばうちは母・わたし・わたしの娘がいるんですけど，3 きょうだいって言われてるんですよ」と語るように，これまで安定して親密であったことがうかがえる。これに対して〈保護する〉介護をしていたID：H は，「きっとわたしは過保護で育ってるのね。だからその過保護感を母にお返ししてんじゃない？　だから母をかわいそうだと思っちゃう。わたし自身がさっき言った，親離れしてないんだか子離れしてないんだか，なのかも

しれない」と述べた。この語りから，母娘がやや密着的であることが相手のために尽くす姿勢につながっていることが示唆された。
　なお【自立性尊重】は介護の段階によって以下のように変化する可能性が示された。

　「こっちへ戻ってきたらきたでお母さんのことが頭に，ここらへんにいっつもあって，（中略）お母さん今なにしてるかしら，大丈夫かしら，とかさ。寂しい思いしてないかしら，とかってさ，言ってたらさ，わたしの生活なんかさあもう先進んでいかないし，楽しみもなんにもなくなっちゃってー（中略）でもさ，その，楽しんだほうがいいやと，いうふうに割り切った時点でーもう新幹線乗った途端に母のことは忘れようとかさ」（ID：M）

　遠距離介護が始まった当初，ID：M は心理的に"母との時間"から逃れることができず，"自分の人生を大切にする"こともできなくなっていた。しかし，「割り切った」後は"自分の人生を大切にする"覚悟のようなものが生じており，【自立性尊重】が高まっている様子がうかがえた。

3．準備度
　【要介護者の老いと死への準備度】（以下，【準備度】）には，要介護者である母が老いていく，すなわち死に向かっていくことへの覚悟に関する語りがまとめられた。

　「若い時ならばお医者さまのいう通りにするんですけど，ある程度もう年なのでーあえて言えば，いつ亡くなってもおかしくないみたいな年に一生懸命薬を処方して，それが副作用で悪くなったりとか，あとお医者さんにいってうんと待たされるとかわいそうですよね」（ID：I）

　上記の例は，通院や服薬で母に負担をかけてしまった経験から，"本来の過程を見送りたい""自然に逆らわない"といった気持ちが強くなり，処方された薬を無理に飲ませようとしない，という自然に任せるような行動が選択されていた。
　一方で，"なにかしてあげたい""1 日でも長生きしてほしい"といった気持ちが強く"自然に逆らわない"姿勢が表面化しないケースも存在した。

「わたしも言うわけですよ。これ食べなきゃいけないとかあれ食べなきゃいけないとかーちょっと体を動かしてーとか，だからそれもねえ，ちょっとはなんとかしたいとかっていうのが。まあ本人もつらかったのかよくわかんないですけど全然言うこと聞いてくれなかったですね。で，あんまり言うとーなんか『うるさい』とかになっちゃって」（ID：F）

このケースでは，食事や運動を強く母に勧める，というある意味で老いに抵抗する行動がとられていた。しかし要介護者側は必ずしもこれに呼応せず，衝突という互いのネガティブな情緒的反応につながりうる帰結に陥っていた。ID：Fはこうした行動について，「娘として親を失いたくないエゴもあったかもしれ」ないと振り返っていた。

以上のように，【準備度】が高い場合と低い場合とで行動様式が異なっていた。そこで，【準備度】の高さと関連する行動様式を〈自然に任せる〉，【準備度】の低さと関連する行動様式を〈抵抗する〉とした。

〈自然に任せる〉行動をとっていたID：Iは母について以下のように述べた。

「『あの子はねこういういいとこがあってね』とかいってちゃんとそのよさを見てますよね」
「粗食でーあの健康でーなんかこういつも一生懸命生きてた，それがなんかすごいなーと思う」

こうした語りからは，こどもたちを見守りながら働く母を敬う気持ちが感じられる。一方〈抵抗する〉行動を見せたID：Fの母娘関係については【主体的関与】の項において述べた通りである。

なお【準備度】についても，【自立性尊重】と同様に介護の段階による変化の予感が見られた。以下に具体例を示す。

「自然になくなるのがふつうのはずなのに，それを今は大騒ぎして病院に運んで，で点滴だけの栄養で何カ月かもたせて。それって，どうなのかなって，」（ID：E）

ID：Eは，上記のように"本来の過程を見送りたい""自然に逆らわない"気持ちをもっていた。実際，「例えば延命措置とか，わたしの実家の母の場合はもう聞いてあるので，いりませんって即答できるんですけど，」（ID：E）と述べるように，母とのエンド・オブ・

ライフに関する意思共有を行うなど〈自然に任せる〉ための行動をとっていた。しかし，義母のエンド・オブ・ライフ期における義姉妹の様子について「1日でも1時間でも長生きしてほしいって，思うのが，うーん，最期の母と子供，あのー娘かもしれないですね」と"1日でも長生きしてほしい"気持ちにも理解を示しており，来たる実母のエンド・オブ・ライフにおいて自らの【準備度】が変動する可能性も意識されているように読み取れる。このように【準備度】がエンド・オブ・ライフ期において揺さぶられることは想像に難くない。とはいえ，〈自然に任せる〉行動選択が貫かれた看取り済み事例も複数存在している。エンド・オブ・ライフや看取りにおける介護態度の変化は，さらなる検討が求められるテーマである。

4．協働志向

【周囲との協働志向】（以下，【協働志向】）は，専門職や家族・親族など他者の協力を得て介護することに対する姿勢が含まれた。"頼れる力""資源情報収集力""信頼関係を構築する"などが高い例として以下のような語りが得られた。

「社会の手を借りるというかー，完璧ではないけれども，自分の思うようではないかもしれないけどー人を頼るということが一番最初にやろうと思ったことなんですね」（ID：L）
「たとえばおうちで介護するときに自分で決めた人ではないけれども，来てくれた人との出会いっていうのは，やっぱりそこからいい方向に自分がもっていくように，文句ばっか言わないでーそりゃやり方違うのいっぱいあると思う，だって育った環境すごく違うし出身地も違う人が来て一緒にやるっていうんですから違うんだけれども，でもお母さん見るためにはみんなが仲良く，気持ちを通じさせようねーって，それで気持ちよくうちにきてもらえれば自分としても最高ですよ，ありがとうきていただいてっていう気持ちになれて。それがやっぱり自分の責任だと思うから」（ID：J）

ID：Lは多忙な仕事に就いていたこともあり，上記の通り協働を強く意識していた。そして実際に専門職や有償ボランティアなど多くの他者と援助体制をつくり，在宅で母を看取った。ID：Jはチームとして介護に当たるうえで訪問スタッフとよい関係性を築くことを重んじており，スタッフと積極的に会話しながら良いところを探すようにしていた。信頼関係を構築する

ことで「ストレスがなくなってく」とも語られており，【協働志向】に基づく質の高い援助体制づくりがストレスという情緒的反応の低減にも有用であることが示唆された。

これに対して下記の語りは，"母にふさわしい扱いへのこだわり""自分で介護したい"が高く，"頼れる力"が低い例である。

「わたしが介護してるから誰よりもお母さんのことは一番わかってる，そのわかってる<u>わたしがやってるのがいい</u>，と思ってるけどほんとはどうなんだろうって思ってることですね。そのさっき言ったケアマネの人とかデイケアの人も結局その人（注：利用者，すなわち要介護者），知り得ないじゃないですか，ゆとりがないから，施設の人も。たとえばデイケア来ても『ぼけた人』でしかないわけで，この人がどういう人生でどういう考え方，っていうことを結局知ってもらえないですよね？」（ID：H）

ID：Hは母の人となりを理解して介護してほしいという思いが強く，スタッフと信頼関係を構築しサービスを活用することに消極的であり，結果的に母の介護を抱え込んでいた。

そこで，【協働志向】の高さと関連する行動様式を〈援助体制をつくる〉，【協働志向】の低さと関連する行動様式を〈抱える〉とした。

〈援助体制〉を構築していたID：Lは，母との関係について以下のように語った。

「（母は）わたしへの思い入れがすごかったの。だからそれはマイナスにもプラスにもなってるし。重たくもあったというか反発みたいなのもあって，だからわたしはとにかく母のような人生は歩みたくないと思って。こどもに愛情かけすぎないというか。でも母から愛されて育ってきたことというか，母のことは親として信じられたので，いざとなるとそこがものすごい原動力になった」

こうした語りから，ID：Lは母と愛情に基づく信頼で結ばれているが，決して密着しているわけではなく反発を感じ自分なりの人生を生きようとしてきたことがうかがえる。〈抱える〉行動様式を見せたID：Hの母娘関係については【自立性尊重】の項に述べた通りであった。

2　考察

1．結果のまとめ

以上により，認知的態度は【主体的関与】【自立性尊重】【準備度】【協働志向】から構成され，それぞれの高低により異なる行動様式として具現化することが示された。

さらに，〈能動的〉行動様式や〈手放す〉こと，〈援助体制をつくる〉ことが比較的ポジティブな情緒的反応を伴う介護生活を可能にしていたのに対して，〈抵抗する〉行動様式は介護負担感というネガティブな情緒的反応を引き起こしていた。このことから，認知的態度は行動様式を介して情緒的反応と関連していることが示唆された。

そして介護以前からの母娘関係に目を向けてみると，認知的態度の各要素が高いケースと低いケースとでは，関係性の語られ方が異なっていた。このことから，介護以前からの母娘関係が安定して良好・親密であり，なおかつ密着はしておらず心理的に分離していることが，【主体的関与】【自立性尊重】【準備度】【協働志向】を高めていることが示唆された。必然的に4カテゴリには緩やかな連動がうかがえたが，前述のように個人内でも揺れが見られており，より詳細な検討が必要である。

以上を合わせて考えれば，介護以前からの母娘関係が認知的態度に影響しその認知的態度が行動様式を介して情緒的反応と関連する，という仮説モデルが立つ（図1）。今後，性格や環境なども含めた検証が求められる。

2．事例の特性と介護態度

対象となった15事例に注目すると，介護状況や母親の状態が異なっていた。そこで，主介護者かどうか・居住形態・看取りの有無・介護年数・認知症の有無と介護態度との関連を検討したところ，【自立性尊重】が低く〈保護する〉行動に関する語りが見られた事例は全て現在進行形の認知症介護事例であった。上述のID：Oの『『わたしがいないとこの人はダメなんだから』というかーなんだろう，多分なんか母を介護することで自分の存在意義を確認してるみたいな」という語りからは，「母が自分の介護を必要としている」という建前に隠された「娘が介護者という役割を必要としている」という本音がうかがえた。認知症はこの建前を強化する可能性があり，介護が際限ないものと

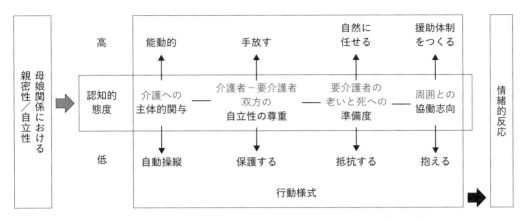

図1　母娘関係と介護態度（認知的態度・行動様式・情緒的反応）の仮説モデル

なった結果〈保護する〉行動様式として現れるのではないか考えられた。

3．他の家族介護との比較

　研究協力者のなかには，母親以外の家族介護経験をもつ者も含まれた。母娘介護の特徴を明確にする目的で他の家族介護に関する語りを活用した介護態度の比較を行ったところ，【自立性尊重】において母親介護と義親介護との違いが現れた。

　「やっぱり嫁の立場があるから，とにかく病気とかそういうの見過ごすのは非常に困ると，自分自身も思ってるんだと思います。ですから食べるものは食べてもらう。熱中症とかには気をつける。うん，やっぱり自分の親でもそうだと思うんですけど，もちろん一番に気をつけると思うんですけど，あとからもしなんかあって責められるのはぜったいやだと思ってる部分があるんですね。だから，絶対にやってなきゃっていう意識は，知らん顔してるといいながら持ってるもので─だからそれが主人に言わせると『余計なお世話までやってる』と，言われるんですけど」（ID：E）

　ID：E は実母に対しては〈手放す〉介護をしていたが，義親に対しては〈保護する〉行動様式をとる傾向が見られた。この要因として義きょうだいの存在があった。

　「あの主人の母のときも─お医者さんが『ちょっと意地悪に見えるかもしれないけど手を出すと本当にできなくなっちゃうから手を出さずに見ててください』って言

われたんですよ。主人の母はなんでもやって欲しい人で─もう鬼のように言われてしまって。（中略）だからいいや手出しちゃおうと思って─出しちゃいましたねわたしは。こっちが参っちゃうと思って。もうそのほうが楽ですもんね，本人も嬉しそうにしてるわけですし，こうやってあげれば。だからもういいやと思って。進んじゃうかもしれないけど，もうお互いみんないいようにしないと」（ID：G）

　ID：G は，実母に対しては "母自身の生活を補助する" ために〈手放す〉介護を意識していた。しかし上記の通り義母に対しては，この方針を諦め選択的に〈保護する〉行動をとっていた。この選択は "自分の人生を大切にする" ためのものでもあった。

　このように，母娘介護においては "介護場面" や "母との時間" を介して連動していた "母自身の生活を補助する" と "自分の人生を大切にする" が，義母介護においてはねじれていた。この違いは要介護者の性格によるところも大きいと考えられる。しかし，「主人の母はやっぱり主人の母なので─まあ遠慮もあるじゃないですか。で，割と客観的に見てるんですよねやっぱり。（ID：G）」という語りにも見られるように，実母や義母といった続柄や介護組み合わせは介護態度に影響する一要因と考えられた。

Ⅳ　総合考察

　本研究では，娘介護者が母親の介護と向き合う認知的態度を構成する4つの要素を抽出し，これらの高低がそれぞれ異なる行動様式と関連し，情緒的反応と連動している様子を描き出した。また，この背後には母

娘関係の質の影響があることが示唆された。以下では得られた結果を先行研究と比較し，本研究の意義と課題を述べる。

1 先行研究との比較

まず〈能動的〉な行動様式は，「接近・認知型」（翠川，1993），「介護役割の積極的受容」（岡林・杉澤・高梨・中谷・柴田，1999）といった対処方略と内容的に類似していた。井口（2001）は「要介護者と『近接』し『仕事が無境界』な状況にいる介護者は，個々具体的な介護行為を十分遂行することに『達成感』を求め，自分の介護生活を意味づけようとしていく」と考察しており，【主体的関与】が高く〈能動的〉な行動様式は，介護において成果を実感し達成感を味わううえで有用と考えられた。

〈自動操縦〉は介護態度や行動に関する先行研究においては見当たらなかった。一般的に自動操縦状態では，ネガティブな思考に気づきにくく，ネガティブ感情を増幅し抑うつを引き起こすリスクもあると言われている（Segal et al., 2002）。本研究では，〈自動操縦〉的な行動様式によるネガティブ思考・感情の高まりを明確に支持する語りは得られなかったものの，〈能動的〉な行動様式においては見られたポジティブな作用も確認できなかった。実際マインドフルネスに基づく介入が介護者の精神的健康を改善したりストレスや負担を軽減するという報告もあり（e.g. Piersol, Canton, Connor, Giller, Lipman, & Sager, 2017），〈自動操縦〉的な行動様式は介入の対象になりうると考えられる。

〈手放す〉行動は，「回避・情動型」（翠川，1993），「介護におけるペース配分」「気分転換」（岡林他，1999）などの対処方略や，「時間のやりくり」という対処行動（西岡，2014），「気晴らしを見つけること」「休息をとること」などのセルフマネジメント（in het Veld, Verkaik, van Meijel, Verkade, Werkman, Hertogh, & Francke, 2016）と類似性が見られた。同じく〈手放す〉行動に似た「生活−介護分離型ルーティーン化」（井口，2001）は，単なる気晴らしではなく自分の生活全体に秩序を設けて自立性を保つ対処策であった。【自立性尊重】の高さは，「自己管理能力」（永井，2005）や「自己の健康管理力」「介護生活からの転換力」（櫟・尾形・横尾・田渕，2014）があってこそ〈手放す〉行動として現れるものと考えられる。なお，これらの既存の概念は【自立性尊重】の "自分

の人生を大切にする" 側面に注目していた。これに対して「見守り的対応」「課題的対応」（柏木・森本，2001）は "母自身の生活を補助する" ための〈手放す〉行動に対応していた。こうした自立性の両側面に言及した既存の概念は見られなかった。

一方〈保護する〉行動は，「転ばぬ先の気配り」（西岡，2014）や「保護的対応」（柏木・森本，2001）と類似していた。なお，中原（2005）の燃え尽き型は自立性を保てず〈保護する〉行動様式がエスカレートすることで生じうる情緒的反応と考えられた。

【準備度】については，柏木・森本（2001）の「患者のQOLに対する願望」に【準備度】の高さを思わせる項目が含まれていたほか，死別のプロセスにおいて愛着の反対の概念として現れる「脱離（detachment）」との類似性もうかがえた（山本，1995）。しかし，〈自然に任せる〉〈抵抗する〉といった行動様式を指す既存の概念は見当たらなかった。

〈援助体制をつくる〉行動は，「問題解決型」（翠川，1993），「私的支援追求」「公的支援追求」（岡林他，1999）などの対処法略や，西岡（2014）が対処行動のコアとした「資源の発見と活用」の一部と重なるところがあった。また，〈援助体制をつくる〉行動を裏打ちする【協働志向】，特に "頼れる力" は，「周囲の援助活用力」（櫟他，2014）を反映していると考えられた。ただサービスを活用するのみならず，"信頼関係を構築する" 姿勢を含む既存の概念は見当たらなかった。

【協働志向】の低さは，「自己犠牲的思考」（柏木・森本，2001）や「病院や施設に対する心配」（佐伯・深沢・加藤・庄田，1997），「囲い込み型」の意味づけ（鈴木他，2004）と類似していた。「自己犠牲的思考」には〈抱える〉行動レベルの項目も含まれた。

以上のように，本研究で得られた各カテゴリ・サブカテゴリのなかには，先行研究で示された概念やその構成要素と類似しているものも含まれていた。しかし〈自動操縦〉や【準備度】など新たに概念化されたものも存在した。また，認知・思考，行動，情緒を分け，認知的態度を軸に行動様式を整理したことにも新規性があった。

2 意義および限界

本研究の意義は，母娘介護者の語りから認知的態度の構成要素を整理したことと，行動様式・情緒的反応との関連を示唆したことである。得られた4つのカテ

ゴリは認知的態度の構成要素を簡潔に示しており，母娘介護状況や娘介護者個人の状態をアセスメントするうえで注目すべき項目として役に立つことが期待される。さらに，各カテゴリの高低の指標として行動様式に注目したことで，観察による客観的な介護態度の把握を可能にする糸口が得られた。こうした強みは現場においても研究においても有用であると考えられる。加えて，これらが情緒的反応と連動している可能性を示唆したことで，認知的態度の４カテゴリを高めて行動様式を変容させネガティブな情緒的反応を軽減する，という支援の方向性を提示することができた。なお，アセスメント・支援においては介護以前からの母娘関係に注目する必要性も示された。

　しかし，この結果には２つの大きな限界があった。まず１点目は母親を介護する女性のみを研究協力者としたため，得られた知見が母娘介護に特有のものであるかどうか判断できなかった点である。この問題を軽減するため，他の家族の介護に関する語りとの比較考察を行った。２点目は，研究協力者が２時間程度のインタビューに協力できる者に限られることから介護状況や居住地域に偏りがあった一方で，居住形態や認知症の有無・看取りの有無・サービスの利用状況などのばらつきが大きかった点である。この問題を軽減するため事例の特性について考察を加えたが，特に看取りの有無や看取り後の年数は語りに影響している可能性があった。

　今後は，本研究で得られた介護態度の構成要素を土台に介護者体験理解の解像度を上げ，介護者－要介護者関係の歴史が介護態度としてどのように現れてくるのか，他の介護組み合わせへの調査も展開し比較検討していくことが有用と考える。その際，介護状況を統制し対象において妥当性の高い分析を行う必要がある。

▶ 付記
　本稿は博士論文の一部に加筆修正を行ったものである。分析データには，馬場（2019）にて使用したインタビューデータの一部が含まれた。膨大なデータから得られた現象・概念の１つとして，馬場（2019）では扱えなかった介護態度に注目し，新たな視点から異なる方法で分析を行った。

▶ 文献
馬場絢子（2019）老いゆく母親を介護する娘の意味づけに関する質的研究　心理臨床学研究，37，248-258.

Corbin, J.M., & Strauss, A.L. (2008). *Basics of qualitative research : Techniques and procedures for developing grounded theory.* California : Sage Publications, Inc.（操　華子・森岡　崇（訳）（2012）．質的研究の基礎―グラウンデッド・セオリー開発の技法と手順―　3版　医学書院）

櫟　直美・尾形由紀子・横尾美智代・田渕康子（2014）．家族介護者の介護力構成要素と介護負担感との関連　福岡県立大学看護学研究紀要，11，35-44.

井口高志（2001）家族介護者の困難経験についての一考察　年報社会学論集，14，39-50. doi : 10.5690/kantoh.2001.39

井口高志（2002）．家族介護における「無限定性」―介護者－要介護者の個別的な関係性に注目して―　ソシオロゴス，26，87-104.

in het Veld, J., Verkaik, R., van Meijel, B., Verkade, P.-J., Werkman, W., Hertogh, C., & Francke, A. (2016). Self-management by family caregivers to manage changes in the behavior and mood of their relative with dementia : An online focus group study. *BMC Geriatrics*, 16, 95. doi : 10.1186/s12877-016-0268-4

稲森公嘉（2015）．超高齢社会の日本における介護をめぐる法制度の現状と課題　日本労働研究雑誌，658，6-15.

柏木哲夫・森本美奈子（2001）．痴呆性高齢者に対する家族介護者の態度に関する研究　大阪大学大学院人間科学研究科紀要，27，205-218. doi : 10.18910/12551

春日キスヨ（1997）．介護とジェンダー―男が看とる女が看とる―　家族社

翠川純子（1993）．在宅障害老人の家族介護者の対処（コーピング）に関する研究　社会老年学，37，16-26.

永井真由美（2005）．認知症高齢者の家族介護力評価とその関連要因　老年看護学，10，34-40. doi : 10.20696/jagn.10.1_34

内閣府（2018）第1章 高齢化の状況　第2節 高齢期の暮らしの動向　平成30年度版高齢社会白書〈https://www8.cao.go.jp/kourei/whitepaper/w-2018/gaiyou/pdf/1s2s_02.pdf〉（2019年9月26日）

中原　純（2005）．痴呆性高齢者の家族介護における負担感―介護者の態度と介護状況を通して―　高齢者のケアと行動科学，10，71-76.

西岡浩子（2014）．在宅で認知症高齢者を介護する主介護者の日常生活を安定させるための対処行動　日本認知症ケア学会誌，12，715-722.

岡林秀樹・杉澤秀博・高梨　薫・中谷陽明・柴田　博（1999）．在宅障害高齢者の主介護者における対処方略の構造と燃えつきへの効果　心理學研究，69，486-493.

小野寺敦志・下垣　光（1998）．痴呆性老人の家族カウンセリングに関する研究　心理臨床学研究，16，36-45.

Piersol, C.V., Canton, K., Connor, S.E., Giller, I., Lipman, S., & Sager, S. (2017). Effectiveness of interventions for caregivers of people with Alzheimer's disease and related major neurocognitive disorders : A systematic review. *American Journal of Occupational Therapy*, 71, 7105180020p1-7105180020p10. doi : 10.5014/ajot. 2017.027581

佐伯和子・深沢華子・加藤欣子・庄田順子（1997）．在宅介護者の介護動機の構造 ― 続柄との関連に焦点をあてて― 札幌医科大学保健医療学部紀要，1，23-30. doi : 10.15114/bshs.1.23

Segal, Z.V., Williams, J.M.G., & Teasdale, J.D.（2002）. *Mindfulness-based cognitive therapy for depression : A new approach to preventing relapse.* New York : Guilford Press.

（越川房子（監訳）（2007）．マインドフルネス認知療法 ―うつを予防する新しいアプローチ― 北大路書房）

塩田祥子（2000）．老親介護からみる「母－娘」関係のあり方についての一考察 ―援助の実践に向けて― 皇学館大学社会福祉学部紀要，3，73-81.

杉原陽子（2004）．介護の社会化はすすんだか ―介護保険制度施行前後における繰り返しの横断調査の結果から― 中央調査報，565，5037-5041.

鈴木規子・谷口幸一・浅川達人（2004）．在宅高齢者の介護をになう女性介護者の「介護の意味づけ」の構成概念と規定要因の検討 老年社会科学，26，68-77.

山本則子（1995）．痴呆老人の家族会介護に関する研究 ―娘および嫁介護者の人生における介護経験の意味― 2. 価値と困難のパラドックス 看護研究，28，313-333.

Yamamoto-Mitani, N., Tamura, M., Deguchi, Y., Ito, K., & Sugishita, C.（2000）. The attitude of Japanese family caregivers toward the elderly with dementia. *International Journal of Nursing Studies*, 37, 415-422. doi : 10.1016/S0020-7489(00)00021-3

Zarit, S.H., Reever, K.E., & Bach-Peterson, J.（1980）. Relatives of the impaired elderly : Correlates of feelings of burden. *The Gerontologist*, 20, 649-655.

A Qualitative Study on the Care Attitudes in Mother-Daughter Caregiving

Ayako Baba

The University of Tokyo / Japan Society for the Promotion of Science
(Current address : Kanazawa University)

The purpose of this study is to divide caregiving attitudes into cognition, behavior, and emotion in mother-daughter caregiving, and to describe the elements and the relationship of them and mother-daughter relationship. Semi-structured interviews were conducted with fifteen women who were engaged in caregiving or had cared for their mothers in the past, and such data was analyzed using qualitative methods.

The results revealed that cognitive caregiving attitudes consisted of four elements : "proactive involvement," "respect for autonomy," "readiness," and "collaboration-oriented." These elements were expressed through dichotomous caregiving behaviors such as "active" or "autopilot," "release" or "overprotection," "let it be" or "resist," and "create a system of assistance" or "enclose." These were dependent on the levels of cognitive caregiving attitudes, and related to the burden of care. It was suggested that the differing levels of caregiving attitudes were influenced by the quality of the mother-daughter relationships. Results also showed that the caregiving attitudes changed according to the circumstances, such as, caregiving dyads, levels of dementia symptomology, and phases of caregiving.

Caregivers should be understood and supported through the assessment of caregiving attitudes.

Keywords : family caregiving, mother-daughter relationship, carer, care attitude

資　料

怒りに関する包括的な心理モデルの作成

塚元一正 [1]・小山憲一郎 [2]

1）福岡県立大学心理教育相談室
2）福岡県立大学大学院人間社会学研究科

キーワード：怒り反すう，マインドフルネス，怒り抑制，怒り反すうに対するポジティブなメタ認知的信念，怒り抑制に対するポジティブな信念，生の欲望理論

臨床へのポイント

- 怒りの問題を改善するためには，怒り反すう，怒り反すうに関するポジティブな信念，怒りの抑制，怒りの抑制に対するポジティブな信念など，怒りに関連する 種々の要因に包括的にアプローチすることが有効だろう。

- 怒りに関する種々の要因の改善には，マインドフルネスが有効であるが，マインドフルネスを構成する5因子のうち，Observing と Describing は訓練が不十分な段階では，特性怒りを間接的に高める可能性があるため注意が必要である。

- 怒りへの包括的な臨床的アプローチには ACT が有効だと考えられるが，森田療法の生の欲望に基づく心理教育は ACT のプロセスを直接的かつ端的に説明しており，セラピストにもクライエントにも知的に理解しやすいだろう。

Japanese Journal of Clinical Psychology, 2021, Vol.21 No.1 ; 109-116

受理日——2020 年 9 月 1 日

Ⅰ　問題と目的

怒りは「自己もしくは社会への，不当なもしくは故意による（と認知される），物理的もしくは心理的な侵害に対する，自己防衛もしくは社会維持のために喚起された，心の準備状態」と定義される（湯川，2008）一般的な感情であり，不正や搾取などを行おうとする他者への警告となり被害を未然に防ぐ盾となる（湯川，2004）など，適応的な側面が存在する。一方で，激しい怒りは循環器疾患を引き起こす（Mostofsky, Penner, & Mittleman, 2014）ことや人間関係の悪化を招くような動機に基づくもの（Averill, 1982）など非適応的な側面も確認されている。また，怒りは，どの時点でどの程度怒りを感じているかという「状態怒り」と，怒りやすさに関するパーソナリティ特性を示す「特性怒り」に分類される（鈴木・春木，1994）。

特に近年は，怒り反すうという自らが望んでいない怒り体験の思考を促し，怒り体験について考えないよ

うに努めても考えてしまう心的現象（八田・大渕・八田，2013）が特性怒りの原因となる（金・山口・今井・熊野・野村，2014）と考えられている。またその背景要因には怒り反すうに対するポジティブなメタ認知的信念（金他，2014）や，怒りを抑圧してしまおうとする傾向である怒り抑制（Sukhodolsky, Golub, & Cromwell, 2001）があることも報告されている。さらに怒り抑制の背景には，怒り抑制に対して積極的かつ肯定的な内容から捉えることである怒りの抑制に関するポジティブな信念（金築・金築，2011）があることが報告されている。

怒り反すうに対するポジティブなメタ認知的信念とは，例えば，「怒りを感じた場面について反復的に考えておくと，将来同じようなことが起きるときに役に立つ」といったような，怒り反すうについてポジティブに捉える信念である。一方，怒りの抑制に関するポジティブな信念が導く怒りの抑制は，特性怒りを介して怒りの抑制に関するポジティブな信念を増大させ，

それが怒りの抑制を高めるという悪循環を示す（武部・高橋・田原・福田, 2015）とされている。

さらに怒りの表出あるいは抑制に対してポジティブに捉える信念を有する人は，過度な怒りの表出あるいは抑制が心理・社会的側面に影響を与えるという知識を提示されたとしても，その個人が肯定的にとらえている対処方略を自発的に選択する傾向が強まる（金築・金築, 2011）ため，心理教育だけではなく，マインドフルネスのような自らの感情をありのままに観察し，受け入れる心理的な特性が必要となると考えられるが，その点について検討することも有用である。

さらに怒り反すう自体への対処法も検討する必要がある。反すうはその思考内容や感情への囚われと考えることができる。心理療法では感情の受容が注目されて久しいが，森田療法ではその成立当初から，不安を，よりよく生きたいという「生の欲望」から生じるとした。そして不安や緊張を感じた際，それを取り去ってしまうことに意識が向いてしまい，身体に悪影響が及ぼされると考えてきた。そのため，ありのままの事実を受け入れ，自分の生の欲望に従って行動すること（北西, 2016）が大切であるという。この考え方は怒りという感情に関して適用できるであろうか。

Beck（1976）は，同じ外的条件や状況でも，それをどう認知するかによって，その人の感じ方が悲しみ・不安・怒りと変わる場合があるとした。特に危険を感じている場合には不安を，自分自身に対する危険よりも自分を傷つけた人物に対する非難を感じている場合には怒りを体験することとなると述べている。

つまり，不安も怒りも最初に危機を体験しているという点で類似した感情といえる。そのため怒りにも，ありのままの事実を受け入れ生の欲望に従い行動するという森田療法のエッセンスを適用した心理療法プログラムを適用できるのではないだろうか。すなわち，よりよく生きていくためには，怒りを抑制せずに，自尊感情を保護すること・相手とよりよい関係性を築くことといった生の欲望に従って自身の怒りに気づき受容し，行動していくことが大切となるのではないかということである。

森田療法と近い概念をもつものとして，マインドフルネスを用いた第三世代の認知行動療法が存在する。フリーマン（2008）は，森田療法と第三世代の認知行動療法である Acceptance and Commitment Therapy（以下，ACT）は，ともに感情をあるがままに受け容れるという点で近い概念をもつと述べている。また，そのなかで，マインドフルネスを育むことの重要性についても語っている。マインドフルネスは「今この瞬間に，価値判断することなく，意図的に注意を向けることによって得られる気づき」（Kabat-Zinn, 2013）と操作的に定義される。

マインドフルネスを測定する尺度として広く使われている Five Facet Mindfulness Questionnaire（FFMQ）（Baer, Smith, Hopkins, Krietemeyer, & Toney, 2006）は Observing, Nonreact, Nonjudging, Describing, Awareness という5因子から成り立つ。Observing は「感覚・知覚・思考・感情を観察すること，気づいたり近づいたりすること」，Nonreact は「内的な体験について反応しないこと」，Nonjudging は「体験について判断しないこと」，Describing は「言葉で述べたり説明したりすること」，Awareness は「意識を向けながら・自動操縦で・集中して・あるいは気が散ることなく振る舞うこと」を表す。これらの5つの因子は，瞑想体験者つまりマインドフルネスのトレーニングを受けた者においては感情の受容にポジティブに働くとされている。一方，瞑想体験のない者においては，これら5因子のうち，Observing 以外の4因子は「アレキシサイミア」「解離」「上の空の状態」「心理的症状」「神経症的傾向」「思考抑制」「感情調節困難」「体験の回避」という8つのネガティブな変数ほぼ全てと負の相関を示した（Nonreact は「解離」とは有意な相関を示さなかった）のに対し，Observing は8つのネガティブな変数のうち「アレキシサイミア」「神経症傾向」「感情調節困難」「体験の回避」の4変数とは有意な相関を示さず，残りの「解離」「上の空の状態」「心理的症状」「思考抑制」の4変数と有意な正の相関を示したことが報告されている（Baer et al., 2006）。さらに瞑想経験のある者のみを対象として再分析を行ったところ，Observing と，先述の正の相関を示した4変数との相関は有意でなかったことも明らかにされている。このことから，Observing と変数間の関係性は瞑想経験の有無によって変化するという知見が得られている（Baer et al., 2006）。また，同研究において，FFMQ の Observing を除いた4因子を独立変数，心理的症状を従属変数とした重回帰分析の結果，Awareness, Nonjudging, Nonreact は「心理的症状」と有意な負の影響を示したのに対して，Describing 因子のみ有意な影響が見られなかったことが報告され

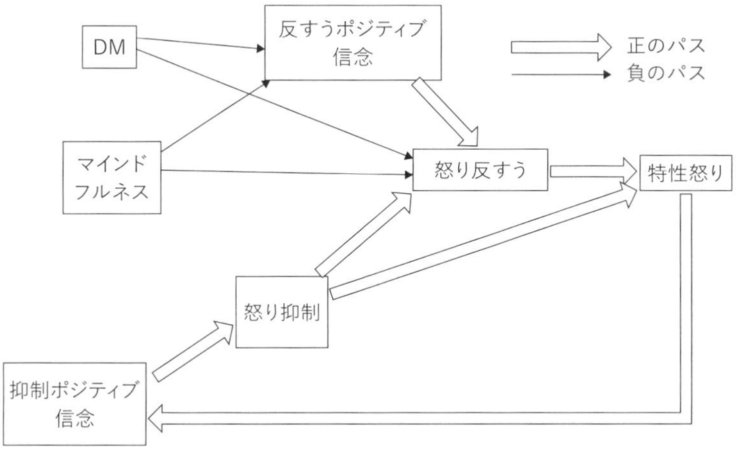

図1　仮説として作成したパス図
注）DM：ディタッチト・マインドフルネス，反すうポジティブ信念：怒り反すうに対するポジティブな信念
抑制ポジティブ信念：怒りの抑制に対するポジティブな信念

ている。非瞑想体験者に本尺度を使用する際，下位尺度の解釈については，上記の因子の特徴を考慮すべきである。

　また，ディタッチト・マインドフルネス（以下，DM）が怒り反すうや怒り反すうに対するポジティブなメタ認知的信念を低減させる（金，2015）という報告もある。DMは「マインドフルネス（思考や信念などの内的な認知的出来事への気づき）」と「ディタッチメント（内的出来事と自己意識との弁別）」で構成される（今井・今井・熊野，2012）。DMは，怒りという脅威となる刺激に対して固執した注意を向けたり反すうしたりすることに対して注意を焦点づけせず，物事に対する平等な注意を促すために，怒り反すうに対して有効に働く可能性が考えられる。

　マインドフルネス瞑想が怒り反すう低減において著効を示したという数少ない実践報告のひとつである平野・湯川（2013）の研究では，1週間のマインドフルネス瞑想プログラムを経験した被験者の怒り反すうが低減したことが報告された。しかしこの研究では怒りや怒り反すう，感情の受容に関する心理教育が含まれず，どのような機序で怒り反すうを低減するのかということは実証されていない。さらにこれまで怒りに関する心理的要因は個々に関連が検討されてきたのが実情である。これらの状況を踏まえ，本研究は怒り反すうが，怒り反すうに対するポジティブなメタ認知的信念，怒り抑制，怒りの抑制に関するポジティブな信念

といった先行研究で関連が示唆されてきた心理学的要因とどのように作用し合い特性怒りを高めるかという点と，マインドフルネスやDMがそれらの要因に対してどのように奏功し，怒り反すうおよび特性怒りを改善するかを包括的に明らかにすることを目的とする。怒り反すうや特性怒りを低減あるいは増大させる要因についてのモデルを作成し因果関係を明らかにすることで，包括的な怒り低減のための心理療法プログラムに盛り込むことのできるコンポーネントが明確になると考えられる。

II　仮説

　先行研究を基に，特性怒りの原因となる怒り反すうを中心に，怒り反すうを直接的に高める怒り反すうに対するポジティブなメタ認知的信念，怒り反すうと特性怒りそれぞれを高める怒り抑制，怒り抑制を高める怒りの抑制に関するポジティブな信念を要因として取り上げた。一方，怒り反すうを低減する要因としてDMとマインドフルネスを用いて図1のようなパス図を仮説として作成した。

III　方法

　2018年1月15日（月）に，公立大学Aの大学生，合計229名を対象に講義終了時に調査を実施し，204名分の有効回答を得た（有効回答率89.08％，男性25名，女性179名，平均18.92 ± 0.79歳）。本調査への

協力の有無は成績評価とは無関係であり，自由意思に基づくこと，回答は数量化され統計学的に処理されること，個人情報が保護されることを事前に口頭および書面で周知した。また回答をもって同意を得たものとした。

1　使用した尺度

　下記6種の質問紙を使用したが，いずれの尺度も得点が高いことがその傾向の高さを示し，すべて信頼性・妥当性は支持されているものである。

1．State-Trait Anger Expression Scale（STAXI）日本語版（鈴木・春木，1994）の一部

　特性怒りの9項目，怒り抑制の6項目を使用した。特性怒りは，怒りやすさに関するパーソナリティ特性に関する質問項目から，怒り抑制は，怒りを自分の心のなかに有し，外へ表さない，というような質問項目からなる。項目に対する回答は，「全くあてはまらない（1点）」から「とてもよくあてはまる（4点）」の4件法で求めた。

2．怒りの抑制に関する信念尺度（金築・金築，2011）の一部

　「怒りの抑制に関するポジティブな信念」の10項目を使用した。「怒りを抑制することで，人間関係が気まずくなるのを防ぐ」といったように，対人関係の維持には怒りを抑制することが必要であることを表す項目から成り立っている。項目に対する回答は，「まったくそう思わない（1点）」から「まったくそう思う（5点）」の5件法で求めた。

3．日本語版怒り反すう尺度（八田他，2013）

　Sukhodolsky et al.（2001）が作成したAnger Rumination Scaleの日本版である。怒り体験の理由や原因について注意を向け，繰り返し考えることを表す「怒り熟考因子」，過去の怒り体験や記憶の想起に関する「怒り体験想起因子」，怒り情動が向けられた相手に対する報復について想像したり考えたりすることを表す「報復思考因子」の3因子17項目からなる。項目に対する回答は，「ほとんどない（1点）」から「ほとんどいつも（4点）」の4件法で求めた。

4．怒り反すうに対するメタ認知的信念尺度（金他，2014）の一部

　金他（2014）が半構造化面接の結果をもとにして作成した尺度から「怒り反芻に対するポジティブなメタ認知的信念」（＝怒り反すうに対するポジティブなメタ認知的信念）の尺度3項目を使用した項目に対する回答は，「まったくあてはまらない（1点）」から「よくあてはまる（4点）」の4件法で求めた。

5．Five Facet Mindfulness Questionnaire（FFMQ）日本語版（Sugiura, Sato, Ito, & Murakami, 2012）

　Baer et al.（2006）が作成したマインドフルネスを測定する尺度，FFMQの日本版であり，Observing, Nonreact, Nonjudging, Describing, Awarenessの5因子39項目から構成される。先述の通りObservingは「感覚・知覚・思考・感情を観察すること，気づいたり近づいたりすること」，Nonreactは「内的な体験について反応しないこと」，Nonjudgingは「体験について判断しないこと」，Describingは「言葉で述べたり説明したりすること」，Awarenessは「意識を向けながら・自動操縦で・集中して・あるいは気が散ることなく振る舞うこと」を表す。

　項目に対する回答は，「まったくあてはまらない（1点）」から「いつもあてはまる（5点）」の5件法で求めた。先述の通り，非瞑想体験者に実施する際にはObserving, Describingの因子の解釈には注意が必要であると考えられる。

6．Detached Mindfulness Mode Questionnaire（DMMQ）（今井，2017）

　自分自身を含めたさまざまな対象を，距離をおいた視点から客観的に観察できるようになることであるDMを促進する技法によってもたらされる認知行動的特徴を示す8項目で構成される。項目に対する回答は，「全くあてはまらない（1点）」から「非常によく当てはまる（6点）」の6件法で求めた。

Ⅳ　結果

　仮説モデル（図1）に沿って共分散構造分析を行った。分析の過程において，特性怒りから怒り抑制に関するポジティブな信念へのパス，DMから怒り反すうに対するポジティブなメタ認知的信念へのパス，怒り抑制から特性怒りへのパスは有意とはならなかったた

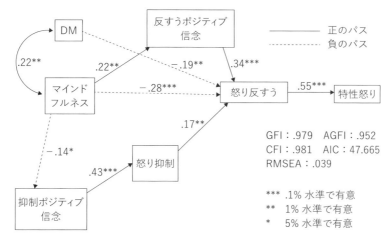

図2　DM，マインドフルネスと怒りの諸側面に関するパス図

め削除し，また類似の概念である DM とマインドフ
ルネスの正の相関，感情を受容するという側面を持つ
マインドフルネスが怒り抑制に関するポジティブな信
念に負の影響を与えるというパスを想定し，追加した
うえで再分析を行った。結果，図2のようなモデルが
得られた。おおむね仮説に沿ったモデルであり，怒り
抑制に関するポジティブな信念は怒り抑制を高め，高
められた怒り抑制が怒り反すうを高めることによって
結果的に特性怒りを高めるという，怒り反すうの特性
怒りへの作用機序が示された。しかし，マインドフル
ネスから怒り反すうに対するポジティブなメタ認知的
信念へのパスは仮説と異なり正の影響を示した。こ
れは，本研究の対象者が一般の大学生，つまり非瞑
想体験者であり，FFMQ の5因子のうち，先述した
Observing や Describing がもつ特性によるものでは
ないかと考えられる。そのため，FFMQ の5因子を
それぞれモデルに投入し，再分析を行うこととした。
有意でないパスを削除しながら分析を繰り返し行った
ところ，図3のようなモデルが得られた。ここでは
Observing と Describing は怒り反すうに対するポジ
ティブなメタ認知的信念を，Describing 因子は怒り
反すうをも高めるという結果が得られた。適合指標自
体は，図2のほうがよいものの，図3の適合度も悪い
とは言えず，むしろ非瞑想体験者の怒り反すうの作用
機序としては臨床的理解のうえで意義のあるものであ
ると判断した。

V　考察

　本研究は，これまで，一部ごとに検討されてきた怒
り，怒り反すうに関連する心理的要因を，怒りの発
生，維持，低減，予防という側面から包括的に検討し
たものである。図2で示された怒り抑制と怒り反すう
の関係は，リバウンド効果（Wegner, 1987）によっ
て説明ができるであろう。リバウンド効果とは，白熊
の登場する環境ビデオを視聴したのち，白熊を想起し
てはいけない，と教示された実験群の被験者は非教示
の統制群と比較し有意に白熊想起回数が多かったとい
う，所謂「白熊」実験で示された現象である（Wegner,
1987）。つまり，怒りを抑制しようとするがゆえにリ
バウンド効果として，怒り反すうが起こると考えられ
るということである。そのため，怒りを抑制するので
はなくあるがままに受け止めるというマインドフルな
心理的態度が必要になるであろう。また，怒り反すう
に対するポジティブなメタ認知的信念はそれ単独で怒
り反すうを高め，そこで高められた怒り反すうが特性
怒りを高めるというパスウェイが得られた。しかし先
行研究（武部他，2015）とは異なり，怒りの抑制に関
するポジティブな信念，怒りの抑制，特性怒りが相互
を高め合うという悪循環は示されなかったため，治療
プログラムには特性怒りそのものではなく，特性怒り
を高める種々の要因にそれぞれ対処していく方法が必
要であると考えられる。
　怒り抑制，怒り反すうを低減させるためには，怒り
抑制と怒り反すうに対する心理教育を行い，それら

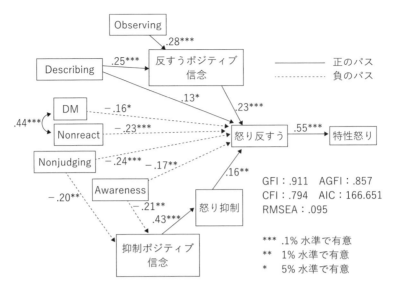

図3　マインドフルネスの5因子を想定したパス図

に対するポジティブな信念を含めた認知変容のための介入が有効であると考えられる。この際に，森田療法の生の欲望理論に基づき，「怒りは，自己を守ろうとする感情でもあり，良くありたいと願うことと表裏一体の感情である。しかしそれに囚われすぎることは，自他ともに不幸せな結果になってしまうので，ありのままにその怒りを受け入れ，目の前にある自分にとって重要なことに取り組むことが有効」であるという心理教育が有用だろう。この心理教育には，マインドフルネスによる感情の受容のみならず，「目の前にある自分にとって重要なことに取り組む」というコミットメントの重要性にも端的に触れている。フリーマン（2008）が述べたように，森田療法とACTは非常に類似点が多い。ACTの特徴は心理的柔軟性という構成概念で説明されるが，それはマインドフルネスとアクセプタンス，コミットメントと行動活性化という大きな二つのプロセスによって構成される（Hayes, Strosahl, & Wilson, 2012）。そして，それについてクライエントに体験的に理解してもらうためにさまざまなメタファーやエクササイズを用いるため，セラピストには習熟の難しさが伴う。一方で，我々が想定している森田療法の生の欲望に基づく心理教育はACTの2つのプロセスを非常に直接的かつ端的に説明しており，セラピストにもクライエントにも知的に理解しやすいだろう。このように怒りや怒り反すう，抑制の是

非について「自己を守ろうとする感情でもあり，良くありたいと願うことと表裏一体の感情である」という観点から知的に理解をすることは，プログラムへの動機づけを高める効果も期待される。ただし，実際の心理療法プログラム過程においては，さまざまな体験的なマインドフルネスのエクササイズを実施し，クライエントに体感としてそのことを理解してもらうことが重要である点はACTに準じる。

　また，怒り反すう，特性怒りの低減，予防要因として，先行研究通り，マインドフルネス，DMが有効であることが示された。DMは怒り反すうを低減し，マインドフルネスは怒り反すうのみならず怒りの抑制に関するポジティブな信念に対しても低減効果を持つことが示された。一方でマインドフルネスは，怒り反すうに対するポジティブなメタ認知的信念を介して怒り反すうを高めるという矛盾した結果も得られた。これについては，DMが「ディタッチメント（内的出来事と自己意識との弁別）」という注意の向け方に特化しているのに対し，マインドフルネスが持つ，思考・感情を観察し言語化するという要素が起因していると考えられる。ObservingとDescribingの2因子は瞑想経験のない者にとってはポジティブな心理状態と結びつきにくい（Baer et al, 2006）ことも報告されているが，今回の調査協力者が一般の大学生であり，過去にマインドフルネスプログラムを受けたこと

や，瞑想経験があるとは考えにくい。そこでFFMQを5因子に分け再分析したところ，やはりObservingとDescribingの2因子が怒り反すうに対するポジティブなメタ認知的信念を高めていることが確認できた（図3）。つまりマインドフルネスの未経験者においては，思考・感情を観察し言葉にする傾向が，怒り反すうに対するポジティブなメタ認知的信念を介して怒り反すうを高め，結果的に特性怒りを高めるということができる。特にDescribingは直接的に怒り反すうを高めることも示された。これらは本研究による新たな知見である。よって怒りに対するプログラムでは，日記などの怒り感情に関するセルフモニタリング要素を含む従来のCBTや森田療法のコンポーネントは，その導入時期を慎重に考える必要があるだろう。一方，他の3因子はいずれも怒り反すうと2つの信念に対して好ましい影響を持っていることが示されたことから，プログラムの導入時点においては，怒りに関する心理教育の上で，呼吸瞑想，マインドフルイーティング，ボディスキャンなどの，現在への気づきを促すが怒りとは直結しないトレーニングから始めることが好ましいだろう。そのような観点から，DMにおける注意トレーニングも好ましいといえる。これによってマインドフルネスの特性が高まったのちは，ObservingやDescribingが怒り関連の信念を改善するように働く可能性も考えられる。その時点において，怒り感情のセルフモニタリングを開始すべきであろう。これらのことから，プログラム開始当初には，「怒りに注目することによって精神的に負担を感じる時期も予想されるが，自然な経過であり，徐々にあるがままの感情を受け止められるようになる」と教示することが良いと考えられる。この教示は参加者のドロップアウトを防ぐ手立てとなるであろう。そして徐々に怒り感情に対するマインドフルネス瞑想も実践し，怒り反すうや怒りの感情を受容できるようになった後に，従来のCBTが行ってきた怒り反すうや不適応な怒り表出行動に代わるアクションプランの検討など，怒りを直接扱うような技法を導入することが望ましいのではないだろうか。

現在我々はこのような仮説の下，怒り・怒り反すうに対する新しい介入プログラムを作成し，効果研究を実践中である。

▶ 文献

Averill, J.R. (1982). *Anger and aggression : An essay on emotion.* New York : Springer-Verlag.

Baer, R.A., Smith, G.T., Hopkins, J., Krietemeyer, J., & Toney, L. (2006). Using self-report assessment methods to explore facets of mindfulness. *Assessment*, 13, 27-45.

Beck, A.T. (1976). *Cognitive therapy and the emotional disorders.*
（ベック・A・T　大野　裕（訳）（1990）．認知療法 ── 精神療法の新しい発展── 岩崎学術出版社）

フリーマン・A（2008）．創刊を祝して　認知療法研究，1，6-9.

八田武俊・大渕憲一・八田純子（2013）．日本語版怒り反すう尺度作成の試み　応用心理学研究，38，231-238.

Hayes, S., Strosahl, K., & Wilson, K. (2012). *Acceptance and commitment therapy : The process and practice of mindful change.* 2nd Ed.
（武藤　崇・三田村仰・大月　友（監訳）（2014）．アクセプタンス＆コミットメント・セラピー（ACT）〈第二版〉──マインドフルな変化のためのプロセスと実践── 星和書店）

平野美沙・湯川進太郎（2013）．マインドフルネス瞑想の怒り低減効果に関する実験的検討　心理学研究，84，93-102.

今井正司（2017）．Personal communication.

今井正司・今井千鶴子・熊野宏昭（2012）．Detached Mindfulness Mode と臨床症状との関連 ──Detached Mindfulness Mode Questionnaire の作成を通して── 日本行動療法学会第38回大会発表論文集，336-337.

Kabat-Zinn, J. (2013). Full catastrophe living : How to cope with stress, pain and illness using mindfulness meditation (English Edition). Revised Ed. Piatkus. (Kindle 版)

金築智美・金築　優（2011）．怒りの表出・抑制に関連した信念の特徴　東京電機大学総合文化研究，9，63-73.

北西憲二（2016）．はじめての森田療法　講談社

金ヌルプルンソル（指導：野村　忍）（2015）．怒り反すうに対するディタッチ・マインドフルネスの効果　人間科学研究，28，Supplement（修士論文要旨）.

金ヌルプルンソル・山口摩弥・今井正司・熊野宏昭・野村　忍（2014）．怒り反すうに対するメタ認知的信念尺度の作成及び信頼性と妥当性の検討　認知療法研究，7，180-188.

Mostofsky, E., Penner, E.A., & Mittleman, M.A. (2014). Outbursts of anger as a trigger of acute cardiovascular events : A systematic review and meta-analysis. *European Heart Journal*, 35, 1404-1410.

Sukhodolsky, D.G., Golub, A., & Cromwell, E.N. (2001). Development and validation of the anger rumination scale. *Personality and Individual Differences*, 31, 689-

700.

Sugiura, Y., Sato, A., Ito, Y., & Murakami, H. (2012). Development and validation of the Japanese version of the five facet mindfulness questionnaire. *Mindfulness*, 3, 85-94.

鈴木　平・春木　豊 (1994). 怒りと循環器系疾患の関連性の検討　健康心理学研究, 7, 1-13.

武部匡也・高橋　史・田原太郎・福田繭子 (2015). 怒りの抑制に関するポジティブな信念と怒りの対処方法およ び社会的スキルの関連性　認知療法研究, 8, 116-123.

Wegner, D.M., Schneider, D.J., Carter, S.R., & White, T.L. (1987). Paradoxical effects of thought suppression. *Journal of Personality and Social Psychology*, 53, 5-13.

湯川進太郎 (2004). 怒りをコントロールできない子　―鎮静化の過程の研究から―　児童心理, 58, 96-99.

湯川進太郎 (2008). 怒りの心理学　―怒りとうまくつき あうための理論と方法―　有斐閣

Making a Comprehensive Psychological Model of Anger

Kazumasa Tsukamoto [1], Ken Ichiro Koyama [2]

1) Psychological Clinic, Fukuoka Prefectural University
2) The Graduate School of Human and Social Sciences at Fukuoka Prefectural University

Keywords : anger rumination, mindfulness, anger-in, positive meta-cognitive belief about anger rumination, positive belief about anger-in, desire to live

実践研究論文の投稿のお誘い

　『臨床心理学』誌の投稿欄は，臨床心理学における実践研究の発展を目指しています。一人でも多くの臨床家が研究活動に関わり，対象や臨床現場に合った多様な研究方法が開発・発展され，研究の質が高まることで，臨床心理学における「エビデンス」について活発な議論が展開されることを望んでいます。そして，研究から得られた知見が臨床家だけでなく，対人援助に関わる人たちの役に立ち，そして政策にも影響を与えるように社会的な有用性をもつことがさらに大きな目標になります。本誌投稿欄では，読者とともに臨床心理学の将来を作っていくための場となるように，数多くの優れた研究と実践の取り組みを紹介していきます。

　本誌投稿欄では，臨床心理学の実践活動に関わる論文の投稿を受け付けています。実践研究という場合，実践の場である臨床現場で集めたデータを対象としていること，実践活動そのものを対象としていること，実践活動に役立つ基礎的研究などを広く含みます。また，臨床心理学的介入の効果，プロセス，実践家の訓練と職業的成長，心理的支援活動のあり方など，臨床心理学実践のすべての側面を含みます。

　論文は，以下の5区分の種別を対象とします。

論文種別	規定枚数
①原著論文	40枚
②理論・研究法論文	40枚
③系統的事例研究論文	40枚
④展望・レビュー論文	40枚
⑤資料論文	20枚

　①「原著論文」と⑤「資料論文」は，系統的な方法に基づいた研究論文が対象となります。明確な研究計画を立てたうえで，心理学の研究方法に沿って実施された研究に基づいた論文です。新たに，臨床理論および研究方法を紹介する，②「理論・研究法論文」も投稿の対象として加えました。ここには，新たな臨床概念，介入技法，研究方法，訓練方法の紹介，論争となるトピックに関する検討が含まれます。理論家，臨床家，研究者，訓練者に刺激を与える実践と関連するテーマに関して具体例を通して解説する論文を広く含みます。④「展望・レビュー論文」は，テーマとなる事柄に関して，幅広く系統的な先行研究のレビューに基づいて論を展開し，重要な研究領域や臨床的問題を具体的に示すことが期待されます。

　③「系統的事例研究論文」については，単なる実施事例の報告ではなく，以下の基準を満たしていることが必要です。

①当該事例が選ばれた理由・意義が明確である，新たな知見を提供する，これまでの通説の反証となる，特異な事例として注目に値する，事例研究以外の方法では接近できない（または事例研究法によってはじめて接近が可能になる），などの根拠が明確である。
②適切な先行研究のレビューがなされており，研究の背景が明確に示される。
③データ収集および分析が系統的な方法に導かれており，その分析プロセスに関する信憑性が示される。
④できる限り，クライエントの改善に関して客観的な指標を示す。

　本誌投稿欄は，厳格な査読システムをとっています。査読委員長または査読副委員長が，投稿論文のテーマおよび方法からふさわしい査読者2名を指名し，それぞれが独立して査読を行います。査読者は，査読委員およびその分野において顕著な研究業績をもつ研究者に依頼します。投稿者の氏名，所属に関する情報は排除し，匿名性を維持し，独立性があり，公平で迅速な査読審査を目指しています。

　投稿論文で発表される研究は，投稿者の所属団体の倫理規定に基づいて，協力者・参加者のプライバシーと人権の保護に十分に配慮したうえで実施されたことを示してください。所属機関または研究実施機関において倫理審査，またはそれに代わる審査を受け，承認を受けていることを原則とします。

　本誌は，第9巻第1号より，基礎的な研究に加えて，臨床心理学にとどまらず，教育，発達実践，社会実践も含めた「従来の慣習にとらわれない発想」の論文の募集を始めました。このたび，より多くの方々から投稿していただけるように，さらに投稿論文の幅を広げました。世界的にエビデンスを重視する動きがあるなかで，さまざまな研究方法の可能性を検討し，研究対象も広げていくことが，日本においても急務です。そのために日本の実践家や研究者が，成果を発表する場所を作り，活発に議論できることを祈念しております。

（査読委員長：岩壁 茂）（2017年3月10日改訂）

新刊案内

Ψ金剛出版 〒112-0005 東京都文京区水道1-5-16　Tel. 03-3815-6661　Fax. 03-3818-6848
e-mail eigyo@kongoshuppan.co.jp　URL https://www.kongoshuppan.co.jp/

パーソナル 精神分析事典

[著]松木邦裕

本事典に取り上げられた用語・概念は旧来多く論じられてきたものを多く含みながら，同時に新たな用語・概念も積極的に採録している。さらに「対象関係理論」というカテゴリーからの解釈を中心に，異なる学派による意味の差異も明確に伝わるように記述していることも特徴といえる。中核を成す「大項目」には，これまでの精神分析的臨床経験に基づいて選択した項目が配置され，「読む事典」としての特徴を色濃く反映しており，ひとつの概念に連なる歴史，関係人物，物語を読み解くことができる。大項目の論述に収められた「小項目」を事項索引として使用することで，事典としても大いに活用できる，「読んで理解する」精神分析事典。　　　　本体3,800円＋税

気分障害のハード・コア

「うつ」と「マニー」のゆくえ

[著]内海 健

今や「うつ病」は，すり減った貨幣のごとく，ありきたりのものとして世に流通し，それが医療の現場に還流され，臨床概念を侵食している——軽症化と操作的診断により，安易な了解を拒む「病」を語る臨床知は散逸し，患者のなかに鬱滞した苦悩は「罪悪感」から「空虚感」へとさまよい出ている。気分障害をめぐる精神医学の静かな危機のなかで，主体の成立に刻印された空虚を追跡し，その核心を再度豊かな言葉で描き出す精神病理学論集。
神庭重信氏推薦／社会学者大澤真幸氏との討議「うつ病と現在性」を収録。
本体4,200円＋税

こころの出会い

精神分析家としての専門的技能を習得する

[著]ルイス・アロン　[監訳]横井公一
[訳]揖斐衣海　今江秀和　今井たよか　長川歩美　野原一徳　横井公一

本書は，まず第一に関係精神分析の包括的な入門書であり，さらに現代精神分析思想の諸潮流（対象関係論，対人関係論，自我心理学，自己心理学，間主観的アプローチなど）を概観し精神分析をめぐる最新の議論を展開した優れた理論書である。また読者は本書を読むことによって，“相互性”という観点から，投影同一化，転移・逆転移，エナクトメント，共感と解釈，関係論モデル，間主観性，といった重要な諸概念の意味と臨床における技法を理解することができる。　　　　本体5,200円＋税

［責任編集］
森岡正芳
MASAYOSHI MORIOKA

治療は文化である

［連載｜第1回］
感情と癒し
心理学と社会学のクロストーク

［追手門学院大学］　　［お茶の水女子大学］　　［立命館大学］
山田陽子／岩壁　茂／森岡正芳

2020年9月から12月にかけて，『臨床心理学』増刊第12号「治療は文化である」の刊行を記念した3つのオンライン・トークセッションが開催されました。トークセッションの記録を全3回の連載形式にてお届けします。　　◉編集部

I　［話題提供①］ケアの消費？｜山田陽子

みなさまこんにちは，追手門学院大学の山田と申します。私の専門は社会学ですが，今夏，『臨床心理学』増刊第12号「治療は文化である」に寄稿する機会をいただきました。拙稿「感情の消費——感情資本主義社会における自己の真正性」では，エヴァ・イルーズ（Eva Illouz, 1961 ～）による「感情資本主義（emotion capitalism）」や「エモディティ／感情商品」を取り上げ，現代社会と感情について考察しています。イルーズはイスラエルのヘブライ大学とフランスの社会科学高等研究院に所属する社会学者で，感情の歴史社会学，モダニティと感情，愛と親密性などをテーマにしています。著書多数，受賞歴も華やかな高名な研究者ですが，日本ではまだあまりその名が知られていないかもしれません。私は以前から彼女の研究に関心をもち，「感情資本」という観点から職場の感情管理やパワーハラスメント，自殺に

ついて研究してまいりました（山田，2019）。本日はイルーズの仕事の一端を紹介しながら，みなさんに現代社会と感情についての社会学的な見方についてお話ししてみたいと思います。

1　感情資本主義

まず，「感情資本主義」についてご紹介します。社会学は「社会と個人」についての学問であり，感情が王道のテーマであったわけではないのですが，イルーズは感情に注目することを通して伝統的な社会学理論の捉え直しと再記述を試みています。

みなさんもご存知の通り，近年の職場では，コミュニケイティブであることが求められますね。顧客や取引先とのやり取りのみならず，同僚や上司ともうまくやっていかねばなりません。また，働く人のうつ病や自殺が社会問題となり，メンタルヘルスに注目が集まるなかで，カウンセリングやストレス・マネジメント，アンガー・マネジメント，アサーション・トレーニングなど，感情を整えたり，攻撃的にならずに自分の思いや考えを効果的に相手に伝えるための技術，もしくは仕事へのモチベーションを維持するための技術がさまざまなバリエーションをともなって飛躍的に発達し，産

業保健や企業研修の場に組み込まれるようになってもいます。

　このような感情管理の技術やコミュニケーション・スキルが広がる背景には，現代社会に特有の感情文化があります。剝き出しの感情をぶつけることはせず，常に自分の感情や反応をモニターして，その場の雰囲気や状況に合致する感情を表出することを良しとする風潮，相互尊重のコミュニケーションを遂行すれば対人関係上のコンフリクトに悩むことが少なくなり，上司や同僚とも気持ちよく協働でき，職務上のパフォーマンスや生産性も向上させることができるはずだという社会意識，また，そうすべきなのだという社会規範があります。

　生産性と効率性を維持・向上するために感情を抑圧するのではなく，それを最大限活用する。イルーズは，20 世紀の資本主義の発達は感情とともにあり，経済的合理性の追求とエモーショナルであることは分かちがたく結びついていると指摘します。適切にマネジメントされた感情を商品として提供することで賃金を得る「感情労働（emotion labor）」（A・R・ホックシールド）は，みなさんもすでにご存じだと思います。ホックシールドの感情労働という概念は，近代市民として必須の作法やエチケット，生活技術であった「感情管理（emotion management）」が 1900 年代の半ば，日本では 70 年代以降，消費社会化の波に巻き込まれ，商業的場面に利用されていく様を活写するものでした。第一次産業と第二次産業の減少ならびに第三次産業の増大は，広義の対人サービス業従事者，生産よりも消費の場で働き，笑顔や愛想の良さ，温かさや親切さを日々提供しつづけなければならない人々を急増させました。賃労働として感情管理を行うことによる疲弊やバーンアウトが問題となり，臨床家のみなさんはそうした問題にも寄り添ってこられたことと拝察します。

　このようなホックシールドが語る本来の意味での「感情労働」に加え，最近では上司や同僚といっ

た職場の対人関係においても感情管理が欠かせなくなっています。身近な人間関係の部分までもが，人事考課に響くという理由で「感情労働」へと変質する。働く人々はいわば，表舞台と楽屋双方で全く気が抜けなくなっています。というのも，職場で感情的であることはネガティブに評価されがちであり，感情をコントロールできないことは人間的な未熟さや社会人としての能力不足を示す指標となるためです。自分の感情をモニターして破綻のないようふるまいつつ，他者の感情を察して共感的にふるまうこと，感情を表現する際には一定の発話手続きにのっとること，さらに，そのような感情管理力がある人物だと周囲に認められるか否かが昇進や人脈の拡大，社会階層の移動や富の形成に関わります。その意味で感情は「資本（capital）」であるとイルーズは言います。

　では一方で，家庭や親密な領域がどうだったかを見てみますと，そこには逆に，効率性や合理性，交換や公正といった経済的・政治的な要素が持ち込まれてきました。便利家電の開発・普及や時短料理のレシピの考案，外食・中食産業，家事育児を家族の愛情とは切り離したうえで種々の「タスク」に分解し，労働として請け負うベビーシッティングや家事代行業の一般化などなど。公的な社会保障制度や社会福祉の枠組みにおいても，保育や介護が「恩恵」ではなく「サービス」として提供されるようになっています。こうした家族のケア機能が外部化・社会化していくプロセスは，消費社会や感情労働の進展と緊密に結びついて生じました。人間としての基本的なあれこれをアウトソーシングする／マーケットで調達可能にする社会においては，悩みの相談もまた，親密圏にいる人ではない相手，職業として話を聴いてくれるカウンセラーやセラピストに持ちかけるということが珍しくなくなっています。

　このような「経済生活の感情化」と「感情生活の経済化」が同時に進行していくプロセスが，イルーズの言う「感情資本主義」です。一般に，合理化は非・感情的な（a-emotional）世界を作り

出すとされ，公的領域では合理性や効率性，公正性が中心的な原理となる一方，私的領域には愛や親密性が割り振られ，これらは計算や効率，正義とは対置されてきました。これに対してイルーズの見立てでは，公的領域は通常考えられているよりもエモーショナルな要素を含み，愛や情緒に溢れているかのごとく想定されてきた私的領域は，むしろ合理化され民主化されてきたということになります。

そして，そこに生きる人々の特徴は，「合理的かつエモーショナル」であるということです。人間関係の数量化や効果測定，その関係性からどの程度の心理的報酬や成果を得られるのかという計算に長ける一方で，それと同程度にエモーショナルな経験を志向し，感情をアプリオリなものとして受け止めたり，それ以上は遡らないでよい至高性を与えたりする，そうしたアンビバレントな態度の併存・両立が現代人を特徴づけています。

2　生成される感情——感情と社会 (学)

イルーズ社会学と臨床心理学との接点はどのあたりにあるでしょうか。イルーズは感情を「ある行為に向かって私たちを突き動かす内的エネルギー」とみています。感情は自発的で内発的なものかもしれませんが，前－社会的なもの・前－文化的なものではなく，むしろそこには社会的な関係性や文化的な意味が圧縮されて織り合わされている，そのようなものとして感情を捉えています。

たとえば，誰かに「また遅刻したね」と言われる場面を想像してみてください。そのとき，どのように感じ，行動するでしょうか。上司や尊敬する人に言われれば，恥ずかしい気持ちや身が縮むような思いをし，次からは時間通りの行動を死守するかもしれません。気心の知れた同僚や友人など対等な立場の人に言われれば，申し訳なさや「うるさいな」という苛立ちや反発心が湧いてくることもあるでしょう。あるいは保育園に迎えに行くのが遅くなったときに我が子に言われたなら，罪悪感や「親として失格……」といった自責の念が

生じて仕事をやめる選択をすることもありえます。

このように，感情はほとんど反射的に生じるものである一方，そこには社会的・文化的な要素が非常に多く含まれています。遅刻が問題になるのは，私たちが村落共同体的な時間の流れではなく時計によって刻まれる時間を生きているからこそですし，そうして刻まれた時間の幅に合わせて自らの身体や行為を律することが正しいという規範を内面化しているからです。さらに言えば，それが身体化されており，ほとんど何も考えずにそうしているからです。また，「子どもは親が世話するべきだ」「長時間預けるのは良くない」といった育児をめぐる社会的圧力がなければ罪悪感が生じることもありません。感情は，そしてそれと関連して生じる行為は，社会的・文化的コンテキストから離れて生じるものではないのです。だからこそ，感情と行為は社会学の重要な研究対象となります[注1]。

イルーズはまた，感情とジェンダーについても語っています。古典的なジェンダー区分によれば，男性には強さ，冷静さ，勇敢さ，攻撃性，理知的であることなどが，一方で女性には優しさ，思いやり，明るさ，豊かな感情表現などが割り振られてきました。そして，冷静で理知的であることは感情的であることよりも「上」だとみなされ，それが男女間の差にもつながっていました。ところが，経済的な言説と「セラピー的言説 (therapeutic discourse)」が結びつき，企業文化を形成する過程で，熱心で人柄がよく，フレンドリーであること，他者目線で自分を見ることができ，部下や同僚を共感的に理解しようとする姿勢を持つことなどが「信頼されるリーダー」の条件となっていきます。これは，大多数を男性が占める経営者や管理職の自己を，伝統的な「女性らしさ」——他者の気持ちに配慮し，それに沿って自己を決めるという在り方——に適応させることを意味していました。理想のリーダー像の変容は職場内のヒエラルキーや権力構造，ジェンダー観の再編を導きま

す。それと並行して，家庭や親密圏においては家事育児の合理化や外部化といった「感情生活の経済化」と，女性の権利と自律性の肯定，家事育児の公平な分担，セクシュアリティの解放といった家父長制的・権威主義的な家族関係を公正で民主的なものへと変革する動きが生じてきます。イルーズは，この動きを支えたのは第二波フェミニズムとセラピー言説であったと見ています。

3　感情の消費——エモディティ

　最後に，「エモディティ／感情商品」についてお話しします。イルーズは，20世紀の資本主義は感情や自己に関する文化を消費対象として取り込んできたとし，エモディティの3類型を提示しています。一つ目は，リゾート産業や映画や音楽など，モノではないコトの消費・「体験」の消費を通して感情や自己の解放を促すものです。二つ目は，グリーティングカード，母の日やバレンタインの贈り物，お中元やお歳暮という形態をとる商品群です。感謝や友情，愛などの感情と，親子，上司と部下の関係性など，細分化された感情と関係性のマトリックスに見合う多様なカードやモノが市場に用意されており，人々はそれを購入し，そこに気持ちを乗せて贈り合うことで市場のメンバーであると同時にケアリング・ユニットの一員であることを確認する。そのことによって社会的紐帯を維持・更新しています。

　三つ目は，商品としてのメンタルヘルスや自己啓発，コーチングです。これには「Psy産業」と「Psy-medical産業」がありますが，いずれにしても20世紀の大きな特徴のひとつは，人間の感情がPsy産業のターゲットになったことであり，「心の科学（"psy" science）」は病院やクリニックの壁を超えて，セミナーやワークショップ，マスメディアやSNSを通して希釈され普及しており，そのような枠組みに沿って自己や感情について再帰的に考える人が多く生み出されています。

　商品が感情の表現や経験を促し，促された感情は商品の一部となる。モノは，消費者の外部にあ

るのではなく，消費者の感情自体が商品の一部として組み込まれ，消費されている。このような「感情と商品の相互産出」を経て成立するもの，感情と消費行動が一体化したものをイルーズは「エモディティ」として概念化しました。もはや，物質的豊さ／精神的豊かさという対比は意味をなさず，消費文化が体系的に人々の感情を商品の一部に組み込むがゆえ，消費行動と消費の構造が現代人のセルフ・アイデンティティや感情にとって本質的な要素となっているのではないか，自己の「真正性（authenticity）」をどのように考えることができるのかと問うています。

　私が先生方にお尋ねしてみたいのは，ここまでお話ししてきたような感情資本主義や感情の消費について，臨床心理学の立場からどのようにお考えになるかということです。イルーズによれば，経済的言説とセラピー的言説は相互に絡み合いながら20世紀のエモーショナル・ライフを規定してきました。人間的なものの商品化が拡大しつづける一方で，感情の解放やライフ・プロジェクトがマーケットを通して達成される，こうした相反するかのような動きが同時に強化される資本主義のダイナミズムの只中で，セラピーはそれとどのように対峙するのでしょうか。失礼に聞こえてはいけないなと思いつつお伺いするのですが，日常とは離れた空間で自分や自分の置かれた状況を見つめ直す作業をセラピストと行うことで，クライエントは社会の慣習やお仕着せの善悪規準——消費も含めて——から距離を取ることができます。ですが，そうした「場」や関係性もまた「消費」されている可能性について，どのように思われますか。セラピーの場も効果測定などの「数値化」や「有用性」という市場原理から自由ではないように見えなくもなく……こうした点をどのように考えればよいでしょうか。

　また，セラピストはセラピーという場において，おそらくご自身の感情についても精緻な管理をなさっているのではないかと拝察しますが，もしそ

うであるなら，感情労働という観点からセラピーやセラピストを捉えることは妥当でしょうか。さらに，クライエントはセラピーという場をどのように捉え，あるいは「消費」しているのかという点についても議論できればと考えています。

II　[話題提供②] 感情と心理療法｜岩壁 茂

　私は心理療法プロセス研究を専門としており，また EFT（Emotion-Focused Therapy：エモーション・フォーカスト・セラピー）や AEDP（Accelerated Experiential Dynamic Psychotherapy：加速化体験力動療法）など，感情にフォーカスした統合的心理療法を実践・研究し[注2]，さらに感情と社会というテーマにも以前より関心をもっていたため，エヴァ・イルーズの著書を読んできました。アメリカのトークショーで，self-improvement（自己啓発）の心理学が現代の人生哲学として，いかに広くアメリカの日常生活に浸透しているのかを論じた "Oprah Winfrey and the Glamour of Misery" には大いに刺激を受けました。というのも留学時代，これらのトークショーに見入っていたからです。また，"Saving the Modern Soul : Therapy, Emotions, and the Culture of Self-Help" ではその議論がさらに発展させられ，心理療法の理論が打ち出す「心理的健康」や「ウェルビーイング（幸福）」の理想像を通してアイデンティティを作る現代人の姿を見事に浮き彫りにしています。続いて "Why Love Hurts" という著作をはじめとして，心理学が作り出す恋愛・男女関係・結婚生活に関する言説によって，私たちが愛とその問題を定義し捉える視点を与え，同時にその世界へと絡め取られるダイナミクスを捉えています。

　私からの話題提供では，感情が心理療法においてどのように考えられているのか，心理療法においてイルーズの語る「感情の商品化」がどのように起こっているのか，あるいは本当にそのようなことは起こっているのかを，一緒に考えてみたいと思います。

1　心理学化する感情——感情と心理学

　心理療法における感情理論のことを考えると，まず頭に浮かぶのはダーウィンからはじまる進化論的パースペクティヴの系譜です。ここでは，生物学の観点から，生命の維持や環境への適応に感情がどのように関わってきたのかが探求されてきました。その多くの知見は近年，認知神経科学や情動神経科学において，さらに説得力をもって明らかにされつつあります。アントニオ・ダマジオ，ジョセフ・ルドゥー，ジャック・パンセップらは，感情をつかさどる大脳辺縁系の機能の優位性について極めて興味深い知見を示してきました。これらの理論や研究の中心にあるのは，感情が人間の適応や成長をいかに駆動しているのかという知見です。

　ただ，感情は決して単一の現象ではありません。ポール・エクマン[注3]の古典的研究で使用された有名な表情の画像をご存じでしょうか。数多くの感情心理学の研究によって，悲しみ，怒り，喜び，恐れ，驚き，嫌悪という感情にはそれぞれのプロット（物語・展開）があり，それに付随する外的刺激（出来事）の知覚，認知，生理的変化，主観的体験，行動傾向などのパターンがあることが明らかになっています。感情に付随するプロットは，単に生物学的なものではなく，対人関係やコミュニケーションとも深く結びついている。たとえば「泣く」「笑う」といった基本的な感情表現は，「生き残るために」必要な機能であり，栄養を養育者から得て，安全を確保する（危険が迫ることを知らせる）ために人間がもつ重要な生存・コミュニケーション機能であり，人間という哺乳類において欠くことができない役割を，人の誕生とともに感情がもっていることを示しています。感情がない対人関係はなく，人は感情を介して他者と関係をもちますし，感情とアタッチメントは切っても切り離せない関係にあります。先ほど挙げた神経科学を臨床的に活かす試みは活発であり，ステファン・ポージェスのポリヴェーガル理論やダニエル・シーゲルの対人関係神経生物学

(interpersonal neurobiology) は，世界的に臨床家の注目を受けていますし，日本でも紹介されるようになりました。

ただし，悲しみや怒りといった基本感情が果たして生物学的にすでにプログラム化され人間に備わっているのかということに関しては議論の余地があります。たとえば，リサ・フェルドマン・バレットは，感情は生物学的に構成されるだけでなく，他者との関係を通じて社会的な状況をもとに解釈されることで個人によって構成されると述べています[注4]。これは決して新しい考えではありません。認知心理学の研究や1990年代に登場した社会構成主義の心理学では，人は生理的な変化をそれが起こった状況とあわせて解釈し，社会一般的なナラティヴを組み合わせて体験を作り出すことによって，心理的現象に形を与えると考えられてきました。このような意味において，心理学では感情の社会的側面に関する着目もあります。

一方，心理療法では感情をどう捉えているのでしょうか。理論アプローチによって感情の捉え方は多様です。しかし，いずれのアプローチも感情という現象に着目しており，クライエントが身体で体感することだけではなく，他者との関係や感情の意味を受け取ることが重視されています。

視点を社会生活へと広げてみると，感情は資本主義的ライフスタイルにおいてどう機能しているのかという問いが浮かび上がります。これはフロイトの時代にまでさかのぼれる古くて新しい問いでもあります。フロイトの甥エドワード・バーネイズは，たばこの売り上げを伸ばすために，女性が公衆の面前で喫煙することのタブーを取り払おうと考えました。そして，女性の喫煙を女性の自由と結びつけ，たばこを「自由の光（torches of freedom）」と呼び，フロイト理論を応用したマーケティング戦略を編み出して，たばこの売り上げを大きく伸ばしたと言われています。感情がマーケティングにおいてもつ役割は極めて大きく，感情がさまざまな形で売られて，そして消費されていることは明らかです。それは至るところでみられ，たとえば，世界各地にはさまざまなテーマパークがあり，家族やカップルが定期的に「お参り」する（森岡先生の表現をお借りすれば）現代の聖地となっています。テーマパークはまた，家族やカップルの大切な「記念日」をお祝いし，そのような記念日を「作る」ための特別な空間を演出しています。そこでは幸福，喜びといった感情が「ドリーム」や「ファンタジー」に彩られ，販売／消費されている。テーマパークの食事はとても高く，それ自体，さして美味しいものではありません。しかし，キャラクターの形をしたデザートやテーマパークそのもののようなレストランの内装など，そこでしか味わえない「体験」が提供されている。旅行産業，エンターテインメントなどでも感動が用意され，人は感動体験を人生の大切な1ページとして刻み込むために消費に頼らざるを得ません。しかし，それらは，消えることなく自己の語りの一部として生きられ，語り続けられます。

2 感情は（すでに）統制されている──心理学とマーケティング

マーケティング戦略における感情の活用の例をもう少しご紹介しましょう。あるとき私が目にしたコマーシャル・コンテンツは実に印象的で，近未来的な流線型のメタリックなオートバイの写真の上に，深紅の文字で "emotional technology" と書かれていました。ここでのメッセージは，最先端のテクノロジーを駆使したオートバイに乗ることは利便性や効率性を追求した体験ではなく，ある種の「感情体験」であるということです。また，女性が軽自動車を運転しているテレビCMでは，軽自動車の運転のしやすさや安全性だけでなく，その自動車において可能になる感情体験と，働く若い女性の自己語りが展開されます。夫が助手席に座り，女性が運転することで家族をリードしている姿が強調されます。そして次のシーンでは，夫の姿はなく，習い事から戻ってきたのでしょうか，後部座席の子どもたちが大はしゃぎするのを

見て，母親としての幸せを実感します。また別のときには，一人っきりで，アイスを食べながら運転する「自分」の時間を過ごします。これらの感情とプロットから織りなされる自己語りが，まさにこの軽自動車の作り出す体験であり，ここでも交換＝売買されているのはテクノロジーとその成果ではなく「感情体験」です。若いママにとって「ロマンス」が自己語りのプロットのひとつになっていないのも興味深い点です。このプロットが抜けていることは，ある意味で母親である現実を暗に「肯定」しているとも言えるでしょう。軽自動車もオートバイも感情体験を作り出すテクノロジーなのです。

　もうひとつ広告の例を挙げておきましょう。ある緑茶と紅茶の広告を見比べると，前者では着物をまとった女性のビジュアルによって落ち着いた「和」の雰囲気だけが醸し出され，「心にお茶」というようなフレーズとともに，時間的な流れの外に出る，落ち着いた穏やかな「リラックス体験」が作り出されます。後者では多くの場合，若い女性が主人公となり，「幸せの紅茶」「落ち着け恋心」といったフレーズが示され，紅茶が恋する心の欲するものであることが演出されています。いずれもそこで強調されているのは，栄養でも特別な「味」でもありませんし，水分補給でもないでしょう。いわば「感情の補給」こそがこの商品の目的となっている。これらの飲み物を欲しているのは身体ではなく「心」なのです。

　次にビジネスシーンに視点を移すと，職場において感情をいかにコントロールできるのか，そして自己を高めるのかということが，ビジネスパーソンの評価に直結しているのは現代社会の特徴です。EQ（情動知能）のように，成功に導く感情的能力が追求され，それらを獲得するための研修に多くの人が集まっています。自己啓発の中心にはいかに感情を管理し，それを超越し，自分の味方とするかというテーマがあります。イギリスBBCが放送したドキュメンタリー番組 "Century of the Self" [注5] では，近代化のなかで自己がい

かにして形成されたのかというテーマをめぐって，精神分析と政治的動向が組み合わされて構成されています。この番組では同時に，どのように心理学が医療領域から飛び出して個人の日常生活へ浸透していったのかを紹介しています。心理学は実際，うつなどを治療することを超えて，幸福な人生や自己実現など個人の生活や人生に寄与するようになり，「商品化された自己」を形成することに一役買ったことは間違いないでしょう。

3　心理療法の2つの機能——自己から社会へ

　ここで「心理療法は本当に感情を商品化してきたのか」という問いに戻ってみましょう。イルーズの問題提起のひとつは，貧困や差別などに起因する社会・政治・経済的な諸問題にさいなまれている個人が，サイコセラピーの場でそれらを個人の心理的葛藤として語って解消しているとするなら，問題が内包していた貧困や差別などの社会問題が捨象されているのではないか，というものです。そのうえで彼女は，サイコセラピーは個人の幸福の追求を目的としながら，そのことが感情の商品化を招来することで「感情資本」を形成する末端組織になってはいないだろうか，という問題を提起している。さらに，個人が永遠に続くセルフインプルーブメントの枠のなかで自己を資本化し，その仕組みが強化されつつあるということは，まさに重要な指摘です。心理療法が提供する感情変容は，このような商品化された感情の消費と本質的に異なるのでしょうか。非常に興味深い問題です。

　ここであらためて心理療法・カウンセリングの目的を考えてみると，大きく2つに分類できそうです。一方に，自己実現や幸福の追求といった自己に帰着する内向性の動きがありますが，これは社会適応なくしてはあり得ない。つまり，社会に居場所を見つけること，他者に何かを与えて歓びを得ることなど，単純な自己充足とは異なる目的に裏打ちされている。自己実現につながる個人の主体性・主観性の尊重は，社会・世界内で可能に

なることであり，この2つが常に重なり合っています。もうひとつの心理療法のミッションとして，社会を変革・改善するといったアドボカシー（権利要求）も重視されている。個人が被っている差別・偏見に対処しながら，その源泉である社会に是正を求めるという実践は，多文化間カウンセリングやフェミニスト・カウンセリングでは特に顕著です。たとえば，現代のアメリカでは，多文化間カウンセリングの授業が必須となっており，人間理解の根源とかかわるという見方が浸透しつつあります。個人の心理的問題と社会の問題と両方をみつめること，そして個人の変容だけでなく，社会の変容に寄与することも心理の専門家に求められています。もう一方で，個人開業の心理療法を受けることがステイタスシンボルのようになり，このアドボカシーと切り離されたところに（むしろ現在のシステムを肯定するような形で）臨床実践が存在することもたしかでしょう。

　心理療法の実践はたしかに「感情の商品化」という要素を内包しており，その点でイルーズの指摘は正鵠を射ている。しかし同時に，心理療法の実践が本来アドボカシー機能を担っていることも事実です。心理療法にはこのような二重でありかつ不可分な構造があることをイルーズの言説に接続させ，さらなる議論の補助線となることを期待して，私からの話題提供としたいと思います。

III　[話題提供③] 感情の文化＝涵養 (culture) ｜ 森岡正芳

　お二人が発表されたイルーズの感情資本論と感情の心理療法論からは大いに刺激を受けました。2つの話題提供の内容を引き受けつつ私からは，有史以来，人はつねに感情に悩み苦しんできたのではないかという，ややロングスパンの観点から話題提供を試みたいと考えています。

1　感情の文化——心の浄化を求めて
　社会学や歴史学など領域を横断しながら専門家の言葉を集めた，『臨床心理学』増刊第12号「治

療は文化である」の巻頭言でも書いたように，文化集団・民族集団が心の平安を得るために「感情を耕す」ことに腐心してきたプロセスは，まさに人類史そのものと重なります。ただし追求されてきたのは，感情の抑制だけではありません。感情を耕すことは，創造の心へとつながるものです。日本で古くは，感情を言葉にすること，詠歌（歌を詠むこと）ことが，制御できない心・感情を昇華する作法だと考えられてきました。あるいはそれらを絵画にすること，つまり現在のアートセラピーにつながる実践も蓄積されています。一方，自然に感じられるはずの感情を体感できない状態，いわゆるアレキシサイミア（失感情症）のクライエントにも臨床場面では出会います。摂食障害やアディクションなど，さまざまな困難のベースにある状態像とも言えるアレキシサイミア（alexithymia）の語根の一部に古代ギリシア語のテューモス（thumos），つまり欲望や怒りなど「内なる激情」を意味する言葉が含まれることからもわかるように，古来，人は感情に直面しては，その扱いに悩み苦しんできたのではないでしょうか。

2　感情の治療——スピノザ哲学という参照点
　私の話題提供では，古来の英知のなかからスピノザの哲学，殊にそれが胚胎している感情の治療論の可能性を紹介したいと考えています。哲学者スピノザ[注6]は『エチカ』において，感情には強度があるとし，過ぎゆく時間とともに中和されて懐かしさを醸し出すだけでなく，若き日の苦しい体験が鮮やかに思い出されるなど，強度が変化しない感情もあると言います。現在のトラウマ理論にも通じる考えを，スピノザは「感情とは身体の変様である」という立場から展開しています——「感情（affectus）とは身体の活動力を増大しあるいは減少し，促進しあるいは阻害する身体の変様，また同時にそうした変様の観念である［…］そこでもし我々がそうした変様のどれかの妥当な原因でありうるなら，そのとき私は感情を能動と解し，

そうでない場合は受動と解する」（第3部・序言・定義3）。感情が身体に働きかけてくるとき，私たち自身がその誘因であれば感情に対して能動的になり，理由も原因もわからず強い感情に襲われるとすれば受動に転じる。

　ではなぜ，このように相反する感情へのスタンスが生じうるのか。スピノザはこう説明しています──「我々を悲しみの感情に刺激するのを常とするものが，等しい大きさの喜びの感情に我々を刺激するのを常とする他のものと多少類似することを表象する場合，我々はそのものを憎みかつ同時に愛するであろう」（第3部・定理17）。相反する感情から生じる心的状態は「心情の動揺」（第3部・定理17・備考）と呼ばれ，さらにスピノザは強い感情に支配されたときの対処法も提示しています──「精神が対象を妥当に認識しさえするならば，対象そのもの，身体の変様も，身体の内で正しく秩序づけられ連結される」（第5部・定理10），「感情を外的な原因の思想から切り離し，それを他の思想に結びつけると，外的な原因に対する愛や憎しみ，精神の迷いも消える」（第5部・定理2）。これらの言説を読むと，サイコセラピーのひとつの源泉がここにありそうです。実際，共にユダヤ出自のジークムント・フロイトの精神分析，とりわけその欲動論の直接的ルーツは，スピノザのいう自己保存衝動としての「コナトゥス（conatus）」論ではないかとする説もあるほどです[注7]。

3　感情の二律背反──観念複合体（コンプレックス）

　このような系譜を探っていくと，感情を否定せずそのまま受け入れるというセラピー文化に共有された考え方が，実に豊かに蓄積されていることがわかってきます。もちろんアンガーマネジメントのように感情に即座に対処する試みもありますが，セラピーの目的は感情の抑制に限定されるわけではありません。感情は同時に，人生の語りに滲み出て表れる複雑な性質をもっており，生きる支えになる「基底感情」は人生を通じて養われます。それぞれの文化が用意する教育・学習システムには「感情教育」が含まれ，私たちは感情を「耕している（cultivate）」。

　臨床場面では，内面に強い感情を潜伏させたまま生きているクライエントに多く出会います。たとえば慢性糖尿病の方。定期検査までは厳格な食事制限を励行するのですが，検査の数値に異状がないとわかった途端，その反動とばかり爆発的に飲み食いをする方がいらっしゃいます。それはノンコンプライアンスの「意志が弱い人」ではなく，本人も意識していない怒りや悲しみ，空虚感をひそかに抱えて，人生を貫いてこられたことが見えたときに，臨床的なかかわりが始まるといえるのかもしれません。

　他方，何らかの事情から感情に蓋をするクライエントもいらっしゃる。しかもこの蓋が外れて感情が自動的に噴出することもある。ユングが理論化した「観念複合体（コンプレックス）」[注8]が今なお重視されるのは，意のままにならない感情とそれへの畏怖が，今日に至るまでのサイコセラピーをもってしても，解決できない大きな課題であるからでしょう。

4　抵抗線を描く──商品化された感情の彼方へ

　後の討論のために，ここまでの議論をまとめておきましょう。ひとつは，文化のなかで培われてきた感情理論は心理療法のひとつの源流を成し，そこには現在へとつながるヒントが多く潜んでいるということです。ただ，このような個人のウェルビーイングを調整する「心の作法」には限界もあります。私たちが生きている社会には差別や偏見などの構造的問題があり，それを解決せず個人の内面に関心を寄せるばかりでは根本的解決につながらないことも，セラピストは視野に入れなくてはならない。さらにこのことは，トラウマ，うつ，ASDといったラベリングが感情の商品化につながる可能性とも無関係ではありません。確定診断によって治療方針や処方薬物が決まれば，クライエントはある種の安心を得ることができるでしょう。しかしこのラベリングによってクライエント

のなかに強固なストーリーが生まれ，本来は社会にあったはずの構造的問題は個人化されかねません。たとえば「うつ」という診断によって，薬物が処方され，リワークが推奨されるという一連の流れに，私はどこか奇妙な感覚を抱いてしまうのです。それはおそらく，クライエントのストーリーが軌道修正を強いられ，描きえたかもしれない固有のライフストーリーが忘却されるからかもしれません。私たち専門家がつくりだすラベリングには，つねにこのような落とし穴がありうる。この望まざる軌道を修正するという意味で，コミュニティやダイアローグを重視しながら問題の個人化に抵抗する試みとして，昨今，心理社会的アプローチが注目されているのではないでしょうか。

しかしながら同時に，イルーズのemodity概念を援用するならば，このような心理社会的アプローチ自体がブランド化・商品化されるリスクもあるわけです。また，あるコミュニティに帰属することがもたらす充足は，同時に異質性の排除というリスクと地続きにあることを，私たちは臨床のなかで問いつづける必要があるのでしょう。

Ⅳ　［討議］心理学と社会学のクロストーク

1　治療の「場」──セラピー空間の固有性

森岡　私たちセラピストはemodityという言葉に集約される感情商品を提供して，期せずして「Psy産業」に参入しているという問題提起がありました。これはかつての臨床心理学内部の学会紛争から繰り返されてきたテーマでもありますが，国家資格化によって加速化していく可能性もあるでしょう。サイコセラピーはボランティアでもなく医業でもなく，また物理的な成果を提供しているわけでもないのですが，収益を得ているのは事実で，サイコセラピーの商品化という観点を逆手にとって，果たして何を提供＝販売しているのかを改めて問う必要があるでしょう。さらに視点を移して，カスタマー＝クライエントがセラピー空間をどのように消費しているのかということも問う必要がある。この問いに対して，一定の時間枠と規定の空間からなるサイコセラピーという設定＝枠を提供していることが手掛かりではないか──私はそう応えられると考えています。私がかつてクライエントから贈られた，忘れられない言葉のひとつに「この場があってよかった」というものがあります。これはまず，セラピー空間にクライエントもプレイヤーとして参入していることを意味しており，次いでそれがセラピストの利益を生んでいるという意味でしょう。まずはこの仮説を皮切りに討議を進めていきましょうか。

岩壁　イルーズはまさにこのセラピー空間が心理的部分を産出していると批判しているのですが，私は心理療法に固有の空間というものがあり，そこには治癒につながる肯定されるべき側面があるのではないかと考えています。それは，ウィニコットの「移行対象（transitional object）」[注9]のように移行的な空間（transitional space）であり，想像力に満たされた内的世界と外的世界の中間領域であり，可能的なものと現実的なものが混在して立ち上がる場であり，さらに「この場があってよかった」とクライエントが述べるような安全な場でもある。結果的に商品化される可能性は免れえないとしても，この「場」に人間の身体が息づいているのはたしかですから，主観的事実と客観的現実がつながる稀有な空間とは言えないでしょうか。

森岡　セラピー空間は事後的に商品化されるとしても，本来クライエントに安全安心を提供し，セラピストが変化の手がかりを得る「場」でもあるというわけですね。しかしイルーズや山田さんから見れば，セラピスト－クライエント関係やそれが生み出す空間それ自体が，感情資本主義に取り込まれるということになるのでしょうか。

山田　イルーズもセラピーのすべてが消費されると言っているわけではありませんし，「消費を免れるものとは何か」というのが私の問いでもあります。ただ，消費や商品化をただちに悪とみなす立場はとっていません。社会学は規範論ではなく，

事実として何が起こっているのかを見定めること
が仕事だと思っています。その意味で，先ほど「安
全安心の場」と表現されたものには関心がありま
す。セラピストに会えて話せたことでも語られた
内容でもなく，セラピストと共にある「場」にお
いてクライエントが安心安全を感じるということ
ですよね。するとセラピー空間は，一体どのよう
な「場」と言えるのでしょうか……

森岡　おそらく，情緒が醸成される「応答性の世
界」ということではないでしょうか。純粋に目の
前の相手の言葉・表情・身体に十分な関心をもつ
ことで，そのような「場」が可能になる。日常生
活では起こりえない純粋体験であり，そして代替
物をイメージしがたい「場」でもある。このよう
な「場」において自分が守られていると感じる「保
護感覚」は，学派や方法論の別を超えて共通する
治療促進要因とされ，多くの問題を解決に導く契
機になるとも言われます。

岩壁　「応答性の世界」「保護感覚」が生まれるセ
ラピー空間を思い描いてみると，最低限の什器の
ほか余分なものは何もなく，二人がありのままで
向かい合い，セラピストは自分のことを語らない
……こういった特殊な空間がイメージされるで
しょう。しかもそこでは決して抽象的な自己だけ
が浮かび上がるわけではない。二人で対話を交わ
すなかで，ノイズの多い日常生活では感じ取れな
い互いの存在感（presence）を，皮膚感覚で純粋
に把捉できる特別な空間と呼べそうです。

❷　真実の在処──真正性を求めて

森岡　セラピストとクライエントが現に存在して
いること（presence）を感受し合うというセラピー
空間のイメージは，私の実感にも即したものです。
そしてセラピー空間では当然，感情もまた研ぎ澄
まされていくはずです。ここでイルーズによる感
情の定義「ある行為に向かってわれわれを突き動
かす内的エネルギー」をもう一度考えてみたいの
ですが，イルーズは行為に向かう手前にあるもの
として感情を捉えているようです。

山田　文脈によって「行為に付随するもの」「行
為を彩るもの」という言い方もしており，感情と
行為の関係を複数の位相で捉えているようです。

森岡　なるほど。たしかに感情表現には文化差が
あって，日本では「感情を押し殺す」ことが多い
のですが，押し殺したとしても滲み出てくる感情
をサイコセラピーでは焦点化していきます。この
ようにセラピー空間では感情の純粋性が措定され
るわけですが，近代社会では純粋感情などありえ
ないというのがイルーズの主張ということでしょ
うか……

山田　イルーズは感情の消費について性急で極端
な判断を下しているわけではありません。人々が
モノの機能や効用，あるいはモノの記号的意味の
みならず，自分の感情さえ消費しはじめた現代社
会において，真正性とは何を意味するのかを問う
ているように思います。たとえば，私が以前聴き
取り調査をしたインフォーマントの例になります
が，宝塚歌劇団の熱心なファンがいます（山田，
2020）。全国への「遠征」はもちろんのこと，臨
月の出産ギリギリの時期になるまで観劇し，産後
も職場復帰よりも早く遠征に「復帰」するほどの
ヅカファンです。彼女は宝塚を消費していますし，
そこから得られる高揚感や喜びや楽しさ目当てで
劇団や「推し」のタカラジェンヌに私財を投入し
ています。宝塚は大衆芸術ですから Th. W. アド
ルノであれば蔑む対象でしょう。一方，宝塚のチ
ケットは安価ではありませんから，それを頻繁に
買えるだけの財力を誇示する消費，あるいは歌劇
を見る程度の文化的教養があることを示す記号的
消費をしていると言えなくもありません。ですが，
そのどれもが彼女の宝塚消費の説明としてしっく
りこない。というのも，宝塚はファンが一丸となっ
てジェンヌを育てることで知られており，ファン
同士の連帯，ファンとジェンヌと劇団の一体感が
強く，ある種の共同体として機能しています。彼
女は歌劇を観ることで高揚感や感動を得ると同時
に，その「場」が彼女の居場所であり，アイデンティ
ティや生きる意味の源泉になっている。まさに感

情を消費し，宝塚という「場」を消費しているのであって，こうした消費のあり方は，最高峰の純粋芸術や純文学から得られる心の動きや，地域や宗教的共同体から得られる帰属意識に比して劣っているとは言えないのではないか。現に彼女は，コロナ禍による劇場の長期閉鎖によって「コロナうつ」のような精神状態に陥りました。イルーズは，チャールズ・テイラーなどの共同体論者が，「高度に個人化され市場化された現代の真正性」について沈黙していると指摘していますが，私も消費を介した共同性と真正性について考える必要があると思っています。ファンダムは宝塚のほかにも種々見られ，K-POP アーティストの BTS のそれのように，グローバルな共同性を生じさせるものもありますが，それが一過性のものか永続的なものかは未知数です。

岩壁　イルーズのインタビューを聞いていると，現代社会の商品化・産業化の傾向には批判的ニュアンスを含ませているようですね。つまり，みずからの「真正性」を求めた自己注目の強化において感情が触媒とされること，感情を消費しなければ自己の真実を語れないことに対して，イルーズはやや批判的スタンスを取っているようです。高級リゾートで過ごすことに人生の成功を感じて「真正性」を確認する体験にも，創られた世界としてのセラピー体験にも，過去への回帰こそ叫ばないものの，イルーズは疑問を呈している——そのように私は解釈しています。

山田　たしかにイルーズは現状を全肯定しているわけではないと思います。感情の消費が加速している状況を前提として，それでもなお感情の物象化や消費の先にある「真正性」へと問いの射程を広げているのではないでしょうか。専門家のお二人に伺いたいのですが，サイコセラピーにおいて「真正性」はどのように扱われるのでしょうか。

森岡　「真正性」はサイコセラピーにおける重大な探求対象ですが，しかし「真正性」を求めれば求めるほどセラピーは終結しないというパラドクスもあります。ひとたびセラピーで手にしたはず

の「真正性」が，日常生活において徐々に摩滅してゆき，再びそれを求めてセラピーに戻ってくるクライエントがいることも事実ですから。「真正性」の希求がある種の麻痺状態をもたらしかねないとすれば，これは一筋縄ではいかないテーマですね。

岩壁　実存哲学から生まれた「真正性」の概念は，真の自分を生きること，真実の生を追求することから，いわゆる「自分探し」や教育における個性の尊重にまで通じています。それが商業的に利用され，消費から真正性を得ているというのは，根本的な矛盾があるようにも感じられます。もう一方で，「真正性」は，生物学的側面から社会的存在としての人間の一面を表しているとも言えないでしょうか。自分にとっての真実をどのように見つけるのかということを突き止めるには，サイコセラピー論や感情理論にとどまらず，社会や文化一般に食指を拡げた広域のスコープを通した議論が必要でしょう。「真正性」は，人格的成熟や生き方としての理想でもありますが，生の事実でもあります。人間が生物である限り，その命にはこの前にも先にも同じものがない一回性という生物学的本質があります。そうであれば，「真正性」を求めることはある意味で生物学的動因（drive）であるかもしれません。もう一方で，宗教など絶対的な価値基準から個人が定義されることがないなかで，イルーズが言うように，「真正性」を求める使命が不可避になっている側面もあるはずです。さらに「真正性」は，個人や民族がさまざまな迫害や弾圧などを生き抜くなかで，脅かされ，そして守り続けようとした「真実」とも深く関わっているでしょう。一人の人間においても複数の真実が共存していて，たとえば第二次世界大戦における歴史的事実の隠蔽という公的記憶から，他人が容易には踏み込めない個人的経験まで，複数の線（ライン）が，複数の真実を形成しているのかもしれません。だからこそ，その生き証人（witness）としてのセラピストという存在が重要となります。セラピストに深い配慮と繊細な姿勢が求められるの

はそのためでしょう。また，クライエントを援助
しているはずが，知らぬ間にクライエントの世界
制作に関与し，クライエントの真実の編纂作業に
干渉している可能性もある……私たちセラピスト
がみずからの実践を振り返るうえでは，このよう
な観点も不可欠ではないでしょうか。

※

森岡　トークセッションの主眼だった心理学と社
会学のクロストークから，きわめて多岐にわたる
豊かな議論が展開され，私としては日々の実践を
振り返る機会となりました。改めて感情とは弱く
繊細な部分であって，そこに触れる私たち専門家
は努めて慎重であるべきだと感じます。考えてみ
れば，みずからの感情に「侵入」されることを拒
絶するクライエントは少なくありません。そのこ
とを意識しながら，同時にセラピーの「場」にお
いて感じ取った壁にも正直に向き合いながら，臨
床を実践しなくてはならないのでしょう。今後，
さらなる生産的な議論が続いていくことを期待し
ています。

［収録＝2020年9月6日｜オンライン配信］

▶注

1——マックス・ウェーバー（Max Weber）の「理解社会学」は，行為者の動機の理解を掲げる。社会的行為の4類型のうち，目的合理的行為と価値合理的行為については後の合理的選択理論やタルコット・パーソンズ（Talcott Parsons）によるAGIL図式へと発展的に継承されていくが，感情的行為についてはウェーバー社会学においてもその後の学説においても十分に展開されたとは言い難い。イルーズは，理解社会学は「行為に伴う感情と，それを推進するものが何なのかに注意を払うべきだ」とする。

2——感情にフォーカスした心理療法の実践および研究については，岩壁（2020）を参照。

3——ポール・エクマン（Paul Ekman）は，感情と表情に関する先駆的な研究で知られるアメリカの心理学者。主著に『表情分析入門——表情に隠された意味をさぐる』『暴かれる嘘——虚偽を見破る対人学』『顔は口ほどに嘘をつく』がある。

4——リサ・フェルドマン・バレット（Lisa Feldman Barrett）は，アメリカ・ノースイースタン大学心理学部特別教授，ハーバード大学医学部マサチューセッツ総合病院研究員。主著に『情動はこうしてつくられる』（バレット，2019）がある。

5——イギリスBBC制作 "Century of the Self" は，エドワード・バーネイズ（Edward Bernays）によるフロイト理論の社会実装を紹介した "Happiness Machines" に続き，"The Engineering of Consent"，"The Engineering of Consent"，"Eight People Sipping Wine in Kettering" からなる4回シリーズ番組として2002年に配信された（参照——https://www.bbc.co.uk/programmes/p00ghx6g［2020年11月11日閲覧］）。

6——バルーフ・デ・スピノザ（Baruch de Spinoza）はオランダの哲学者（1632〜1677）。汎神論を唱え，その影響はドイツ観念論からカール・マルクス（Karl Marx），さらに現代思想にまで及ぶ。主著に『知性改善論』『神学・政治論』『国家論』『エチカ』などがある。

7——スピノザ『エチカ』を緻密に読み解きながら析出された感情の治療論の詳細については，森岡（2009）を参照。

8——さまざまな知的タイプを設定するため被検者に刺激語を与えて反応を測定する「連想実験」のなかで，刺激語の繰り返し，言い間違い，ひとつ以上の反応語の答えなど「実験の乱れ」が生じることを受け，ユングはその誘因となる「個人的事柄」を「観念複合体（コンプレックス）」と名づけている。観念複合体は「病因をなす葛藤そのものであるか，あるいは少なくともそれにきわめて近いもの」，患者の病歴を聞き取る際には現れない「患者の内密の事柄」とされる（「コンプレックス概論」）。また「コンプレックス総論」では，コンプレックスは「謀反を起こした家臣」のように，「こころの階層秩序に従

わないような強く独立性」「自律性」をもつがゆえに「個人の意思を曲げたり妨げたりすることができる」と記述されている（ユング, 1993）。

9———ウィニコットは「移行対象」について次のように述べている——「どの子どもも体験する1つの困難は，主観的な現実と共有される現実——客観的に知覚されうる現実——とを関連づけることであるということを私はこの移行現象によって例証できます。覚醒から睡眠へ，認知される世界から自分で作った世界へと子どもは飛び越えます。この2つの間に，あらゆる種類の移行対象——中立領域——が必要です」（ウィニコット, 2005）。

▶文献

リサ・フェルドマン・バレット［高橋洋 訳］（2019）情動はこうしてつくられる―脳の隠れた働きと構成主義的情動理論．紀伊國屋書店．

ポール・エクマンほか［工藤力 訳］（1987）表情分析入門―表情に隠された意味をさぐる．誠信書房．

Illouz E（2003）Oprah Winfrey and the Glamour of Misery : An Essay on Popular Culture. Columbia University Press.

Illouz E（2008）Saving the Modern Soul : Therapy, Emotions, and the Culture of Self-help. University of California Press.

Illouz E（2013）Why Love Hurts : A Sociological Explanation. Polity.

Illouz E（2019a）Emotions as Commodities. Routledge.

Illouz E（2019b）The End of Love : A Sociology of Negative Relations. Oxford University Press.

岩壁茂 編（2020）特集 感情の科学―リサーチマップとアプローチガイド．臨床心理学 20-3；245-335．

カール・グスタフ・ユング（1993）［林道義 訳］新装版 連想実験．みすず書房．

森岡正芳（2009）感情のセラピーの源泉をめぐって―スピノザ『エチカ』を手がかりに．宗教研究 83-2；627-647．

森岡正芳（2020）心と文化―治癒の源泉を探る．臨床心理学増刊第 12 号「治療は文化である」．金剛出版, pp.2-7．

バルーフ・デ・スピノザ［畠中尚志 訳］エチカ（倫理学）．岩波書店［岩波文庫］．

ドナルド・ウィニコット［西村良二 監訳］（2005）愛情剥奪と非行（ウィニコット著作集 2）．岩崎学術出版社．

山田陽子（2019）働く人のための感情資本論―パワハラ・メンタルヘルス・ライフハックの社会学．青土社．

山田陽子（2020）パンデミックに浸蝕される「日常」―文化，教育，不安道徳．現代思想 48-7；240-246．

臨床心理学 ✱ 最新研究レポート シーズン 3
THE NEWEST RESEARCH REPORT SEASON 3

第 **26** 回

認知症における回想法のエビデンス

システマティック・レビュー

Woods B, O'Philbin L, Farrell EM, Spector AE & Orrell M (2018) Reminiscence therapy for dementia (Review).
Cochrane Database of Systematic Reviews Issue 3. Art. No. : CD001120. DOI:10.1002/14651858.CD001120.pub3.

野村信威 **Nobutake Nomura**
［明治学院大学］

I　はじめに

　今日では高齢者に対するこころのケアの必要性は広く認識されているものの，心理職による高齢者に対する心理的ケアの機会は充分ではなく，その機会を拡充することの必要性が指摘されている（例えば，黒川（2008 [p.7]））。その一方でエビデンスに基づく医療（EBM）（Evidence-Based Medicine Working Group, 1992）の観点からは，認知症をはじめとする心理的ケアのニーズがある高齢者に対して，その有効性が実証的に確認された方法で援助を行うことが重要であると指摘されている。これまでに認知症の高齢者に対する有効性が確認された対人援助手段は必ずしも多くはないが，そのうちのひとつに回想法（reminiscence therapy）がある。

　回想法は，高齢者に過去を想起して語るように促すことでさまざまな心理的効果を導く対人援助手段であり（Lewis & Butler, 1974），1970 年代以降は認知症高齢者への心理的ケアの手法としても用いられるようになった（例えば，Kiërnat（1979））。1990 年代以降の EBM に対する関心の高まりにともない，アメリカ心理学会の臨床心理部会（Division12 of APA）が 1990 年代にまとめた心理的治療のガイドラインでは，回想法は高齢患者の抑うつ症状の軽減に対して「おそらく効果がある治療法（probably efficacious treatments）」であると承認された（Chambless et al., 1998）。しかしながらその有効性を示す実証的なデータは充分ではないことから，その後も実証データを蓄積することが期待されている。

II　回想法における実施方法の相違

　回想法として総称される介入技法には，実際にはさまざまな実施方法の相違がある。高齢者が過去を想起して語ることのもつ心理的意義についてはじめに指摘した Butler（1963）は，多くの高齢者が過去の人生を批判的に振り返るこうした心的プロセスをライフレビュー（life review）と名付けたが，その後に高齢者に関わるさまざまな実践場面で過去を想起して語るように促す取り組みは回想法と呼ばれるようになった。今日では両者は多くの部分が重複するものの，いくらか異なる概念だと考えられている（一般的回想法とライフレビューの概念的な相違については，例えば Webster & Haight（1995）を参照のこと）。

　一般的回想法とライフレビューの違いに加えて回想法には，（しばしば治療的傾聴者と呼ばれる）

スタッフと参加者が1対1で行う個人回想法か，10名以下の集団を対象に行うグループ回想法かという違い，そして参加者が比較的健康な一般高齢者か，認知症などの特殊な援助のニーズのある高齢者かという違いがあり，野村（1998 [p.9]）はこれら3つの次元から回想法を分類することを提案している。さらに上記の分類のほかにも，回想法は心理職に限らず医療や看護，介護，福祉など高齢者への援助に携わるさまざまな専門職が取り組むことの可能な学際的な対人援助手段だとされ，このことは回想法が高齢者に関わるさまざまな実践場面で広く普及することを後押しした一方で，その実施方法にさまざまな相違を生じさせる理由のひとつでもあると言える。

III システマティック・レビューの手続き

Woods et al.（2018）は，認知症高齢者を対象とする回想法の効果評価研究のシステマティック・レビューに取り組み，認知症高齢者における回想法の効果のエビデンスについて検討した。この結果はコクラン共同研究（Cochrane Collaboration）による取り組みとして1998年に公表され，その後，2005年と2018年にアップデートされた。

Woods et al.（2018）はレビューを行うにあたって以下の適格性基準を設けた。それらはランダム化比較試験（クラスターランダム化比較試験とクロスオーバー試験を含む）による認知症高齢者を対象とした回想法の介入研究であること，統制条件の活動内容は非処置，通常の処置または基本的な社会的接触のような受動的な処置であること，そして研究結果は英語による査読つき学術誌で公表されていることとした（適格性基準については，山田・井上（2012 [p.39]）などを参照されたい）。

また研究参加者の条件として医師による認知症の診断（DSM-IVの診断基準に準拠することが望ましいとされる）があることとし，認知症の重症度にかかわらずレビューの対象とした。軽度認知障害（Mild Cognitive Impairment：MCI）の者

を対象とした研究はレビューの対象に含めず，参加者の年齢による制限も行わなかった。

Woods et al.（2018）によるシステマティック・レビューとメタ分析では，参加者の生活環境（施設入居者または地域在住高齢者）および回想法の実施方法（個人またはグループ回想法）の違いが考慮されて検討された。一般的回想法とライフレビューによる介入は区別せずに検討された。介入期間は4週間以上であるか，それよりも期間が短い場合には6セッション以上の回数行われていることとした。効果評価の指標には，QOL，認知機能，コミュニケーション，介護者との関係，焦燥感やADL（日常生活動作）を含む行動指標，無気力や不安，抑うつを含む気分の指標を取り上げ，それぞれ個別に介入効果を検討した。これらに加えて介護者に及ぼす効果も検討された。文献の検索はコクラン共同研究のための文献データベース ALOIS（www.medicine.ox.ac.uk/alois）を用いて2017年4月に行われた。

IV システマティック・レビュー／メタ分析の結果

データベースの検索結果からは，重複を取り除くと2,163件の文献が確認された。これらをスクリーニングしたのちに研究が適格性基準を満たしているかを検討した結果，1,972名の参加者を含む22件の介入研究が条件を満たしており，そのうち参加者の選択バイアスのリスクのある研究を除いた16件の研究がメタ分析の対象とされた。メタ分析はコクラン共同研究によるソフトウェア Review Manager Version5.3 を用いて行われた（Review Manager はコクラン共同研究のサイトより無償でダウンロードおよび利用が可能である（https://training.cochrane.org））。

その結果，QOL に関しては回想法全般では重要な効果がないことが認められた。この分析におけるエビデンスの質は中程度と判定された。研究結果間の不一致は主に参加者の生活環境と関連すると考えられ，施設入居高齢者に対しては介入直

後の効果がわずかに認められたが，地域在住高齢者に対しては QOL への効果がほとんど認められなかった。

　認知機能の指標では，（臨床的にはその意義が疑われるものの）介入直後に非常に小さな効果が認められ，この分析におけるエビデンスの質は高いと判定された。しかしながらフォローアップでは認知機能への効果はほとんど認められなかった。参加者の生活環境と回想法の実施方法を分けて検討した場合，個人回想法や施設入居者への介入ではわずかな改善が認められたが，グループ回想法や地域在住高齢者への介入にはほとんど効果が認められなかった。MMSE を効果指標に用いた 9 件の研究では介入直後での認知機能の改善が認められ，この分析におけるエビデンスの質は高いと判定された（MD 1.87 points, 95% CI 0.54 to 3.20；I^2=0%）。軽度から中等度の認知症高齢者では年間で MMSE のスコアが 2〜4 点低下するという推定より（Mohs, 2000），Woods et al.（2018）は，MMSE における 1.5 点以上の改善は認知機能の低下を 6 カ月間防ぐことと同等の効果があると判断した。

　コミュニケーションの指標ではおそらく介入後に効果が生じる可能性が認められたものの，同時に，回想法の実施方法による研究間の結果の不一致の大きさも認められた。また介護者との関係や行動指標，気分の指標では明確な効果は認められなかった。個人回想法は抑うつ感情の改善に対してわずかに効果が認められたものの，臨床的な重要性は明らかではなかった。

　結論として，サンプルサイズの小ささや参加者の生活環境，回想法の実施方法の違いから介入研究の結果にはしばしば不一致が認められるものの，回想法は認知症高齢者の QOL や認知機能，コミュニケーション能力などをいくらか改善させる効果をもつことがメタ分析から確認された。施設入居高齢者に対する介入では幅広い効果が認められた。個人回想法は認知機能や気分の改善におそらく効果がある一方で，グループ回想法や地域

在住の高齢者に対する介入はコミュニケーション能力の改善に効果があると考えられた。また多くの研究では Haight の Life Review Experience Form（Haight & Haight, 2007）のような介入方法のプロトコルが詳細に記載されておらず，具体的な介入手続きが明確でない研究が少なくないため，詳細なプロトコルに従ってランダム化比較研究に取り組むことは依然として必要であると指摘した。

　筆者は Woods et al.（2018）と同様の手続きを用いて，日本でこれまでに取り組まれた回想法とライフレビューによる介入研究の効果についてシステマティック・レビューを行った（野村，印刷中）。レビューにあたっては健常高齢者に対する介入研究をレビューの対象に含め，認知症高齢者と区別してその効果を検討した。メタ分析の結果からは，健常高齢者では回想法により QOL や自尊心がわずかに改善し，認知症高齢者では認知機能やひきこもりがわずかに改善することが示された。なかでも認知機能における効果の分析では，回想法による介入には MMSE のスコアを 1.7 点程度改善させる効果があると考えられ，Woods et al.（2018）の報告とほぼ一致する結果が認められた。しかしながら，ランダム化比較試験を用いた介入研究や参加者数の少なさなどから分析におけるエビデンスの質は低いと判定された。

　上記の報告からも，回想法による介入は認知症高齢者にわずかではあるがさまざまな心理的効果をもたらす可能性があることが確認されている。しかしながら参加者の生活環境や回想法の実施方法の相違などから研究結果がしばしば一致せず，分析におけるエビデンスの質も充分でないという問題があると考えられる。

　従来の回想法の効果評価研究では，データ数の少なさやランダム化比較試験が行われていないことから，その有効性を結論づけることが難しいとする報告が散見されてきたが，メタ分析を通してこれまでの研究成果を統合することで，個々の研究では充分に検討できなかった回想法の有効性を

詳細に検討することが可能となる。そのために援助手段の有効性を実証的に検討することを重視する研究者は，他の研究との比較や統合を可能とする厳密な実験デザインに基づいた介入研究に取り組むことがより求められるだろう。そうした条件を満たす具体的な研究手続きには，統制群を設けることや無作為割り付けを行うこと，他の介入研究と比較可能な効果評価指標を選択すること，検査者の盲検化を行うこと，各群の平均値や標準偏差などの統計量を報告することが含まれる。

Ⅴ　回想法研究におけるエビデンスの限界

Woods et al.（2018）のメタ分析の結果では，参加者の生活環境（施設入居者または地域在住高齢者）や回想法の実施方法（個人またはグループ回想法）の違いを考慮してもなお研究間での結果の不一致が認められた（なお彼らは認知症高齢者に対してライフレビューによる介入を行うのは容易でないことから，回想法とライフレビューを区別せずに効果を検討しているが，この判断については筆者も同意する）。この理由として筆者は，回想法のスタッフの資質や専門性の違いが結果に影響をおよぼす可能性があると考える。

例えば，回想法の参加者からそれ以前にも語られた出来事がふたたび語られはじめた場合（回想法の実践に関わる者であればこうした場面は頻繁に経験するだろう），聴き手であるスタッフの対応は少なからず異なるかもしれない。「回想の語り直し」が何らかの重要な意味を持ちうることに気づいている聴き手は，単なる繰り返しにも思える語りを真摯に傾聴し続けるかもしれない。一方で，繰り返される語りを傾聴することに意味を見出さない聴き手は，参加者が話題を変えるべきだという自身の考えをそれとなく態度に示したり，はっきりと相手に伝えるかもしれない（あるいは自らが示している反応に無自覚な聴き手もいるだろう）。Woods et al.（2018）はこうした問題について介入方法の詳細なプロトコルを記載することを推奨しているが，厳密なプロトコルに従って介入が行われることでかえって治療効果が損なわれることがあると考えられるため，こうした方法が実施方法の違いを少なくする根本的な手段とはならないのではないかと筆者は考える。

本稿では回想法の効果におけるエビデンスについて論じてきたが，EBMにおけるエビデンスの考え方には少なからず批判的な意見もある。例えば黒川（2005［p.53］）は，回想法を含めた心理療法は対象の個別性に対して個別に対応してはじめて成立するものであり，厳密な研究デザインのもとで介入研究を行うために対象の個別性を統制することは，心理療法における方法論と矛盾するものだと指摘している。

心理療法や心理的介入のエビデンスにおけるこうした問題に対して，ランダム化比較試験による検討を前提としないエビデンスを重視すべきという意見がある。McLeod（2010）は，EBMにおける議論のなかで事例研究によるエビデンス（case study evidence）は排除されておらず，事例研究はカウンセリングや心理療法の政策決定において重要な役割を果たすことができるものの，その潜在的な可能性は実現されていないと述べている（McLeod, 2010［pp.48-50］）。Woods（2019）は，ランダム化比較試験は効果評価のプロセスのひとつの側面に過ぎず，その結果は事例研究や質的研究から得られるエビデンスとともに検討されるべきだと指摘した。また回想法を含むライフストーリーの介入を行う最善の方法を検討するために質的研究は今後も必要とされるだろうと述べている（Woods, 2019 ; Woods & Russell, 2014）。

Woods et al.（2018）のレビューでは取り上げられていないが，回想法に期待される重要な効果のひとつに認知症の予防効果がある。しかしながらこれまで一般高齢者における認知機能の効果が実証的に検討された研究はわずかである（例えば，古橋，2012；野村，2018）。こうした社会の要請にかなう研究の知見を蓄積することは，回想法の実践や研究に携わる者にとっての責務だと言えるだろう。

▶ 文献

Butler RN（1963）The life review : An interpretation of reminiscence in the aged. Psychiatry 26 ; 65-75.

Chambless DL, Baker MJ, Baucom DH et al.（1998）Update on empirically validated therapies II. The Clinical Psychologist 51-1 ; 3-16.

Evidence-Based Medicine Working Group（1992）Evidence-based medicine : A new approach to teaching the practice of medicine. JAMA 268-17 ; 2420-2425.

古橋啓介（2012）健康高齢者の記憶機能に及ぼす回想法の効果．福岡県立大学人間社会学部紀要 20-2 ; 45-52.

Haight BK & Haight BS（2007）The Handbook of Structured Life Review. Baltimore : Health Professions Press.（野村豊子 訳（2016）ライフレヴュー入門—治療的な聴き手となるために．ミネルヴァ書房）

Kiërnat JM（1979）The use of life review activity with confused nursing home residents. American Journal of Occupational Therapy 33 ; 306-310.

黒川由紀子（2005）回想法—高齢者の心理療法．誠信書房.

黒川由紀子（2008）認知症と回想法．金剛出版.

Lewis MI & Butler RN（1974）Life review therapy : Putting memories to work in individual and group psychotherapy. Geriatrics 29 ; 165-173.

McLeod J（2010）Case Study Research in Counselling and Psychotherapy. London : SAGE Publications.

Mohs R（2000）Neuropsychological assessment of patients with Alzheimer's disease. In : FE Bloom, DJ & Kupfer（Eds）Psychopharmacology : 4th Generation of Progress. Brentwood : TN. American College of Neuropsychopharmacology.（https://acnp.org/digital-library/psychopharmacology-4th-generation-progress/ ［2020 年 12 月 1 日閲覧］）

野村信威（2018）在宅高齢者におけるグループ回想法の認知症予防効果．高齢者のケアと行動科学 23 ; 11-21.

野村信威（印刷中）高齢者における回想法のエビデンスとその限界．心理学評論.

野村豊子（1998）回想法とライフレヴュー—その理論と技法．中央法規出版.

Webster JD & Haight BK（1995）Memory Lane milestones : Progress in reminiscence definition and classification. In : BK Haight & JD Webster（Eds）The Art and Science of Reminiscing : Theory, Research, Methods, and Applications. New York : Taylor & Francis, pp.273-286.

Woods B（2019）Reminiscence work with people with dementia : Making sense of the evidence base. In : F Gibson（Ed）International Perspectives on Reminiscence : Life Review and Life Story Work. New York : Jessica Kingsley Publishers, pp.60-84.

Woods B, O'Philbin L, Farrell EM, Spector AE & Orrell M（2018）Reminiscence therapy for dementia（Review）. Cochrane Database of Systematic Reviews Issue 3. Art. No. : CD001120. DOI:10.1002/14651858.CD001120.pub3.

Woods B & Russell I（2014）Randomisation and Chance-Based Designs in Social Care Research. London : School for Social Care Research.

山田剛史, 井上俊哉（2012）メタ分析入門—心理・教育研究の系統的レビューのために．東京大学出版会.

♪ 主題と変奏――臨床便り

第47回
瞑想と臨床

木甲斐智紀
[早稲田大学総合研究機構応用脳科学研究所]

　風が頬に当たる。息を呑む。目が合う。彼は逸らす。心拍が早まる。もう一言かけようか，という思考。視線は戻ってこない。このまま返事がないのでは，という思考。ゆっくりと鼻から吐き出される空気。首周りに緊張。何か言葉を出してしまおうとする身体の準備に気づく。「どうかな」「答えにくいなら……」。浮かんでは消える言葉。彼の息遣いを感じる。彼の身体が微かに揺れ，目線が動く。目が合う，という予測。私の顔が微笑みを形作る。目が合う。一瞬の間。「緊張するよね」。声が出た。縦とも横ともつかない首の動きを伴って，視線はまた机に。待とう，焦るな，という考え。続けざま，なぜ焦る？ という問い。拒絶を感じていたと気づく。ボールペンが黒と赤を交互に押し出していたことに気づく。赤が出たときのカチッという音が，急に大きい。右手が止まり，吐き出される息。深い。腰が浮く。「窓，もう少し空けていい？」。声が溢れる。「あ，はい」。返事に驚く。「寒いの苦手？」と問うた。「大丈夫です」と，小さな声。ほんの少し，目元が笑った顔と目が合った。

　数年前，私が勤めるクリニックで，マインドフルネス瞑想に基づくグループ療法を開始しました。そのときの指導者は当時高野山大学におられた井上ウィマラ先生でした。参加者たちは熱心に瞑想に取り組みましたが，うまくできないと自責します。井上先生は，自分の心と身体を観察する

のだけれど，「見張る」のではないんだよ，「見守る」んだよ，と繰り返しました。どの参加者とのやりとりも温かく，それを聞いているだけで，少し穏やかな人間になれた気がするほどでした。瞑想の実践はある種厳しいものですが，自分に向けた優しさ，暖かさも大切なのです。

　こうした態度は，自己への思いやり（Self-Compassion：SC）として研究され，瞑想に基づく介入の効果に直結する要素であることがわかっていますが，SCには，「人類はみな苦しみを抱えている」ということへの理解も含まれます。自分の体験を観察していると，気づかなかった苦しみの存在，そして苦しみが「思い通りにならない」ときに生まれることに気づかされます。世界は理想や期待の通りにならないことばかりです。理想とは違う自分でも，思い通りにならないこの世界でも，偽りなく微笑んでいられるなら？――もしそうできるなら，その佇まいは，関わる人にも影響を与えるのではないでしょうか。それはちょうど，井上先生のように。実際，SCは，グループ療法のなかで指導者が体現し，参加者が内化することで養われると考えられているだけでなく，臨床家の瞑想経験や瞑想に関わる資質の高さは，技法を越えて治療効果に資するというデータもあります。

　私自身，瞑想の実践が深まるにつれて，目の前の，私と同じく「思い通りにならない苦しみ」を生きる人たちを見守り，共に在ることができるようになってきた気がしています。もしそうであるなら，その土台には，自らの体験を徹底して見つめるなかで積み上がる，人間存在への洞察があるのではないでしょうか。

書評 BOOK REVIEW

アナベル・ゴンザレス［著］
大河原美以［監訳］

複雑性トラウマ・愛着・解離がわかる本

日本評論社・A5判上製
定価2,400円（税別）
2020年8月刊

評者＝**四方陽裕**（原井クリニック）

　精神科外来に身を置いていると，クライエントが「トラウマ」という言葉を用いて過去の出来事を語ることがある。それらは必ずしも PTSD 症状として記載されるような再体験や過覚醒症状をもたらすものではないが，現在のクライエントに大きな影響を与えた出来事であるという点には変わりないようである。たしかに「トラウマ」という用語は，「ストレス」と並んで今や一般用語として広く普及している。また専門領域においても，長期反復性外傷によってもたらされる「複雑性 PTSD」，逆境的小児期体験が発達と健康へ及ぼす影響，援助者に対する心理教育としての「トラウマ・インフォームド・ケア」など，トラウマにまつわる論議は現在も展開を続けており，本誌『臨床心理学』の第 115 号においても「人はみな傷ついている」というテーマのもと，これら幅広いトラウマについての特集が組まれた。現在はトラウマを PTSD と結びつく単純なものに限定せず，被援助者の問題行動および援助者－被援助者関係の背景にある「傷つき」の理解という視点から問い直す局面に立たされているといえる。

　本書もそうした潮流のなかにある一冊であり，2018年に EMDR 療法家であるスペインの精神科医が書いたものである。最大の特徴は，複雑性トラウマ，愛着，解離，これらの理解と回復への道筋について専門用語を用いず平易な表現で解説し，セルフヘルプ本としても用いうる点であろう。監訳者によれば，「複雑性トラウマ」とは ICD-11 における「複雑性 PTSD」の診断基準を満たすような病態像に限らず，自我の解離状態に由来する多彩な症状（感情制御困難，自傷行為，嗜癖・依存など）をもたらすものとして理解される。

　本書の前半部は，愛着の 4 分類や闘争－逃走－凍結反応について平易な言葉で解説している。そしてこれらがもたらす信念や記憶が賦活された際の自動的な反応が，現在の対人関係および感情制御に影響を及ぼしていることへの気付きを促す。読者は自身の感情・身体感覚・対人関係における反応パターンを見つめ，かつて子ども時代にそれらが果たしていた役割と，大人になった現在に果たしている役割について内省することとなる。本書の後半部は，自身を苦しめてきたこれらのパターンに十分自覚的になったうえでの行動変容を解説している。ここで変化に際して生じる怒りや悲しみ，不快感を十分に感じ，身体感覚への気づきを広げることなどを，具体的で現実的なワークとともに推奨する。人が自身の「傷つき」を認め，変化に向けて歩みはじめる過程にはさまざまな葛藤が伴うものだが，読者に語りかけるような文体は，そうした複雑な心情を受容しつつも変化を後押しするコンパッションに満ちている。

　本書で「部分」として語られる感情や反応パターンは，ともすれば「病理」として扱われるものである。しかし本書では，それらの「部分」が果たしてきた機能に着目し，排除しようとするのではなく，自らの大事な要素として受容しながらも現実の行動変容を促す姿勢をとっている。このことは，被援助者が自らを憎むことなく主体的なコントロール感を持って生きることを支援するうえで重要な姿勢である。援助者が被援助者の「傷つき」を再演しないための基礎的な知識を身に付けるうえでも，本書は役立つだろう。

マイケル・W・オットーほか［著］
堀越 勝・髙岸百合子［監訳］
ふだん使いのCBT
── 10分間でおこなう認知・行動介入

星和書店・A5判並製
定価3,600円（税別）
2020年9月刊

評者＝**船場美佐子**（国立精神・神経医療研究センター）

「『私が患者さんに会うときに，CBT（認知行動療法）らしいことをやってみたいのだが，それにはどうすればよいのか，教えてほしい』という要望に応えることが，本書の目的である。CBT の分野では，毎回のセッションでマニュアルに沿って実施するアプローチが主流だが，本書のアプローチはそれとは異なり，CBT の治療原理に基づく療法があってもよいのではないかというところからこの本は生まれた」（本書第1章「はじめに」より）。

CBT は通常，全16回，毎回約1時間という枠のなかで，一連の流れを経て実施されるものである。しかしながら，精神科医が一人の患者に使うことができる面接時間は通常5〜10分と非常に短い。また，セラピーや日常の臨床場面で，認知行動療法のエッセンスを取り入れたいというコメディカルも少なくないだろう。本書は，そのような現実的な制約と，限られた時間のなかでも CBT らしいことをしてみたいというセラピストの願いとのギャップを埋めてくれる画期的な存在であるといえよう。

ここで，本書の内容について紹介したい。本書では，まず，短時間の CBT の治療の原理と勘所（第2章：CBT の実施，第3章：認知的介入，第4章：活動と曝露の課題，第5章：追加できる治療技法：問題解決技法とリラクセーショントレーニング）が示されている。そしてその後に，疾患別の介入方法（第6章：パニック症の CBT，第7章：うつに対する CBT，第8章：全般性不安症の CBT，第9章：社交不安症の CBT，第10章：不眠症の CBT，第11章：ケースコンサルテーション：CBT と薬物療法）が続く。そこでは面接場面でのセラピストと患者の対話が例示されており，目の前でセラピストとクライエントの面接を見せてもらっているようにも感じられる。CBT を実践する人なら誰しも "こんな時どう対応したらいいだろう？" という時があると思われるが，そのような場面での勘

所を押さえたセラピストの鮮やかな受けこたえや対応にも注目したい。本書のタイトルにある「10分間でおこなう認知・行動介入」とは，"実臨床の限られた時間内に収めることができる一口サイズの介入" の意であるが，本書で示されるいくつもの面接場面の対話から，的確にポイントとタイミングをとらえた一口サイズの介入の実際を垣間見ることができるであろう。

本書は，アメリカで実証的な介入研究の論文を多数執筆している CBT 分野の錚々たるメンバーによって書かれ，我が国の CBT を先導する認知行動療法家たちによって翻訳された。本書には，読者が普段の診療や臨床で一口サイズの CBT を実践することができるように，読者視点に立って整理された情報と，すぐに活用できるマテリアルが掲載されている。CBT をすでに習得している人が本書を活用することで，普段の診療・臨床が，これまでとは一味違ったものに進化するかもしれない。

西 智弘［著］
だから，もう眠らせてほしい
── 安楽死と緩和ケアを巡る，私たちの物語

晶文社・四六判並製
定価1,600円（税別）
2020年7月刊

評者＝**吉田三紀**（市立吹田市民病院）

医療における心理臨床の現場では，その人が辿ってきた人生や，その人が抱えてきた課題が垣間見られることがあり，患者によって，"生の意味" と "死の意味" は異なる。評者はその時，患者とその家族にとって，生と死をめぐる人生が意味づけられ，今を生きているのだと感じることが多い。特に，緩和ケアにおいて心理臨床家は，その人にとっての人生の意味に気づいていく過程を見守る役割を担っていると考えている。評者は，『だから，もう眠らせてほしい』という本書の題名を見て，どのような内容なのだろうかと思いながら読み進めた。

本書では，2つの事例を軸に安楽死制度や緩和ケアの在り方について，著者が悩み考え，社会的処方を広めることが大切であるという結論に達している。全章を通じて，著者が安楽死に関する価値観を揺るがされる体験をした吉田ユカさんとの事例と，著者の携わっ

てきた緩和ケアに対する価値観が揺るがされる体験を
したYさんとの事例が描かれている。そして，それ
ぞれの事例に関わるさまざまな人との関わりのなか
で，安楽死と緩和ケアという人の生と死にまつわる論
考が展開される。

なかでも，評者が本書のテーマである安楽死と緩和
ケアについて最も考えさせられたのは，第5章の幡
野広志さん，第6章の宮下洋一さんと著者が，安楽
死制度について意見交換しているところである。「安
楽死については日本はそもそも基盤ができていない」
（p.117）にもかかわらず，安楽死が認められるように
なったら，幡野さんは「生への同調圧力」（p.109）によっ
て生を強要される患者が出てくるため，緩和ケアの発
展の先に安楽死制度があると主張している。一方，宮
下さんは「死への同調圧力」（p.109）によって周囲の
意見に同調して死を選ぶ患者が出てるのではないかと
主張し，著者も危惧している。以降，軸となっている
2つの事例のその後が描かれている。特にYさんは妻
や「暮らしの保健室」，看護学生として参加したキャ
ンプの参加者たちに支えられ，最期を迎えたことが綴
られていた。

本書を読み進めていくと，評者の心には，「安楽死
させてほしい」と話したクライエントも含め，今まで
関わってきたクライエントたちが次々と思い浮かんで
きた。しかし評者は，心から安楽死を願うクライエン
トは決して多くなく，クライエント独自の生と死の意
味を一緒に考えてほしいと願っているのではないかと
感じている。本書を読んで，さらにその思いは強くなっ
た。その人にとっての人生の楽しみや幸せ，喜びといっ
た，その人にとって人生において大切にしているもの
や，それらができなくなるという苦痛の意味は異なる。
そのため，これらをしっかり受け止めつつ，最期の時
まで生と死に向き合い，人生の意味をともに考え続け
ることが緩和ケアではないだろうかと改めて考えた。
本書は心理臨床家だけではなく，医療従事者はもちろ
ん，日々生と死の意味について考えている人にもぜひ
勧めたい一冊である。

宮地尚子［著］

トラウマにふれる
——心的外傷の身体論的転回

金剛出版・四六判上製
定価3,400円（税別）
2020年9月刊

評者＝松本卓也（京都大学）

おそらくは誰にとっても同じではないかと思うのだ
が，自分の臨床にとって決して欠かすことのできない
基盤を提供してくれる先達とは別に，すこしだけ遠く
離れたところに存在してはいるけれども，灯台のよう
につねにこちらをそっと見つめてくれているような感
覚を与えてくれたり，もっと言えば，遠くから聞こえ
てくるかすかな——しかしそのぶんだけ強烈な——存
在感によって，日々の臨床の肌理を整えてくれたりす
るような先達がいる。評者にとって宮地尚子は，本書
にも登場する中井久夫とともに，後者の代表的存在で
ある。

そのことを，感覚的に表現するのではなく，もう少
し言語化を試みてみよう。この二人が少なくとも評者
にとって特権的なのは，「わりきれないもの」を何と
かしてわりきろうとするのではなく，わりきれないも
のの前に身を置き，ときに揺さぶられ，ときにとまど
いながらも，そのわりきれなさと丁寧に向かい合い，
折り合いをつけていく態度であるように思われる。と
りわけ，ある症状と別の症状を切り分けたり，ある病
態と別の病態を切り分けたりするような「わりきる」
態度がその黎明期から先行してきた精神医学にとっ
て，「わりきる」ことに偏りがちな臨床は思った以上
の弊害をもたらす。だからこそ，宮地や中井のような
先達が必要なのである。考えてみれば，宮地の有名な
「環状島」モデルもまた，語り得ぬトラウマの当事者，
なんとか生き延びた当事者，そして，支援者や傍観者
が時間や状況とともにそれぞれのポジションをゆれう
ごき，ときに転落し，ときに這い上がることもあるよ
うな「わりきれなさ」を苦心してマッピングしようと
したものではなかったか。かつて宮地は，中井へのイ
ンタビューのなかで，このような臨床的態度を「女性
原理」と呼ぼうとしていたが，「わりきる」臨床と「わ
りきれなさ」の臨床のそれぞれを男性原理，女性原理
というふうに捉えてもよいのかもしれない。

本書は，その表題通り，トラウマ（心的外傷）について身体——それも，視覚や聴覚よりも，むしろ触覚や嗅覚——の側面から論じた「身体論的転回」をめぐる冒頭の2章を中心とし，さらにさまざまな領域にわたる論考をあつめたものである。ここで宮地がトラウマを触覚や嗅覚の問題から扱っていることは特筆に値するだろう。というのも，宮地自身もふれているとおり，視覚や聴覚は，見なかったり，聞かなかったりすることが容易にできる感覚であり，対象から距離を取り，対象を客観化し，つまりは「わりきって」取り扱うことを可能にするものだからである。その意味で，視覚や聴覚をモデルとする理論は，どれだけ身体のことを論じていようとも，十分に身体的ではない。他方，触覚や嗅覚は，そもそも対象との距離がゼロに近づくことによってはじめて知覚可能な感覚であり，その対象から距離を取ったり，巻き込まれないでいたり，「わりきって」しまうのが困難なことも多い。臨床においてトラウマを扱う際に生じるこの触覚・嗅覚に類比すべき困難のことを考えれば，トラウマ臨床は，はじめから身体論的転回を孕むものであったのかもしれない。評者のように日々の臨床の灯台を必要としている人々に広く読まれるべき本であろう。

大島郁葉・桑原 斉［著］
ASDに気づいてケアするCBT
——ACAT実践ガイド

金剛出版・B5判並製
定価2,800円（税別）
2020年10月刊

評者＝**熊野宏昭**（早稲田大学人間科学学術院）

私が心療内科医として30年以上も勤務するクリニックを，認知行動療法（CBT）によるカウンセリングを希望して受診する人たちのなかに，ここ数年，自閉スペクトラム症（ASD）の特徴を持つ成人患者がかなり増えていることには気づいていたが，どのように対応するのがよいのか，まさに手探り状態であった。幼少期～思春期であれば，応用行動分析に基づく療育，認知機能訓練による神経心理的能力の向上，二次障害を来さないようにするためのCBTによる介入，さらには学校場面での支援など，さまざまな取り組みがなされているが，成人患者の場合，医学的，心

理学的にどう対応するのがよいのかについては，なかなか具体的なお手本がなかった。そのようななか，『ASDに気づいてケアするCBT——ACAT実践ガイド』が出版されたことは，まさにタイムリーであった。ACAT（Aware and Care for my Autistic Traits）とは，心理師の大島郁葉らが開発し，精神科医の桑原斉が協力した，国内で標準的に利用できるASDの心理教育プログラムである。

本書は3部構成になっており，桑原による知識・理論編，大島による実践編，そしてACATの実際のテキストが含められているが，どれも大変すばらしい内容である。ACATはASDとは何かを知らないと実践できないという立場から，第1部では，ASDに対する概念の歴史，特徴，介入法まで，最新の知識や介入の理論が実にコンパクトにまとめられている。第2部では，「ASDの特性」にもとづく介入をどのようにCBTの枠組みで進めていくかという具体的手続きと，セラピストの基本姿勢が解説されている。そのなかで，ACATの目的が，①ASDの診断の有用性を高めること，②患者やその保護者が自身のASDについての特性を理解すること，③自身の「ASDの特性」からくる不適応を，心理的，社会的の両側面から理解すること，④その不適応に対する，具体的な配慮や工夫を実施できるようになること，とまとめられていることは，このプログラムの本質的な理解を助けてくれる。

本書はまた，CBTの基本について学ぶ上でも，大変参考になる。CBTは，アセスメント，ケースフォーミュレーション，介入という治療構造に沿って行われるとした上で，それぞれを，問題の気づき（メタ認知の増強），からくりのパターンとしての理解，問題のケアと言い換えている点などは，初学者にとっても大変分かりやすい。そして，ACATの特徴として，「ASDの特性」と関連した不適応パターンを扱うため，その「ASDの特性」自体もケースフォーミュレーションに組み込むようにしていることが明示的に説明されている。

ASDの特徴を本人や家族に理解してもらう際に，「多数派ではない」ことと説明しているところは，まさに我が意を得たりであった。個性の強い一人ひとりが，自分以外の者になろうとしなくてもよい生き方を実現するために，いつも座右において活用したい1冊である。

投稿規定

1. 投稿論文は，臨床心理学をはじめとする実践に関わる心理学の研究における独創的で未発表のものに限ります。基礎研究であっても臨床実践に関するものであれば投稿可能です。投稿に資格は問いません。他誌に掲載されたもの，投稿中のもの，あるいはホームページなどに収載および収載予定のものはご遠慮ください。

2. 論文は「原著論文」「理論・研究法論文」「系統的事例研究論文」「展望・レビュー論文」「資料論文」の各欄に掲載されます。「原著論文」「理論・研究法論文」「系統的事例研究論文」「展望・レビュー論文」は，原則として400字詰原稿用紙で40枚以内。「資料論文」は，20枚以内でお書きください。

3. 「原著論文」「系統的事例研究論文」「資料論文」の元となった研究は，投稿者の所属機関において倫理的承認を受け，それに基づいて研究が実施されたことを示すことが条件となります。本文においてお示しください。倫理審査に関わる委員会が所属機関にない場合，インフォームド・コンセントをはじめ，倫理的配慮について具体的に本文でお示しください。

★ 原著論文：新奇性，独創性があり，系統的な方法に基づいて実施された研究論文。問題と目的，方法，結果，考察，結論で構成される。質的研究，量的研究を問わない。

★ 理論・研究法論文：新たな臨床概念や介入法，訓練法，研究方法，論争となるトピックやテーマに関する論文。臨床事例や研究事例を提示する場合，例解が目的となり，事例の全容を示すことは必要とされない。見出しや構成や各論文によって異なるが，臨床的インプリケーションおよび研究への示唆の両方を含み，研究と実践を橋渡しするもので，着想の可能性およびその限界・課題点についても示す。

★ 系統的事例研究論文：著者の自験例の報告にとどまらず，方法の系統性と客観性，および事例の文脈について明確に示し，エビデンスとしての側面に着目した事例研究。以下の点について着目し，方法的工夫が求められる。
　①事例を選択した根拠が明確に示されている。
　②介入や支援の効果とプロセスに関して尺度を用いるなど，可能な限り客観的な指標を示す。
　③臨床家の記憶だけでなく，録音録画媒体などのより客観的な記録をもとに面接内容の検討を行っている，また複数のデータ源（録音，尺度，インタビュー，描画，など）を用いる，複数の研究者がデータ分析に取り組む，などのトライアンギュレーションを用いる。
　④データの分析において質的研究の手法などを取り入れ，その系統性を確保している。
　⑤介入の方針と目的，アプローチ，ケースフォーミュレーション，治療関係の持ち方など，介入とその文脈について具体的に示されている。
　⑥検討される理論・臨床概念が明確であり，先行研究のレビューがある。
　⑦事例から得られた知見の転用可能性を示すため，事例の文脈を具体的に示す。

★ 展望・レビュー論文：テーマとする事柄に関して，幅広く系統的な先行研究のレビューに基づいて論を展開し，重要な研究領域や臨床的問題を具体的に示す。

★ 資料論文：新しい知見や提案，貴重な実践の報告などを含む。

4. 「原著論文」「理論または研究方法論に関する論文」「系統的事例研究論文」「展望・レビュー論文」には，日本語（400字以内）の論文要約を入れてください。また，英語の専門家の校閲を受けた英語の論文要約（180語以内）も必要です。「資料」に論文要約は必要ありません。

5. 原則として，ワードプロセッサーを使用し，原稿の冒頭に400字詰原稿用紙に換算した枚数を明記し，必ず頁番号をつけてください。

6. 著者は5人までとし，それ以上の場合，脚注のみの表記になります。

7. 論文の第1枚目に，論文の種類，表題，著者名，所属，キーワード（5個以内），英文表題，英文著者名，英文所属，英文キーワード，および連絡先を記載してください。

8. 新かなづかい，常用漢字を用いてください。数字は算用数字を使い，年号は西暦を用いること。

9. 外国の人名，地名などの固有名詞は，原則として原語を用いてください。

10. 本文中に文献を引用した場合は，「…（Bion, 1948）…」「…（河合，1998）…」のように記述してください。1）2）のような引用番号は付さないこと。
　2名の著者による文献の場合は，引用するごとに両著者の姓を記述してください。その際，日本語文献では「・」，欧文文献では '&' で結ぶこと。
　3名以上の著者による文献の場合は，初出時に全著者の姓を記述してください。以降は筆頭著者の姓のみを書き，他の著者は，日本語文献では「他」，欧文文献では 'et al.' とすること。

11. 文献は規定枚数に含まれます。アルファベット順に表記してください。誌名は略称を用いず表記すること。文献の記載例については当社ホームページ（https://www.kongoshuppan.co.jp/）をご覧ください。

12. 図表は，1枚ごとに作成して，挿入箇所を本文に指定してください。図表類はその大きさを本文に換算して字数に算入してください。

13. 原稿の採否は，『臨床心理学』査読委員会が決定します。また受理後，編集方針により，加筆，削除を求めることがあります。

14. 図表，写真などでカラー印刷が必要な場合は，著者負担となります。

15. 印刷組み上がり頁数が10頁を超えるものは，印刷実費を著者に負担していただきます。

16. 日本語以外で書かれた論文は受け付けません。図表も日本語で作成してください。

17. 実践的研究を実施する際に，倫理事項を遵守されるよう希望します（詳細は当社ホームページ（http://www.kongoshuppan.co.jp/）をご覧ください）。

18. 掲載後，論文のPDFファイルをお送りします。紙媒体の別刷が必要な場合は有料とします。

19. 掲載論文を電子媒体等に転載する際の二次使用権については当社が保留させていただきます。

20. 論文は，金剛出版『臨床心理学』編集部宛に電子メールにて送付してください（rinshin@kongoshuppan.co.jp）。ご不明な点は編集部までお問い合わせください。

(2017年3月10日改訂)

編集後記 Editor's Postscript

　学生時代にインターンシップでお世話になったあるスーパーバイザーに，クライエントに質問をすることは望ましくないと教えられた。質問は，クライエントがそのまま存在するだけでは十分ではないということを暗にクライエント本人に示しており，話したいのか伝えたいのか，ということを無視して，情報提供を「強いる」ような性質があるとのことだった。これを聞いたとき，ずいぶんと極端な考え方だと思った。一体質問せずにどうやって面接をするのか不思議だった。しかし，クライエントに質問をするたびに，そのことを意識するようになって，その教えの意味を実感するようになった。そのうちに，その考え方にとても頷けるようになり，その通りだと思うようになっていった。

　臨床家は，クライエントを援助するという前提の下に，クライエントの内的な世界の扉を入ることが許される。それはとても畏れ多いことである。そして簡単には許されないことでもある。クライエントの世界に入るという重さをしっかりと受け取ること，そしてそれを受け取ったとクライエントに伝えること，そしてクライエントという一人の人間について知りたいという関心をもてることが，アセスメントの基盤となっていることを改めて考える。あたたかなまなざしでみてもらうこと（to be seen）は，問題に苦しんでいる "できない" 自分だけでなく，今ここに生きることができないような潜在性も含めて，本当の，そして自分の全部を分かってもらうことを意味する。それは，姿を覗きみられること（to be watched）や観察されること（to be observed）とは体験的質が異なるのだろう。

（岩壁 茂）

❢ **編集委員**（五十音順）・・・・・・・・・ 石垣琢麿（東京大学）／岩壁 茂（お茶の水女子大学）／上田勝久（兵庫教育大学）／大嶋栄子（NPO法人リカバリー）／黒木俊秀（九州大学）／橋本和明（花園大学）／三田村仰（立命館大学）／村瀬嘉代子（大正大学）／森岡正芳（立命館大学）

❢ **編集同人**（五十音順）　伊藤良子／乾 吉佑／大塚義孝／大野博之／岡 昌之／岡田康伸／神村栄一／亀口憲治／河合俊雄／岸本寛史／北山 修／倉光 修／小谷英文／下山晴彦／進藤義夫／滝口俊子／武田 建／田嶌誠一／鑪幹八郎／田中康雄／田畑 治／津川律子／鶴 光代／成田善弘／長谷川啓三／馬場禮子／針塚 進／東山紘久／平木典子／弘中正美／藤岡淳子／藤原勝紀／松木邦裕／村山正治／山上敏子／山下一夫／山田 均／山中康裕／吉川 悟

❢ **査読委員**（五十音順）　岩壁 茂（査読委員長）／金子周平（査読副委員長）／相澤直樹／青木佐奈枝／新井 雅／石井秀宗／石丸径一郎／石盛真徳／伊藤正哉／梅垣佑介／大対香奈子／川崎直樹／坂爪洋美／末木 新／田中健史朗／能智正博／野田 航／野村理朗／別府 哲／松嶋秀明／明翫光宜／本岡寛子／安田節之／山口智子／山根隆宏／湯川進太郎

臨床心理学　第 21 巻第 1 号（通巻 121 号）

発行＝2021 年 1 月 10 日
定価（本体 1,600 円＋税）／年間購読料 12,000 円＋税（増刊含／送料不要）

発行所＝（株）金剛出版／発行人＝立石正信／編集人＝藤井裕二
〒112-0005　東京都文京区水道 1-5-16
Tel. 03-3815-6661／Fax. 03-3818-6848／振替口座 00120-6-34848
e-mail　rinshin@kongoshuppan.co.jp（編集）eigyo@kongoshuppan.co.jp（営業）
URL　https://www.kongoshuppan.co.jp/

装幀＝岩瀬 聡／印刷＝太平印刷社／製本＝井上製本

JCOPY 〈出版者著作権管理機構 委託出版物〉　本誌の無断複製は著作権法上での例外を除き禁じられています。複製される場合は，そのつど事前に，出版者著作権管理機構（電話 03-5244-5088，FAX 03-5244-5089，e-mail: info@jcopy.or.jp）の許諾を得てください。

北大路書房

〒603-8303　京都市北区紫野十二坊町12-8
☎ 075-431-0361　FAX 075-431-9393
http://www.kitaohji.com

認知行動療法における治療関係

ーセラピーを効果的に展開するための基本的態度と応答技術ー　S. ムーリー＆A. ラベンダー編　鈴木伸一監訳　A5・364頁・本体3400円＋税　CBTのセラピストにとってこれまで意識の低かった治療関係について、セラピストの温かさ、誠実さ、共感性等が治療成績に及ぼす最新の知見を提示し、認識の変革を迫る。

がん患者の認知行動療法

ーメンタルケアと生活支援のための実践ガイドー　S. ムーリー＆S. グリア著　鈴木伸一監訳　A5・292頁・本体3600円＋税　不安や抑うつ、怒りや悲しみの軽減だけではなく、健康的な側面や前向きな態度をもう一度活性化させる方法を体系的に解説。成育歴・社会的背景を考慮し、進行・終末期患者や遺族へのアプローチなど、実践的な内容も網羅。

臨床心理フロンティア 公認心理師のための「基礎科目」講義

下山晴彦監修　宮川　純・下山晴彦・原田隆之・金沢吉展編著　B5・224頁・本体3000円＋税　心理学や臨床心理学の全体像、エビデンスとは何か、心理師の倫理とは何か。公認心理師としての「下地」を学ぶ上で最適の一冊。現代臨床心理学を牽引するエキスパートによる講義を紙面で再現。講義動画と連携して重要テーマを学べるシリーズ第2弾。

臨床心理フロンティア 公認心理師のための「発達障害」講義

下山晴彦監修　桑原　斉・田中康雄・稲田尚子・黒田美保編著　B5・352頁・本体3000円＋税　現代臨床心理学を牽引するエキスパートによる講義を紙面で再現。講義動画と連携して重要テーマを学べるシリーズ。Part1では障害分類とその診断の手続き、Part2では心理職の役割、Part3では自閉スペクトラム症の理解、Part4ではその支援について扱う。

精神科臨床とリカバリー支援のための認知リハビリテーション

ー統合失調症を中心にー　松井三枝編著　A5・196頁・本体2600円＋税　社会復帰や生活機能に大きな影響を及ぼす注意、記憶、遂行機能等の種々の認知機能改善を目的とした、認知矯正療法、社会認知ならびに対人関係のトレーニング、メタ認知トレーニング他、認知リハビリテーションの各種技法を紹介。

鬱は伝染る。

ー最もありふれた精神疾患は、どのように蔓延ったのか、どうすれば食い止められるのかー　M. D. ヤプコ著　福井義一監訳　定政由里子訳　A5・352頁・本体3600円＋税　投薬は最善策か。抑うつの社会的文脈に着目し、洞察や行動パターンの変化こそが回復や予防になると説く。実践的エクササイズ付。

忙しいお母さんとお父さんのためのマインドフルペアレンティング

ー子どもと自分を癒し、絆を強める子育てガイドー　スーザン・ボーゲルズ著　戸部浩美訳　四六・264頁・本体2500円＋税　忙しくストレスフルな日常を過ごす親が、子どもといながらできる瞑想エクササイズを豊富に紹介。心理学者の著者が自らの子育てや親との実体験に触れながら、マインドフルネスを解説する。DL音声付。

人生の終わりに学ぶ観想の智恵

ー死の床で目覚めよという声を聞くー　コーシン・ペイリー・エリソン他編　小森康永他訳　四六上製・464頁・本体4800円＋税　マインドフルネスを含む東洋思想、シシリー・ソンダースやエリザベス・キューブラー・ロス、劇作家デレク・ウォルコットまで、古今東西の42人の「死」と「看取り」についてのエッセイ集。

【三訂】臨床心理アセスメントハンドブック
村上宣寛・村上千恵子著　2700円＋税

マインドフルネスストレス低減法
J. カバットジン著／春木　豊訳　2200円＋税

精神病と統合失調症の新しい理解
A. クック編／国重浩一・バーナード紫訳　3200円＋税

樹木画テスト
高橋雅春・高橋依子著　1700円＋税

実践家のための認知行動療法テクニックガイド
坂野雄二監修／鈴木伸一・神村栄一著　2500円＋税

メンタライジング・アプローチ入門
上地雄一郎著　3600円＋税

P-Fスタディ　アセスメント要領
秦　一士著　2600円＋税

ポジティブ心理学を味わう
J. J. フロウ他編／島井哲志・福田早苗・亀島信也監訳　2700円＋税

ふだん使いのナラティヴ・セラピー
D. デンボロウ著／小森康永・奥野　光訳　3200円＋税

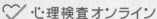

トラウマにふれる
心的外傷の身体論的転回
［著］宮地尚子

心は震え，身体はささやき，そして人は生きていく。
薬物依存，摂食障害，解離性同一性障害，女性への性暴力，男児への性虐待をはじめとした臨床現場の経験知から，中井久夫，エイミー・ベンダー，島尾ミホ・敏雄との対話からなる人文知へ。傷を語ることは，そして傷に触れることはできるのか？　問われる治療者のポジショナリティとはいかなるものか？　傷ついた心と身体はどのように連動しているのか？──傷ついた心と癒されゆく身体，その波打ち際でトラウマと向き合う精神科医の，思索の軌跡と実践の道標。　　　　　　　　　　　　　　　本体3,400円＋税

ASDに気づいてケアするCBT
ACAT実践ガイド
［著］大島郁葉　桑原 斉

「ASD（自閉スペクトラム症）をもつクライエントへのセラピーをどう進めたらいい？」「親子面接を上手に進めるには？」「ASDをもつクライエントにCBT（認知行動療法）はどこまで有効？」──よくある疑問と誤解に終止符を！　ACAT（ASDに気づいてケアするプログラム）は，ASDのケアに特化したCBT実践プログラムとして研究・開発されたプログラム。ASDと診断された子どもと保護者がプログラムに参加して，セラピストのガイドで「自分が変わる」パートと「環境を変える」パートを整理しながら，正しい理解とそれを実現するための方法を探る。　　　　　　　本体2,800円＋税

不自由な脳
高次脳機能障害当事者に必要な支援
［著］鈴木大介　山口加代子
［編集協力］一般社団法人 日本臨床心理士会

高次脳機能障害の当事者と臨床心理士による対談を，日本臨床心理士会の協力を得て書籍化。中途で障害を負うということについて語り，支援の在り方を問う。日々の生活において症状がどのような現れ方をするのかが当事者感覚をもって具体的に語られ，さまざまなエピソードには，神経心理学の視点からの解説も加えられる。目に見えない障害とも言われる高次脳機能障害の症状と，そこから生じる日々の生活上の困り感や心理的反応について，周囲の人が理解する手助けとなるよう構成されている。　　　　　本体2,400円＋税

新刊案内

Ψ金剛出版　〒112-0005　東京都文京区水道1-5-16　Tel. 03-3815-6661　Fax. 03-3818-6848
e-mail eigyo@kongoshuppan.co.jp　URL https://www.kongoshuppan.co.jp/

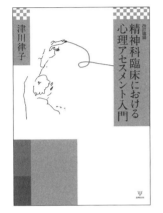

改訂増補
精神科臨床における心理アセスメント入門

［著］津川律子

臨床経験5年以内のビギナー臨床心理士を読者対象とし，「6つの視点」から心理アセスメントを著者の軽やかな語り口で解説。本書は単なるチェックリストではなく，クライエントとセラピストの間に築かれる立体的な心理アセスメントを論じており，これまでになかった心理アセスメントの必携書となる。特別対談「アセスメントからケース・フォーミュレーションへ」を新たに収録，データも最新のものを加えた改訂増補版。　　本体2,800円＋税

性暴力被害の実際
被害はどのように起き，どう回復するのか

［編著］齋藤梓　大竹裕子

「望まない性交」を経験した当事者にその経験を語っていただき，その「語り」を，同意のない性交が起こるプロセス，同意のない性交が被害当事者の人生に及ぼす影響，回復への道のりといった観点から分析した，一連の調査の結果をまとめたものである。「語り」から分かった性暴力の加害プロセスには，大きく「奇襲型」「飲酒・薬物使用を伴う型」「性虐待型」「エントラップ（罠にはめる）型」の4つの型がある。それら4つのプロセスを詳述し，「被害当事者にとって，なぜ被害を認識したり相談したりすることが難しいのか」を解説する。　　本体2,800円＋税

自殺学入門
幸せな生と死とは何か

［著］末木新

今までヒューマニティの視点から語られることが多かった自殺や自殺予防について，科学的な知見をもとに宗教・文化的な背景も交えて考察する。さらに，自殺のメカニズムや危機介入の実際が述べられ，また，自殺予防の経済的価値やSNSなどの現代的なメディアの功罪から，幸福な人生についての考え方まで，今までの成書にはないトピックにも丁寧に触れられている。自殺や自殺予防に関心のある読者だけでなく，幸福な生と死について考えるあらゆる年代の人に得がたい示唆を提供する，かつてない最適の自殺学ガイドブック！　　本体2,800円＋税

好評既刊

Ψ金剛出版
〒112-0005 東京都文京区水道1-5-16　Tel. 03-3815-6661　Fax. 03-3818-6848
e-mail eigyo@kongoshuppan.co.jp　URL https://www.kongoshuppan.co.jp/

面接技術としての心理アセスメント
臨床実践の根幹として
［著］津川律子

心理アセスメントは，すべての心理支援の根底に存在する心理職のスキルの中心である。そして，面接力の向上のためには，面接を根幹から支える心理アセスメント力の向上が必要である。本書において著者は，多くの事例を交えながら，初回面接における見立て，トリアージ（優先順位）等，心理アセスメントにおける重要な視点を明らかにし，仮説と修正のプロセスを丹念に追うことにより，臨床実践のコツを語る。サイコセラピーを行うことの意味を再認し，心理臨床技術全般の能力を向上させることができるであろう。すべての心理職のための基本書。　　　　　　　　　　　　　本体3,000円＋税

神経心理学的
アセスメント・ハンドブック 第2版
［著］小海宏之

臨床現場でよく使用される神経心理学的アセスメントの概論および高次脳機能との関連も含めた総合的な神経心理学的アセスメントの解釈法について症例を交えて解説。第2版では，新たに開発された神経心理検査や日本語版として標準化された最新の検査も紹介している。神経心理学的アセスメントに関わる医師，公認心理師，臨床心理士，作業療法士，言語聴覚士，看護師など専門職の方々だけでなく，神経心理学的アセスメントを学ぶ学生や大学院生に向けたハンドブック。　　　　　　　　　　　　　本体4,200円＋税

バウムテストQ&A
［著］阿部惠一郎

一見簡単そうに見えて，使ってみると実は結構難しいバウムテスト。木の画を描いてもらうだけなのに，被検者に聞かれたら困ってしまうような質問をQ&Aで解決していく。後半には事例を用いて，1からバウムテストの読み方を解説する。
──「なぜ木？　なぜ3枚法？」「実施法について」（利き手／年齢／用具／彩色／インストラクション／実施時期／やってはいけないこと／描画後の質問）「時間，中断，トラブルへの対処」（時間／中断／トラブルへの対処／検査態度・観察ポイント／サインの解釈・精神疾患との関連／フィードバック・所見／学習方法／文化による違い）　　　　　　　　　本体2,400円＋税

好評既刊

Ψ金剛出版　〒112-0005　東京都文京区水道1-5-16　Tel. 03-3815-6661　Fax. 03-3818-6848
e-mail eigyo@kongoshuppan.co.jp　URL https://www.kongoshuppan.co.jp/

治療的アセスメントの理論と実践
クライアントの靴を履いて

[著] スティーブン・E・フィン
[訳] 野田昌道　中村紀子

ロールシャッハとMMPIおよびTATとのテストバッテリー，カップルがアセスメントに協働参加するコンセンサス・ロールシャッハを活用しながら，テスト・セッションからフィードバック・セッションまでのアセスメント作業を通じて検査者＝査定者が同時に治療者にもなりうる治療的アセスメントの実践を解説する。体系的理論につづく事例紹介を参照しながら，ヒューマニスティックなアセスメントの方法論を学ぶことができる一冊。

本体4,500円＋税

ロールシャッハ・テスト講義I
基礎篇

[著] 中村紀子

「包括システムによるロールシャッハ・テスト」を正しく普及させるため，長年にわたって開かれてきた著者による基礎講座が，ついに書籍化。続篇「解釈篇」へと続く本書「基礎篇」は，ロールシャッハ・テスト誕生秘話，コーディングのちょっとした一工夫，施行のときのチェックポイントなど，ベテランだけが知るテクニックを惜しみなく語った「ゼロからの初心者対象・やさしいロールシャッハ入門」。講座の息づかいをそのままに，オリジナルの資料も多数掲載され，エクスナーによる正典『ロールシャッハ・テスト』（金剛出版刊）の理解を助けるサブテキスト決定版！　本体4,200円＋税

ロールシャッハ・テスト講義II
解釈篇

[著] 中村紀子

『ロールシャッハ・テスト講義I――基礎篇』に続く第2弾「解釈篇」。ジョン・エクスナーによる2つのケースをサンプルに，テストデータのコーディング結果を8つのクラスターで解釈するためのヒントをわかりやすく詳解。講義形式のやさしい語り口で，「統制とストレス耐性」「状況関連ストレス」「感情」「情報処理過程」「認知的媒介」「思考」「自己知覚」「対人知覚と対人行動」という8つのクラスターで細やかにデータを精査して，受検者の基盤となるパーソナリティや現在の心理状態を鮮やかに浮かび上がらせ，その回復に役立つ戦略プランの策定方法までを学んでいく。　本体4,200円＋税

精神療法

増刊第7号　2020 Japanese Journal of Psychotherapy

大野裕＋「精神療法」編集部（編）

疾患・領域別 最新認知行動療法活用術

いま、認知行動療法はさまざまな分野で活用が広がっている。本書では、具体例を挙げ、現場ですぐに使えるポイントを踏まえた活用方法を論じていく。

【疾患別】

- うつ病の認知行動療法とブレンド認知行動療法を活用した遠隔医療（佐々木洋平・中川敦夫）
- 双極性障害における認知行動療法活用術（北川信樹）
- 統合失調症における認知行動療法の活用（松本和紀・浜家由美子）
- パニック症における認知行動療法の活用（中島俊・堀越勝）
- 社交不安症の認知行動療法（加藤典子）
- 不安症に対するマインドフルネス認知療法（佐渡充洋）
- 強迫性障害における認知行動療法活用術（中尾智博）
- PTSDに対する持続エクスポージャー療法（井野敬子・金吉晴）
- 心的外傷後ストレス障害に対する認知処理療法の進め方とポイント（伊藤正哉・菊池安希子・宮前光宏・正木智子）
- 成人期のADHDの認知行動療（中島美鈴）
- 摂食障害に対する認知行動療法（河合啓介・口進）
- 睡眠障害における認知行動療法（井上雄一・岡島義）
- 薬物依存症――認知行動療法の手法を活用した依存症集団療法「SMARPP」（松本俊彦・今村扶美）
- ゲーム障害、ギャンブル障害への認知行動療法的アプローチについて（古野悟志・樋口進）
- 認知症における認知行動療法活用術（田島美幸）
- 慢性痛に対する認知行動療法と構造化されたプログラム例（細越寛樹）

【領域別】

- 子どもに対する認知行動療法（下山晴彦）
- 学校での簡易型認知行動療法、授業の進め方とポイント（平澤千秋）
- ひきこもりの青年への強みに基づく認知行動療法（松隈信一郎）
- 大学生の抑うつに対する行動活性化の取り組み（神人蘭・高垣耕企・横山仁史・岡本泰昌）
- ジュニアアスリートのメンタルサポート（関崎亮）
- 地域での認知行動療法の活用法（平野美輪・安能徳樹・竹之内直人）
- 訪問看護での認知行動療法活用法（郷沢克己）
- 職域における簡易型認知行動療法の活用可能性（大野裕・加藤典子・佐々木洋平）
- 産業現場・復職後支援に認知行動アプローチを応用する――超簡易型CBTによる実践経験からのヒント（宇都宮健輔）
- 職場のハラスメント対策（武藤みやび）
- 司法領域での認知行動療法――生きづらさを抱えた人たちを中心に（長徹二）

- B5判
- 並製
- 220頁
- 本体2800円＋税

Ψ金剛出版

東京都文京区水道1-5-16　Eメール eigyo@kongoshuppan.co.jp
電話 03-3815-6661　FAX 03-3818-6848